SUZANNE BROCKMANN
Tentando a la suerte

Editado por Harlequin Ibérica.
Una división de HarperCollins Ibérica, S.A.
Núñez de Balboa, 56
28001 Madrid

© 2000 Suzanne Brockmann. Todos los derechos reservados.
TENTANDO A LA SUERTE, N° 160 - 1.9.13
Título original: Get Lucky
Publicada originalmente por Silhouette® Books
Traducido por Sonia Figueroa Martínez

Todos los derechos están reservados incluidos los de reproducción, total o parcial. Esta edición ha sido publicada con permiso de Harlequin Enterprises II BV.
Todos los personajes de este libro son ficticios. Cualquier parecido con alguna persona, viva o muerta, es pura coincidencia.
™ TOP NOVEL es marca registrada por Harlequin Enterprises Ltd.
® y ™ son marcas registradas por Harlequin Enterprises Limited y sus filiales, utilizadas con licencia. Las marcas que lleven ® están registradas en la Oficina Española de Patentes y Marcas y en otros países.

I.S.B.N.: 978-84-687-3248-0
Depósito legal: M-19177-2013

Para Patricia McMahon

PRÓLOGO

Fue como si chocara contra ella uno de esos corpulentos jugadores de fútbol americano.

El tipo, que estaba bajando la escalera a la carrera, estuvo a punto de tirarla al suelo al chocar contra ella, y por si fuera poco, encima la confundió con un hombre.

—¡Perdona, tío! —le gritó, por encima del hombro, mientras seguía bajando a toda velocidad.

Segundos después, Sydney oyó que la puerta principal del bloque de pisos se abría y se cerraba con un sonoro portazo.

Era el colofón perfecto para aquella desastrosa velada. La noche de chicas, en plural, se había convertido en la noche de «chica», en singular. Bette le había dejado un mensaje en el contestador avisándola de que al final no iba a poder ir al cine. La excusa de su amiga era que le había surgido un imprevisto, pero ella estaba convencida de que ese «imprevisto» medía metro noventa, tenía hombros anchos, llevaba sombrero de vaquero, y se llamaba Scott, Brad, Wayne, o como fuera.

Y después, justo cuando estaba a punto de llegar al aparcamiento del cine, Hilary la había llamado al móvil. ¿Cuál había sido su excusa para no poder ir? Que uno de sus críos tenía casi treinta y nueve de fiebre.

Habría sido demasiado deprimente dar media vuelta y regresar a casa, así que había ido sola al cine, aunque al final había acabado incluso más deprimida. La película que había visto había sido una absurdez interminable repleta de jóvenes guaperas que se limitaban a lucir palmito ante las cámaras. Había ido alternando entre el aburrimiento por la trama y la vergüenza... vergüenza ajena por los actores, y vergüenza de sí misma por sentirse fascinada ante la increíble perfección de sus cuerpos.

Hombres como aquellos, o como el tipo corpulento que había estado a punto de tirarla escaleras abajo, no salían con mujeres como Sydney Jameson.

No era una cuestión de físico, porque era atractiva; bueno, podía serlo cuando se tomaba la molestia de hacer algo más que peinarse a toda prisa, o cuando se vestía con algo que no fueran las camisetas anchas y los pantalones holgados de siempre. Estaba claro que su vestimenta cotidiana tenía en parte la culpa de que un neandertal la confundiera con un hombre al cruzarse con ella, aunque la verdad, tampoco ayudaban demasiado las débiles bombillas de veinticinco vatios que el casero, don Agarrado Thompkins, había instalado en la escalera.

Siguió subiendo por la escalera de aquella antigua vivienda que se había remodelado y convertido en un bloque de pisos a finales de los años cincuenta. Ella vivía en la tercera y última planta, que en otra época había sido el ático y se había dividido en dos pisos mucho más espaciosos de lo que parecía desde el exterior.

Al llegar arriba, se detuvo en el descansillo al ver que la puerta de su vecina de al lado, Gina Sokoloski, estaba entreabierta. Apenas la conocía. Se cruzaban por la escalera de vez en cuando, recogían los envíos que llegaban cuando la otra no estaba en casa, y habían mantenido alguna breve conversación sobre temas tan fascinantes como cuál era la época del año en que los melones estaban en su punto.

Gina era una tímida universitaria que aún no había cumplido los veinte años, una joven sencilla y callada que apenas recibía visitas (lo cual era una bendición después de pasar ocho meses aguantando como vecinos a unos universitarios juerguistas), y cuya madre, que había ido a verla un par de veces, era una de esas mujeres ricas con prestancia y discreción que lucía un enorme anillo de diamantes y tenía un coche que ella no habría podido permitirse ni trabajando a tope tres años.

Le extrañaba que Gina tuviera un novio como el grandullón que acababa de bajar por la escalera, tanto por el aspecto del tipo como por el hecho de que debía de tener unos diez años más que la joven, pero a lo mejor era una prueba más de que los polos opuestos solían atraerse entre sí.

Aunque en aquel viejo edificio solía haber muchos ruidos raros de noche, de repente le pareció oír que del piso de su vecina salía un pequeño sonido humano. Se acercó a la puerta, y al asomarse un poco vio que el lugar estaba a oscuras.

—¿Gina...?

Aguzó el oído, y volvió a oír lo que reconoció como un sollozo. Seguro que aquel hijo de puta que había estado a punto de tirarla al suelo acababa de romper con la pobre, y en su prisa por largarse cuanto antes, ni siquiera se había parado a cerrar la puerta. ¡Qué actitud tan típicamente masculina!

—¡Tienes la puerta abierta, Gina! Oye, ¿va todo bien?

Llamó a la puerta antes de abrirla un poco más, y cuando la tenue luz del descansillo entró en la sala de estar, vio que todo estaba hecho un desastre. Había muebles volcados, lámparas rotas, una estantería tirada de lado...

Se dio cuenta horrorizada de que aquel tipo no era el novio de Gina, sino un ladrón... o algo peor.

Se le erizó el vello de la nuca y se apresuró a sacar el móvil del bolso mientras le rogaba a Dios que Gina no estuviera en el piso, que aquel ruidito no fuera más que el viejo aparato de aire acondicionado, o las cañerías, o el viento colándose por el estrecho conducto que había entre el techo y el alero.

Pero entonces volvió a oírlo, y supo sin lugar a dudas que se trataba de un gemido ahogado.

Apretó con fuerza el móvil mientras alargaba la otra mano hacia el interruptor que había en la pared, junto a la puerta, y al encender la luz vio a Gina acurrucada en un rincón de la sala de estar, con el rostro magullado y sangrando y la ropa rasgada y manchada de sangre.

Cerró la puerta tras de sí, y llamó a Emergencias.

CAPÍTULO 1

Las conversaciones se cortaron en seco en la antesala del despacho del capitán Joe Catalanotto, y todo el mundo se volvió a mirar a Lucky.

El surtido de cejas enarcadas y bocas abiertas era muy amplio; de hecho, el nivel de asombro no habría sido mayor si el teniente Luke O'Donlon, miembro del comando Alfa del equipo diez de los SEAL y más conocido como «Lucky», acabara de anunciar que dejaba la Armada para hacerse monje.

Todos tenían la mirada fija en él... Jones, Blue, Skelly... Incluso el imperturbable rostro de Crash Hawken reflejaba cierta sorpresa. Frisco también estaba allí, ya que acababa de tener una reunión con Joe y con Harvard, el jefe del equipo.

Lucky los había pillado a todos por sorpresa y en otras circunstancias le habría resultado gracioso, pero en ese momento no tenía ningunas ganas de reírse.

—No es para tanto —deseó que pronunciar las palabras bastara para convertirlas en realidad, le habría encantado que su aparente tranquilidad no fuera una mera fachada.

Nadie dijo nada, incluso el recién ascendido Wes Skelly estaba más callado de lo normal, pero a Lucky no le hacía falta ser adivino para saber lo que estaban pensando sus compañeros. Había estado dando la lata sin cesar para que le incluyeran en la próxima misión del comando Alfa, una misión encubierta de la que ni siquiera el mismísimo Joe Cat sabía los pormenores. Lo único que se le había dicho era que preparara un equipo de cinco hombres que iban a viajar a algún lugar de Europa del Este, que estuvieran listos para partir en cualquier momento, y que no se sabía cuánto tiempo iban a estar fuera.

Era una de esas misiones que aceleraban el corazón y ponían la adrenalina a tope, justo la clase de misión que le encantaba a Lucky, y había sido uno de los seleccionados. El día anterior se había puesto eufórico cuando Joe Cat le había ordenado que tuviera el petate listo, pero al cabo de poco menos de veinticuatro horas estaba solicitando que le reasignaran y, además de solicitarle al capitán que le sacara de la misión, también le había pedido que intentara usar su influencia para conseguirle cuanto antes un puesto temporal (y aburrido) allí mismo, en la base de entrenamiento de los SEAL en Coronado.

—No te va a costar reemplazarme —añadió, con una sonrisa forzada. Miró a Jones y a Skelly, que estaban poco menos que babeando por ocupar su lugar en la misión.

El capitán no se tragó su fingida indiferencia, y le indicó el despacho con un gesto de la cabeza.

—¿Quieres que entremos en mi despacho para que me cuentes de qué va todo esto?

A Lucky no le hacía falta tener privacidad para hablar del asunto.

—No es ningún secreto, Cat. Mi hermana se casa en unas semanas, y es muy probable que no pueda asistir a la boda si participo en esta misión.

Wes Skelly no pudo seguir manteniendo la boca cerrada.

—Creía que anoche ibas a ir a San Diego para sermonearla.

Esa había sido su intención. Había ido a ver a Ellen y a su

prometido, un insulso profesor de universidad llamado Gregory Price, dispuesto a dejar las cosas claras, a exigirle a su hermanita de veintidós años que esperara al menos un año más antes de dar un paso tan enorme como el matrimonio. Tenía intención de ser persuasivo. Ella era muy joven, no le entraba en la cabeza que estuviera dispuesta a atarse a un hombre (y encima, uno que se ponía jerséis para ir a trabajar), cuando aún no había tenido la oportunidad de vivir de verdad.

Pero Ellen era Ellen, y estaba decidida a casarse. Ella se había comportado con una seguridad y una falta de miedo aplastantes y, al verla mirar sonriente al hombre con el que estaba dispuesta a pasar el resto de su vida, le había parecido increíble que fueran hijos de la misma madre. A lo mejor tenían actitudes tan opuestas en cuanto al tema del compromiso porque tenían padres distintos. A diferencia de Ellen, que estaba dispuesta a casarse a los veintidós años, él estaba convencido de que incluso a los ochenta y dos se sentiría demasiado joven para atarse a otra persona.

En cualquier caso, al final había sido él quien había acabado cediendo, y era Greg el que le había convencido. Al ver cómo miraba a Ellen, el amor que se reflejaba en sus ojos, les había dado su bendición y se había comprometido a entregar a la novia en el altar, aunque ello significara renunciar a la que parecía ser la misión más emocionante del año.

—Soy la única familia que le queda, tengo que asistir a su boda si puedo. Al menos tengo que intentarlo.

Aquella explicación le bastó al capitán, que asintió y contestó:

—De acuerdo. Jones, prepara tus cosas.

Acalló con una severa mirada la exclamación de decepción que soltó Wes Skelly, y cuando este cerró la boca y se giró con brusquedad, se volvió hacia Frisco, que ayudaba a dirigir las instalaciones de entrenamiento y también hacía de instructor.

—¿Qué te parece la idea de utilizar a O'Donlon en tu pequeño proyecto?

Alan «Frisco» Francisco había sido el compañero de inmersión de Lucky. Años atrás habían pasado juntos el BUD/S, el programa de entrenamiento específico para entrar en los SEAL, y habían trabajado codo con codo en incontables misiones hasta la operación Tormenta del Desierto. Justo cuando estaba a punto de viajar a Oriente Medio junto con el resto del comando Alfa, Lucky había recibido la noticia de la muerte de su madre, así que se había quedado en tierra.

Frisco había puesto rumbo a Oriente Medio con los demás, pero en una misión de rescate había estado a punto de perder una pierna, por lo que ya no podía participar en las misiones; aun así, seguían estando muy unidos y, de hecho, Lucky iba a ser el padrino del hijo que Frisco y su mujer, Mia, iban a tener en unos meses.

—Sí —le dijo Frisco al capitán—, perfecto. O'Donlon es perfecto para esta tarea.

—¿Qué tarea? —le preguntó Lucky a su amigo—. Si se trata de entrenar a un equipo SEAL femenino, pues sí, muchas gracias, soy tu hombre.

Genial, había conseguido hacer una broma, eso quería decir que ya empezaba a sentirse mejor. De acuerdo, no iba a salir al mundo real con el comando Alfa, pero al menos iba a tener la oportunidad de volver a trabajar con su amigo; además, se dijo, recobrando su optimismo innato, seguro que en su futuro inmediato había una modelo de Victoria's Secret; al fin y al cabo, aquello era California, y no en vano le apodaban «Lucky», que quería decir «afortunado».

Pero Frisco no se rio al oír su comentario; de hecho, se puso muy serio al ponerse el periódico bajo el brazo, y comentó con gravedad:

—No has acertado ni de lejos. Esto no va a gustarte nada, te lo aseguro.

Lucky miró a los ojos al hombre al que conocía mejor que a un hermano, y no hizo falta que dijera ni una sola palabra. Frisco sabía que le daba igual lo que le tocara hacer en las próximas semanas, porque todo palidecería en comparación con la oportunidad perdida de la misión que acababa de dejar escapar.

Cuando su amigo señaló hacia la puerta para indicarle que era hora de marcharse, echó una última mirada a su alrededor. Harvard ya estaba encargándose del papeleo que iba a ponerle a las órdenes de Frisco de forma temporal; Joe Cat estaba inmerso en una conversación con Wes Skelly, que aún parecía decepcionado por el hecho de que le hubieran pasado por alto de nuevo; Blue McCoy, segundo comandante del comando Alfa, estaba hablando por teléfono en voz baja, y casi seguro que con Lucy, porque tenía aquella delatora cara de preocupación que solía poner últimamente cuando hablaba con su mujer. Ella era una inspectora del cuerpo de policía de San Felipe y estaba metida en un importante caso secreto que tenía muy inquieto a Blue, que por regla general solía ser un tipo imperturbable.

Crash estaba atareado con su ordenador, y en cuanto a Jones, que se había marchado a toda prisa, regresó en ese momento con su equipo listo. Seguro que el muy memo ya había preparado sus cosas la noche anterior por si acaso, como un niñito bueno. Desde que se había casado, volvía a casa a toda prisa siempre que podía en vez de irse de fiesta; aunque su apodo era «Cowboy», sus días salvajes, de salir a beber y a ligar, habían quedado muy atrás.

Jones era un tipo persuasivo y atractivo al que él había visto siempre como una especie de rival, tanto en el amor como en la guerra, pero se había convertido en alguien de lo más afable que iba a todas partes con una sonrisa permanente en el rostro, como si supiera algo que él ignoraba; de hecho, cuando había conseguido el puesto en aquella misión, el puesto que acababa de rechazar para poder ir a la boda de su hermana, Jones había sonreído y le había estrechado la mano.

Lo cierto era que le tenía cierta tirria a Cowboy Jones, porque lo normal sería que un hombre como él estuviera hecho polvo en aquella situación, casado y con un mocoso en pañales a cuestas.

Sí, le tenía tirria, de eso no había duda... Le tenía tirria, y envidiaba la felicidad completa de la que disfrutaba.

Aunque Frisco estaba esperándole impaciente junto a la puerta, se tomó su tiempo. Sabía que, en cuanto Joe Cat diera la orden de ponerse en marcha, el equipo se desvanecería sin más y no habría tiempo para despedidas.

—Que os vaya bien, chicos —salió al brillante sol de la calle tras Frisco, y comentó—: Dios, no lo soporto cuando se van sin mí. Bueno, explícame de qué va la misión.

—No has visto el periódico de hoy, ¿verdad?

—No, ¿por qué?

Su amigo le pasó el periódico sin decir nada. El titular hablaba por sí solo, y Lucky masculló una imprecación al leerlo: *El violador en serie podría estar vinculado a los SEAL*.

—¿Qué violador en serie?, no tenía ni idea.

—Ninguno sabíamos nada, pero resulta que ha habido una serie de violaciones en Coronado y San Felipe en las últimas semanas —le explicó Frisco con gravedad—. A raíz de la última, que fue hace dos noches, la policía cree que hay alguna relación entre ellas; al menos, eso es lo que dicen.

Lucky se apresuró a leer por encima el artículo. Se aportaban pocos datos tanto sobre los ataques, que habían sido siete, como sobre las víctimas. La única a la que se mencionaba era la última, una universitaria de diecinueve años, aunque no se daba su nombre. En todos los casos, el violador llevaba una media en la cabeza que le distorsionaba el rostro, pero se le describía como un hombre blanco con un corte de pelo militar, pelo castaño o rubio oscuro, metro ochenta de altura más o menos, y de unos treinta años.

El artículo se centraba en las medidas que las mujeres de ambas poblaciones podían adoptar como precaución, y uno de los consejos era que se mantuvieran alejadas, muy alejadas, de la base naval. El periodista había finalizado con unas vagas palabras:

Cuando se le ha preguntado acerca de la relación que se rumorea que existe entre el violador en serie y la base naval de Coronado, y en particular con los equipos de los SEAL que están estacionados allí, el portavoz de la policía ha afirmado que se va a llevar a cabo una investigación exhaustiva, y que la base militar es un buen punto de partida.

Los SEAL son conocidos tanto por usar técnicas de lucha poco convencionales como por su falta de disciplina. Su presencia se ha hecho notar en Coronado y en San Felipe muchas veces, ya que son frecuentes las explosiones que sobresaltan a los huéspedes del célebre Hotel del Coronado a altas horas de la noche o bien temprano por la mañana. Hemos intentado contactar con Alan Francisco, teniente comandante de los SEAL, pero nos ha resultado imposible.

Lucky soltó otra imprecación antes de decir:

—Nos hace quedar como engendros del demonio, y me imagino cuánto se esforzó... —subió la mirada hacia el principio para ver el nombre del autor— este tal S. Jameson por contactar contigo.

—La verdad es que sí que se esforzó, pero yo me he hecho el escurridizo. Quería hablar con el almirante Forrest antes de decir algo que pudiera molestar a la policía, y él le ha dado el visto bueno a mi plan.

Echó a andar mientras hablaba hacia el jeep que iba a llevarle a su despacho, que estaba al otro extremo de la base; a juzgar por cómo se apoyaba en el bastón, estaba claro que era uno de esos días en que la rodilla le dolía bastante.

—Y tu plan consiste en...

—Se está creando un grupo operativo para atrapar a ese hijo de puta. Está formado por la policía de Coronado, la de San Felipe, la estatal, y por una unidad especial de la FIn-COM. El almirante ha tirado de algunos hilos para incluirnos a nosotros, por eso he ido a ver a Cat y a Harvard. Tengo que meter en ese equipo a un agente con el que pueda contar, alguien en quien pueda confiar.

Alguien como Lucky, que asintió y se limitó a preguntar:

—¿Cuándo empiezo?

—Hay una reunión en la comisaría de San Felipe a las nueve en punto. Pásate antes por mi despacho, iremos juntos desde allí. Ponte el uniforme y todas las condecoraciones que tengas —se puso al volante del jeep, y dejó el bastón en el asiento de atrás—. Otra cosa más: Quiero que selecciones un equipo, y que atrapéis a ese cabrón lo antes posible. Si es un miembro de las fuerzas especiales, nos va a hacer falta algo más que un grupo operativo para pillarlo.

—¿De verdad crees que podría ser uno de los nuestros?

—No lo sé, espero que no.

El violador había atacado a siete mujeres, una de ellas una estudiante un poco más joven que la hermana del propio Lucky. Daba igual quién fuera aquel canalla, lo único que importaba era detenerlo antes de que volviera a actuar.

Miró al que era su mejor amigo y oficial al mando, y le prometió con firmeza:

—Quienquiera que sea, le encontraré y, cuando lo haga, lamentará haber nacido.

Para Sydney fue un alivio ver que no era la única mujer presente en la sala de reuniones, que la inspectora de policía

Lucy McCoy formaba parte del grupo operativo que estaba organizándose aquella mañana con un único objetivo: Atrapar al violador de San Felipe.

De los siete ataques, cinco habían sido en San Felipe, donde había unos alquileres más bajos que en Coronado. Existía mucha rivalidad deportiva entre los equipos de los institutos de ambas poblaciones, pero, en aquel caso, en Coronado estaban más que encantados de dejar que San Felipe se llevara la palma.

La reunión de aquella mañana se celebraba en la comisaría de policía de San Felipe, y todos los que participaban en ella estaban dispuestos a trabajar juntos para atrapar al violador.

Syd había conocido a la inspectora Lucy McCoy el sábado por la noche, cuando esta había llegado al piso de Gina Sokoloski con pinta de acabar de salir de la cama, sin nada de maquillaje, con la camisa mal abrochada, y hecha una furia por el hecho de que no la hubieran avisado antes.

Ella, por su parte, se había mantenido con actitud protectora junto a Gina, que tras el traumático ataque permanecía con una mirada vidriosa y un mutismo alarmantes.

Los agentes de policía habían intentado ser amables, pero la amabilidad no servía de mucho en un momento así. «¿Podría contarnos lo que le ha pasado, señorita?».

¡Venga ya! Como si Gina pudiera mirar a aquellos hombres a la cara y contarles que al girarse había visto a un desconocido en su sala de estar, que el tipo la había agarrado antes de que pudiera huir, que le había tapado la boca antes de que pudiera gritar, y...

Y entonces, el neandertal que había estado a punto de tirarla a ella escalera abajo había violado de forma brutal y violenta a aquella pobre chica, aquella joven tan tímida que seguro que era virgen. ¡Qué primera experiencia sexual tan horrible!

Ella la había abrazado con fuerza y les había exigido con firmeza a los policías que llamaran a una agente, y rapidito. Después de lo que Gina acababa de sufrir, no tenía por qué aguantar también la vergüenza de hablar del tema con un hombre.

La joven se lo había contado todo a la inspectora Lucy McCoy con voz carente de emoción, como si estuviera narrando algo que le había sucedido a otra persona: Había intentado esconderse, se había acurrucado en la esquina y él la había golpeado, se le había puesto encima, le había desgarrado la ropa y la había obligado a abrir las piernas, la había agarrado de la garganta, y mientras ella luchaba por intentar respirar, él había...

Lucy le había explicado con voz suave lo del kit de recogida de muestras, lo del examen médico que iba a tener que soportar, y que, por muchas ganas que tuviera de darse una ducha, aún no podía hacerlo.

Syd había descrito después al hombre que había chocado con ella en la escalera. No había podido verlo con claridad por culpa de la mala iluminación, y de hecho, ni siquiera estaba segura de si ya no tenía la cara cubierta con la media de nailon que había descrito Gina; aun así, había aportado información sobre la altura del tipo (era más alto que ella), su complexión (fuerte), y había podido afirmar con total certeza que era un hombre blanco de entre veinticinco y treinta y cinco años con un corte de pelo militar, y que tenía una voz grave y sin acento alguno.

«Perdona, tío».

Era raro y espeluznante que el hombre que había atacado con brutalidad a Gina se hubiera tomado la molestia de disculparse por chocar con ella. Era horrible pensar que a lo mejor habría oído el forcejeo y los gritos ahogados de su vecina si hubiera estado en casa, que quizás habría podido ayudarla.

O a lo mejor habría resultado ser ella la víctima.

Antes de que se la llevaran al hospital, Gina había abierto la rasgada camisa que hasta ese momento había mantenido cerrada con manos apretadas, y les había mostrado a Lucy y a ella una quemadura. El hijo de puta le había hecho una marca en el pecho, una especie de pájaro.

El hecho de que Lucy se tensara al ver la marca le había hecho sospechar que le resultaba conocida y, al ver que se disculpaba y se acercaba a los otros policías para hablar con ellos en voz baja, se había acercado con disimulo a la puerta para poder oír la conversación.

—Ha sido nuestro hombre otra vez —estaba diciéndoles Lucy a sus compañeros con gravedad—, a Gina también la han marcado con una Budweiser.

Lo de «nuestro hombre otra vez» era muy revelador. Cuando ella le había preguntado si había habido otros ataques similares, Lucy le había contestado de forma tajante que no podía hablar del tema.

Ella había acompañado a su vecina al hospital y había permanecido a su lado hasta que había llegado la madre de la joven y, aunque a esas alturas ya eran las tres de la madrugada, había demasiadas preguntas sin respuesta como para que se fuera a casa a dormir. Había trabajado durante años de reportera de investigación, así que sabía un par de truquitos para encontrar respuestas.

Un par de llamadas de teléfono a las personas adecuadas le habían servido para contactar con Silva Fontaine, una mujer que trabajaba en el turno de noche en el Centro de Ayuda a Víctimas de Agresiones Sexuales del hospital; según ella, seis mujeres habían acudido al centro en tres semanas, seis mujeres que no habían sido agredidas por maridos, novios, parientes ni compañeros de trabajo. Las seis habían sido atacadas en sus propias casas por un desconocido, al igual que Gina.

Buscando un poco en Internet, había averiguado que «Budweiser» era algo más que una marca de cerveza. A los soldados de la Armada de Estados Unidos que pasaban por el BUD/S, el programa de entrenamiento que se llevaba a cabo en las instalaciones que los SEAL tenían en Coronado, se les entregaba una insignia cuando lograban superar dicho programa y entraban a formar parte de las unidades de los SEAL. Era una insignia que tenía la forma de un águila en vuelo con un tridente y una estilizada pistola, y se conocía popularmente como «Budweiser».

Todos los miembros de los SEAL tenían una. Representaba el acrónimo de «tierra, mar y aire», los tres espacios en los que aquellos comandos de hombres operaban con total pericia; en otras palabras: Eran capaces de saltar con toda facilidad de aviones y volar por el aire con paracaídas especiales, de abrirse paso por junglas, desiertos y ciudades, de bucear por las profundidades marinas.

Poseían una lista casi inacabable de conocimientos militares: Dominaban desde el combate cuerpo a cuerpo hasta la guerra cibernética y la demolición submarina, tenían una puntería digna de un francotirador, y estaban capacitados para pilotar tanto aviones como barcos, tanques, y vehículos terrestres.

De hecho, seguro que eran capaces hasta de saltar de un edificio a otro, aunque esa habilidad no estuviera reconocida de forma oficial.

Sí, no había duda de que era un listado impresionante y daba la impresión de estar leyendo el currículum de Superman, pero también resultaba alarmante, porque el superhéroe con el que estaban lidiando en ese momento se había pasado al lado oscuro. Un miembro de los SEAL pirado llevaba semanas acechando a las mujeres de San Felipe. Siete mujeres habían sido brutalmente agredidas y, aun así, no se había dado la alarma ni se había advertido del peligro a través de los medios de comunicación para que las habitantes de la zona fueran cautas.

La situación la había enfurecido tanto, que se había pasado el resto de la noche escribiendo, y a la mañana siguiente se había presentado en la comisaría artículo en mano. La habían conducido al despacho del comisario Zale, y habían empezado a negociar. La policía de San Felipe no quería que saliera a la luz información sobre los ataques, y a Zale había estado a punto de darle un patatús al saber que era reportera independiente y que la noche anterior había estado en la escena del crimen durante horas. Él estaba convencido de que el violador se esfumaría y no habría forma de atraparlo si la noticia se hacía pública, y había admitido que aún no sabían si los siete ataques eran obra del mismo hombre; al parecer, Gina y otra víctima más eran las únicas a las que se había marcado con la Budweiser.

Cuando Zale le había exigido que no sacara a la luz información detallada sobre los recientes ataques, ella había pedido a su vez poder publicar la crónica en exclusiva tras la detención del culpable y formar parte del grupo operativo que iba a crearse para atraparlo, pero con la condición de poder publicar una serie de artículos en los periódicos de la zona, artículos que contaran con el visto bueno de la policía y que sirvieran para alertar a las mujeres del peligro.

Zale había puesto el grito en el cielo, pero ella se había mantenido firme a pesar de la bronca de varias horas que había tenido que aguantar, y él había acabado por claudicar... aunque de muy mala gana.

En fin, la cuestión era que en ese momento estaba presente en la reunión del grupo operativo. Reconoció al comisario y a varios inspectores del cuerpo de policía de Coronado, y también a unos cuantos representantes de la policía estatal de California. Oyó mencionar los nombres de tres agentes de la FInCOM, la Comisión Federal de Inteligencia, que nadie se había molestado en presentarle, y anotó los nombres en su libreta: Huang, Sudenberg, y Novak.

Era entretenido verles interactuar los unos con los otros. Aunque a los de Coronado no les caían bien los de San Felipe y viceversa, ambos grupos se preferían a los agentes estatales, y los federales se limitaban a mantenerse un poco apartados del resto; aun así, se creó cierta solidaridad cuando la Armada de Estados Unidos apareció en escena.

—Perdón, llego tarde —se disculpó un tipo desde la puerta.

El recién llegado era deslumbrante, y no solo por el uniforme naval de un blanco cegador y las impresionantes filas de condecoraciones que llevaba en el pecho. Tenía el rostro de una estrella de cine... elegante y fina nariz digna de un aristócrata, ojos que redefinían la palabra «azul»... El sol había teñido de reflejos su pelo, un pelo dorado cortado muy a la moda, un poco más largo por delante; aunque en ese momento lo tenía peinado hacia atrás, un simple soplo de viento o un breve golpe de humedad bastarían para que aquellos mechones de oro bruñido estuvieran ondeándole alrededor de la cara. Tenía una piel con un bronceado perfecto, ideal para realzar sus blancos dientes cuando sonreía.

Syd pensó para sus adentros que era como un perfecto muñeco Ken de carne y hueso y, aunque no estaba segura al cien por cien, tenía la impresión de que los galones que llevaba en las mangas indicaban que era un oficial.

Aquel muñeco Ken de carne y hueso que llevaba incluidos los accesorios de un oficial de la Armada logró que sus anchísimos hombros pasaran por la puerta, y al entrar en la sala se presentó con una melódica voz de barítono, una voz un poco ronca que tenía un ligero acento del sur de California.

—El comandante Francisco les manda sus disculpas, pero ha habido un accidente grave en la base durante un entrenamiento y no ha podido venir.

—¿Están bien todos? —le preguntó Lucy McCoy.

Él le lanzó una sonrisa breve pero cálida, y cuando contestó, a Syd no le sorprendió lo más mínimo ver que sabía cómo se llamaba la guapa morena.

—Hola, Lucy. Tenemos a un aspirante en una cámara hiperbárica. Frisco, el comandante Francisco, ha tenido que ir hasta allí en avión junto con varios médicos del hospital naval. Era una inmersión rutinaria y se han respetado las normas al pie de la letra, pero uno de los buceadores ha empezado a presentar síntomas del síndrome de descompresión estando aún sumergido. Aún no saben qué demonios ha pasado. Bobby lo ha sacado del agua, lo ha subido a bordo y lo ha metido en la cámara, pero, a juzgar por la descripción que ha dado, creemos que el SNC, el sistema nervioso central, ya está afectado, que se le ha formado una burbuja de nitrógeno en el cerebro —sacudió la cabeza antes de añadir con gravedad—: Incluso suponiendo que ese hombre se salve, podría haber sufrido lesiones cerebrales graves.

Tras decir aquello, aquel Ken marinerito de ojos azules y boca preciosa se sentó en la única silla libre que quedaba, y que estaba justo enfrente de la de ella; tras echar un vistazo a su alrededor, añadió:

—Como comprenderán, el comandante Francisco ha tenido que ocuparse del asunto de inmediato.

Syd intentó no mirarlo embobada, pero no le resultó nada fácil. Tenía a aquel hombre a menos de un metro de distancia, así que lo normal habría sido poder verle las imperfecciones (una verruga sería esperar demasiado, pero a lo mejor tenía un diente roto, o algunos pelillos en la nariz), pero de cerca era incluso más guapo y, por si fuera poco, encima olía de maravilla.

—¿Y quién es usted?

Ante la pregunta del ceñudo comisario Zale, el Ken marinerito hizo ademán de levantarse de nuevo.

—Disculpen, tendría que haberme presentado —lo dijo como avergonzado, con una sonrisa que parecía decir: «Joder, qué zoquete soy, se me había olvidado que no todos los presentes saben quién soy por muy maravilloso que sea»—. Teniente Luke O'Donlon, SEAL de la Armada de Estados Unidos.

A Syd no le hizo falta ser una experta en interpretación del lenguaje corporal para saber que todos los presentes (bueno, al menos los hombres), le tenían antipatía a la Armada; si no se la tenían antes, estaba claro que en ese momento sí, porque la envidia que inundaba la sala era casi palpable.

El teniente Luke O'Donlon resplandecía, brillaba con luz propia. Era todo blancura y oro y luz del sol y ojos azules como el cielo, era un dios, el poderoso rey de todos los muñecos Ken... y él lo sabía.

Su mirada se posó en ella apenas un instante cuando echó un vistazo a su alrededor para tomar buena nota de la policía y del personal de la FInCOM, pero, cuando el ayudante de Zale empezó a repartir unas carpetas, volvió a mirarla de nuevo y sonrió. Era una sonrisa interrogante tan perfecta, que ella estuvo a punto de echarse a reír. Seguro que de un momento a otro le preguntaba quién era.

—¿Eres de la FInCOM?

Tras articular aquella pregunta moviendo los labios, el Ken marinerito aceptó con una cálida sonrisa la carpeta que le pasó el inspector de policía que tenía al lado. Cuando la miró de nuevo y la vio responder negando con la cabeza, insistió:

—¿De la policía de Coronado?

Zale había empezado a hablar, así que ella negó de nuevo y se volvió hacia la cabecera de la mesa.

El comisario de San Felipe habló largo y tendido sobre la necesidad de poner más coches patrulla en las zonas donde habían ocurrido las violaciones, sobre un equipo que iba a trabajar las veinticuatro horas del día para intentar encontrar alguna vinculación tanto entre los lugares donde se habían producido los ataques como entre las siete mujeres, y sobre muestras de semen y ADN.

La miró ceñudo cuando subrayó lo importante que era evitar que se filtrara información detallada sobre los crímenes, sobre el modus operandi del violador, y, cuando sacó a colación el desagradable asunto de la insignia de los SEAL que se había usado para marcar a las dos últimas víctimas tras calentarlo con un encendedor, el Ken marinerito carraspeó y comentó:

—Seguro que ya se ha dado cuenta de que sería una estupidez por parte de ese tipo darnos una pista tan obvia si realmente fuera un SEAL, ¿no es mucho más probable que esté intentando hacernos creer que lo es?

—Sí, por supuesto. Por eso hemos dejado caer que creemos que se trata de un SEAL en el artículo que ha salido publicado hoy. Queremos que crea que está ganando, que se vuelva descuidado.

—Así que en realidad no cree que sea un SEAL, ¿verdad? —insistió él, para intentar aclarar el asunto.

—A lo mejor es un SEAL que quiere que le atrapen —apostilló Syd.

El Ken marinerito la miró con ojos penetrantes antes de comentar:

—Disculpe... Conozco a casi todos los demás, pero no nos han presentado. ¿Es psicóloga?

Antes de que ella pudiera contestar, el comisario Zale se le adelantó.

—La señorita Jameson y usted van a trabajar codo con codo, teniente.

Syd vio reflejado en los ojos del SEAL el momento en que el tipo captó que Zale no se refería a ella como «doctora», sino como «señorita», pero ella misma se dio cuenta de repente de lo que acababa de decir el comisario, y le preguntó sorprendida:

—¿Ah, sí?

—¿Qué quiere decir? —preguntó O'Donlon a su vez.

Zale se mostró un poquito más ufano de la cuenta al contestar:

—El comandante Francisco solicitó oficialmente que un equipo de los SEAL formara parte de este grupo operativo, y la inspectora McCoy me convenció de que podría ser buena idea. Si nuestro hombre es o fue un SEAL, puede que ustedes tengan mejor suerte a la hora de encontrarlo.

—Le aseguro que no será cuestión de suerte, comisario —le aseguró O'Donlon.

A Syd le sorprendió que fuera tan audaz. Lo más increíble de todo era la convicción con la que hablaba, saltaba a la vista que tenía plena confianza en sí mismo.

—Eso está por verse —afirmó Zale—. He decidido permitir que formen ese equipo, pero siempre y cuando mantengan informada a la inspectora McCoy de lo que hagan y de cualquier progreso que consigan.

—De acuerdo —O'Donlon le lanzó a Lucy McCoy otra de sus sonrisas antes de añadir—: De hecho, será un placer.

—¡Puf! —Syd no se dio cuenta de que había hecho la exclamación en voz alta hasta que el Ken marinerito la miró sorprendido.

—Y siempre y cuando acceda a incluir a la señorita Jameson en su equipo —añadió Zale.

El SEAL se echó a reír... y sí, no había duda de que tenía una dentadura perfecta.

—No, comisario, no lo entiende. Un equipo de los SEAL es eso: Un equipo en el que solo forman parte miembros de los SEAL. No quiero ofenderla, pero la verdad es que la señorita Jameson sería un estorbo.

—Pues va a tener que aguantarse —Zale estaba encantado con la situación. Ni la Armada ni Syd le caían bien, y aquella era su forma de desquitarse de ambos—. Estoy al mando de este grupo operativo. O lo hace a mi modo, o sus hombres no salen de la base naval. Hay otros detalles que hay que tener en cuenta, pero la inspectora McCoy se encargará de tratarlos con usted.

La mente de Syd estaba funcionando a toda velocidad. Zale creía que había hecho una jugada maestra al ponerla en el grupo de los SEAL, pero la noticia estaba justo allí, en lo que iba a suceder tanto dentro como fuera de los confines de la base naval; a juzgar por lo que había averiguado sobre las unidades de los SEAL en las últimas cuarenta y ocho horas, estaba claro que aquellos soldados tan poco convencionales debían de estar deseosos de atrapar ellos mismos al violador de San Felipe y de evitar tener mala prensa. Sentía curiosidad por saber lo que pasaría si llegaba a confirmarse que el violador era uno de ellos, si intentarían ocultar la verdad o querrían ser ellos los que le castigaran.

Tenía la oportunidad de hacer un análisis en profundidad de una de las organizaciones militares de élite de Estados Unidos. Podría acabar siendo justo lo que necesitaba para darse a conocer, para conseguir el puesto de editora en una revista de Nueva York que ansiaba con desesperación.

—Lo siento, pero una trabajadora social no está capacitada para...

—No soy trabajadora social —le interrumpió ella.

—La señorita Jameson es uno de nuestros principales testigos — apostilló Zale—. Ha estado cara a cara con nuestro hombre.

O'Donlon enmudeció al oír aquello. Se puso pálido, se le borró la sonrisa de la cara, y dejó a un lado su actitud de fingida despreocupación. En sus ojos se reflejaba lo horrorizado y sorprendido que estaba.

—Dios mío... No sabía... Perdón, no tenía ni idea de que... —se le veía avergonzado y muy impactado—. Me siento en la obligación de disculparme en nombre de todos los hombres del mundo.

A Syd le sorprendió ver que el Ken marinerito no era sintético del todo, que tenía algo de humanidad; como estaba claro que creía que ella había sido una de las víctimas del violador, se apresuró a aclararle la situación.

—No... es decir, gracias, pero soy uno de los testigos porque atacaron a una vecina mía. Yo estaba subiendo a mi piso y me crucé en la escalera con el tipo que acababa de violarla, aunque me temo que no le vi demasiado bien.

—Dios, gracias a Dios... Cuando el comisario Zale ha dicho que... He dado por hecho que... —respiró hondo y exhaló con fuerza antes de añadir—: Lo siento, no puedo ni imaginarme... —logró recobrar la compostura, y se inclinó un poco hacia delante mientras la miraba con ojos penetrantes—. Así que logró ver a ese tipo, ¿no?

—Sí, pero ya le he dicho que no alcancé a...

Antes de que pudiera acabar la frase, O'Donlon se volvió hacia Zale y le preguntó:

—¿Y está dispuesto a dármela a mí?

Syd se quedó tan pasmada al oír aquello, que soltó una carcajada y exclamó:

—¡Disculpe, le agradecería que reformulara esa...!

Zale se puso de pie para dar por terminada la reunión, y le dijo a O'Donlon:

—Sí, es toda suya.

CAPÍTULO 2

Mientras conducía su camioneta hacia la carretera principal que llevaba a la base naval, Lucky se volvió por un instante hacia la mujer que estaba sentada a su lado y le preguntó:

—¿La han hipnotizado alguna vez?

Al ver que ella le lanzaba aquella mirada de incredulidad que parecía dársele tan bien, se preguntó si le salía de forma natural o si se pasaba horas practicándola frente al espejo del cuarto de baño. La idea le hizo sonreír, y su sonrisa provocó que ella se enfurruñara aún más.

Era bastante atractiva, si a uno le gustaban las mujeres que escondían todas sus curvas bajo ropa andrógina y no sonreían nunca.

La miró con mayor detenimiento cuando llegaron a un semáforo en rojo. Él había salido una vez con una mujer que no sonreía nunca, Jacqui Fontaine, una joven muy bella que no hacía ningún gesto facial por miedo a que le salieran arrugas; de hecho, se había enfadado con él porque la había hecho reír. En un principio había creído que estaba bromeando, pero había acabado por darse cuenta de que lo decía muy en serio y, cuando ella le había propuesto que la acompañara a su piso al salir del cine, había rechazado el ofrecimiento. Tener relaciones sexuales con ella habría sido rarísimo, como hacer el amor con un maniquí. Aún se estremecía solo con pensarlo.

A diferencia de Jacqui, la mujer que estaba sentada a su lado en ese momento tenía arrugas en las comisuras de los ojos que demostraban que sí que sonreía; de hecho, probablemente lo hacía con frecuencia, pero estaba claro que lo que no quería era sonreírle a él en concreto.

Tenía el rostro enmarcado por las ondas de un espeso cabello oscuro y peinado con un estilo moderno y desenfadado. Lo llevaba lo suficientemente corto como para estar presentable con simplemente pasarse los dedos al levantarse por la mañana. Sus ojos eran de color marrón oscuro, y parecían enormes en un rostro de duendecillo... si es que los duendecillos albergaban una buena dosis de resentimiento, claro. Saltaba a la vista que él no le caía bien, que le había caído mal desde que le había visto entrar en la sala de conferencias de la comisaría de San Felipe.

—Se llama Cindy, ¿verdad?

Sabía perfectamente bien que se llamaba Sydney, pero ¿qué clase de mujer se llamaba así? Si tenía que hacer de niñera de la mujer que podría llegar a identificar al violador de San Felipe, al menos podría llamarse Crystal o Mellisandre, y vestir en consecuencia.

—No, no me llamo así; y no, nunca me han hipnotizado —le contestó ella con rigidez.

Tenía una voz engañosamente ronca y sensual. Teniendo en cuenta que, a juzgar por su aspecto, no quería que nadie pensara ni remotamente en el sexo al mirarla, era injusto que tuviera una voz tan sexy.

—¡Perfecto, entonces seguro que nos divertimos! Va a ser toda una aventura adentrarse en territorio inexplorado, ya sabe lo que se suele decir... Hay que lanzarse sin miedo, y blablablá.

Intentó parecer lo más entusiasta posible mientras entraban en el aparcamiento que había junto al despacho de Frisco, despacho que también iba a ser suyo de forma temporal.

—Está de guasa, ¿verdad? —le preguntó ella, horrorizada.

Él sacó la llave de arranque y abrió la puerta de la camioneta antes de contestar:

—Pues claro, al menos en parte. Sería aburridísimo ir completamente en serio, sea en lo que sea —salió del vehículo, y se volvió a mirarla—. Lo de que vamos a divertirnos lo he dicho solo medio en serio; la verdad, me parece que esto va a ser bastante aburrido si no logro convencer a la hipnotizadora de que la haga graznar como un pato.

Le habría guiñado el ojo si fuera una Crystal o una Mellisandre, pero sabía que, si empleaba esa técnica con Sydney, ella intentaría fulminarle con su mirada de basilisco.

A casi todas las mujeres les gustaba que les guiñaran el ojo, a casi todas se las podía ablandar con una mirada de admiración y un halago, casi todas respondían a su lenguaje corporal insinuante y a su sutil flirteo con la misma moneda. La mayoría de mujeres no tardaban en invitarle a pasar de un sutil flirteo a una seducción propiamente dicha.

Pero Sydney no era una mujer normal y corriente.

—Gracias, pero no quiero que me hipnoticen —afirmó ella, mientras bajaba con cierta dificultad de la camioneta—. He leído que hay personas que son menos receptivas a esas cosas y a las que no hay forma de hipnotizar, seguro que soy una de ellas.

—Si no lo ha intentado nunca, no puede saber cómo va a reaccionar —la miró con su mejor sonrisa, pero a ella no pareció afectarle lo más mínimo.

—Es una pérdida de tiempo.

—Lo siento, pero yo opino lo contrario —cambió de táctica y optó por una sonrisa de disculpa, pero esa tampoco le funcionó—; en todo caso, va a tener la oportunidad de demostrar que me equivoco.

Ella se detuvo y le preguntó con exasperación:

—¿Siempre se sale con la suya?

Lucky fingió pensar en ello por un segundo, y al final le contestó sonriente:

—Sí. Siempre me salgo con la mía, y nunca voy en serio. Si lo tiene en cuenta, nos llevaremos bien.

Cuando entraron en el vestíbulo del edificio, el teniente Luke O'Donlon saludó a una guapa morena embarazada con una de las arrebatadoras sonrisas de su vasto repertorio, y Sydney se limitó a esperar en silencio.

—Hola, preciosidad. ¿Qué haces aquí?

Al ver que abrazaba a la mujer y la besaba de lleno en la boca, supuso que se trataba de su esposa, aunque a priori habría dicho que aquel hombre era incapaz de casarse; de hecho, le parecía muy raro, porque no se comportaba como un hombre casado. Todo en él, desde su postura al volante de la camioneta hasta cómo le sonreía a todas las mujeres que encontraba a su paso, hacía pensar que era un soltero empedernido, pero en ese preciso momento se agachó y acercó el rostro al abultado vientre de la embarazada.

—¡Hola, peque!

Era innegable que aquella mujer, quienquiera que fuese, era todo un bellezón. Tenía una larga melena de pelo oscuro y liso que le caía por la espalda, un rostro de facciones delicadas en las que se entreveían rasgos del Extremo Oriente, y unos hermosos y exóticos ojos que chispearon cuando se echó a reír.

—Justo por esto no vengo por aquí demasiado a menudo —le explicó a Syd, mientras O'Donlon le ponía la oreja en el vientre como intentando oír al bebé—. Hola, soy Mia Francisco.

Aquello quería decir que era la esposa del comandante, pero antes de que pudiera contestar, O'Donlon alzó la cabeza, miró sonriente a alguien que parecía estar justo detrás de ella, y comentó:

—El peque está cantando la canción esa de Shania Twain, la que Frisco dice que siempre tienes en el CD.

Syd se volvió para ver con quién estaba hablando, y vio a una adolescente de piernas largas y brazos delgados que tenía una increíble cabellera pelirroja rizada.

—Ja, ja. Qué gracioso eres, Lucky —la sonrisa de la joven no era demasiado entusiasta.

—Nos hemos enterado de lo del accidente en clase de buceo —les explicó Mia, mientras O'Donlon se incorporaba—. No han dado nombres y no había forma de contactar con Alan, así que Tasha me ha convencido de que viniéramos para asegurarnos de que Thomas está bien.

—¿Quién es Thomas?

—Thomas King, un antiguo alumno mío. ¿No te acuerdas de él? Está pasando el BUD/S, y estaba en la clase donde ha habido problemas.

—Ah, sí, un chico negro bastante gallito.

—El accidentado ha sido un compañero suyo, no él —apostilló Tasha.

—Sí, el alférez Marc Riley. Han conseguido estabilizarle. Tiene dolores fuertes, pero no está tan grave como creían al principio.

A Syd no le extrañó ver que Mia la miraba con una sonrisa cordial pero llena de curiosidad; teniendo en cuenta que iba vestida con una amplia chaqueta de lino, unos pantalones anchos, unos gruesos zapatos y una blusa masculina abrochada hasta el cuello, seguro que no se parecía en nada a las mujeres que solían ir tras el teniente O'Donlon.

—Perdona que hayamos acaparado a Lucky de buenas a primeras —añadió Mia.

«Lucky»... La adolescente también había llamado así a O'Donlon, y teniendo en cuenta que quería decir «afortunado», el apodo le quedaba como anillo al dedo; la verdad, parecía cosa de chiste.

—No te preocupes. Soy Syd Jameson.

—Trabajamos juntos en un proyecto especial —apostilló el suertudo en cuestión.

A Syd le molestó un poco su tono de voz. Daba la impresión de que aquel presuntuoso quería dejar claro que no estaba con ella por razones personales, ¡qué más quisiera él!

—¿Ah, sí? ¿El proyecto que ha hecho que Lucy McCoy nos echara del despacho de Alan para poder hablar con él a solas?

Lucky hizo ademán de contestar, se calló el tiempo justo de taparle los oídos a Tasha, y entonces soltó una imprecación. La joven se echó a reír, y él le guiñó el ojo antes de mirar de nuevo a Mia.

—¿Lucy ya ha llegado?

—Dile a Alan que yo tengo la culpa de que hayas llegado tarde.

—Claro, genial —Lucky soltó una carcajada, y se despidió de las dos con la mano mientras conducía a Syd por uno de los pasillos—. Le diré que llego tarde porque me he parado a flirtear con su mujer, seguro que se lo toma de maravilla.

Syd tuvo que correr para poder seguirle el paso. Seguro que a O'Donlon le perdonaban al instante por llegar tarde, pusiera la excusa que pusiese; al fin y al cabo, los hombres hechos y derechos no conservaban apodos como el suyo más allá de la adolescencia así porque sí.

Así que «Lucky», ¿no? No hacía falta ser una lumbrera para saber que le habían puesto ese apodo porque tenía suerte con las mujeres. A ella le habían puesto uno en el cole:

Apestosa. Se le había olvidado ponerse desodorante un día, un solo día, y la habían llamado Apestosa durante todo aquel curso escolar.

Y hablando de apestar... De haber sabido que iba a correr un maratón, se habría puesto otra ropa. El teniente Lucky O'Donlon había tomado la delantera y no daba muestras de querer aminorar el paso, ¡aquel edificio parecía interminable!

Al ver que él optaba por subir por la escalera para no tener que esperar al ascensor, hizo un esfuerzo y aceleró el paso a pesar de que estaba sin aliento, porque temía perderle de vista. Intentó mantener los ojos fijos en su ancha espalda, pero no le resultó nada fácil, en especial teniendo en cuenta que tenía su trasero justo delante.

Era un trasero perfecto, prieto y redondito, que estaba en consonancia con sus estrechas caderas y debía de ser unas cien veces más pequeño que el suyo. No cabía esperar nada menos de un hombre apodado «Lucky».

Fue tras aquel traserito escalera arriba, salió al pasillo tras él, y le siguió hasta llegar a una antesala vacía.

Mientras O'Donlon llamaba a una puerta cerrada, aprovechó para recobrar el aliento. Aquel tipo insoportable no se había cansado lo más mínimo, y ella, en cambio, estaba inclinada hacia delante con las manos en las rodillas y resoplando como una locomotora.

—¿Es fumadora?

A juzgar por su tono de voz, cabría pensar que lamentaba verla así, pero la diversión que se reflejaba en su rostro le delataba.

—No —no sabía que estaba en tan baja forma. Siempre le había gustado salir a correr, pero al final no había retomado la costumbre ni en la primavera ni en el verano pasados.

En ese momento abrió la puerta del despacho un hombre

que habría podido pasar por el reflejo de Lucky en un espejo. Tenía el pelo de otro tono y un rostro de facciones marcadas más curtido que bello, pero los dos tenían unos hombros casi igual de anchos.

—Tengo una reunión en breve con los almirantes Forrest y Stonegate —le dijo a Lucky, a modo de saludo—. Lucy ya ha llegado. Escúchala y haz lo que haga falta con tal de atrapar a ese tipo, preferiblemente antes de finales de esta semana.

Entonces la miró a ella con ojos distintos a los de Lucky, y no solo en color. Dio la impresión de que veía más allá del ensortijado pelo que se le metía en los ojos y del cuello alto de la camisa, más allá de la permanente expresión de ligero aburrimiento y de recelo que había adoptado después de pasar años aguantando apodos como «Apestosa».

No sabía lo que aquel hombre estaba viendo en ella, pero, fuera lo que fuese, le hizo sonreír. No era una sonrisa de condescendencia ni de esas que parecían decir «Madre mía, qué adefesio de mujer», sino una cálida y cordial.

—Hola, soy Alan Francisco —la saludó, mientras le daba un apretón de manos tan sólido y agradable como su sonrisa—. Bienvenida a Coronado. Si necesita cualquier cosa durante su estancia aquí, seguro que el teniente O'Donlon estará más que encantado de proporcionársela.

Se fue sin más, y ella no tomó conciencia de que andaba con cierto agarrotamiento y con ayuda de un bastón hasta que ya había salido al pasillo. Se dio cuenta de repente de que se había quedado allí parada como un pasmarote viéndole salir mientras Lucky entraba en el despacho, así que entró tras él, cerró la puerta tras de sí, y... ¡Sorpresa! le vio abrazar a la inspectora McCoy y besarla a modo de saludo.

—Antes no he podido saludarte como Dios manda. Estás espectacular, nena —después de murmurar aquellas palabras, le pasó un brazo por los hombros y se volvió hacia Syd—. Blue, el marido de Lucy, es miembro del comando Alfa.

Aquello la tomó desprevenida. ¿Lucy estaba casada, y su marido también pertenecía a los SEAL? Entonces, era de suponer que Lucky y él se conocían, puede que incluso fueran amigos. ¡Aquel tipo era el no va más!

—Sí, es el segundo al mando —le explicó Lucy.

Después de darle a Lucky un rápido apretón, se apartó de él y volvió a sujetar los largos mechones de pelo castaño que se le habían escapado de la coleta. La verdad era que tenía unos ojos realmente preciosos.

—¿De verdad que se llama Blue? —le preguntó Syd.

—No, a los SEAL se les suele poner un apodo cuando están pasando el BUD/S. A ver... están Cat, Cowboy, Frisco, Blue, Lucky, Harvard, Crow, Fingers, Snakefoot, Wizard, Elmer, Priest, Doc, Spaceman, Crash...

—¿Tu marido trabaja aquí, en la base naval?

—A veces. El comando Alfa ha alzado el vuelo mientras estábamos en la reunión.

Syd no alcanzó a descifrar la enigmática mirada que Lucy le lanzó a Lucky al decir aquello, y tampoco entendió del todo sus palabras.

—¿Qué quieres decir?

Lucky se apoyó en el escritorio del comandante Francisco con actitud relajada, y fue él quien contestó:

—Que el comando Alfa se ha ido de viaje.

Al ver que parecían comunicarse de nuevo sin necesidad de palabras, con otra larga y enigmática mirada, Syd se preguntó si aquel dios de ojos azules tenía una aventura con la mujer de un superior. Todo era posible, pero la idea le parecía un poco sórdida.

Fue Lucy quien rompió el silencio al decir con voz suave:

—Ellen va a agradecerte en el alma lo que has hecho, en el fondo sabes que va a merecer la pena.

—Podrían enviarme lejos en cualquier momento. Si surgiera algún asunto grave, si me necesitaran, ni siquiera podría asistir a mi propia boda.

Syd carraspeó con delicadeza. No sabía de qué estaban hablando, ni quería saberlo. No le interesaba lo más mínimo la tal Ellen, quienquiera que fuese, ni lo que Lucky y Lucy McCoy hicieran a espaldas del marido de esta. Lo único que quería era ayudar a atrapar al violador, escribir su crónica, y poner rumbo a Nueva York.

—No te preocupes por mí, estoy bien —estaba asegurándole él a la inspectora—, y estaré aún mejor si cenas conmigo una de estas noches.

Lucy sonrió, pero, a juzgar por la rápida mirada que le lanzó a ella antes de contestar, estaba claro que era muy consciente de que no estaban los dos solos.

—Tienes mi número de teléfono —se sentó a la mesa de conferencias que había junto a la ventana antes de añadir—: Antes de nada, tenemos que dejar claras algunas de las normas del grupo operativo, hay que hablar de tu equipo.

Lucky se sentó a la cabecera de la mesa.

—Genial, vamos a empezar con mis normas: Me dejáis formar un equipo con miembros de los SEAL, y no me dais la lata con un montón de normas inútiles ni me hacéis cargar con gente poco cualificada que sería un lastre —miró a Syd, y le lanzó una sonrisa de disculpa—. No se ofenda. Si nos dejáis trabajar, atraparemos a vuestro hombre.

Lucy ni siquiera parpadeó al oír aquello, y le contestó con firmeza:

—Los miembros de tu equipo tienen que contar con la aprobación del comisario Zale.

—¡Venga ya!

—Tanto él como yo creemos que, teniendo en cuenta que no sabemos a quién estamos persiguiendo y que tienes un montón de candidatos entre los que elegir, será conveniente que formes tu equipo con gente que no encaje en nada con la descripción del violador, ya sean miembros de los SEAL propiamente dichos o aspirantes a entrar en el cuerpo.

Syd se sentó frente a Lucky antes de comentar:

—En otras palabras: Nadie blanco, corpulento, y con corte de pelo militar.

—¡Eso elimina a la mayor parte de los hombres que tenemos en Coronado!

—Exacto —confirmó Lucy, con mucha calma—. La mayor parte de ellos son posibles sospechosos.

—¿Crees de verdad que es posible que un SEAL haya violado a esas mujeres?

—Lo que creo es que, hasta que tengamos más información, tenemos que seleccionar con cuidado a quién ponemos al tanto de la situación. Luke, tú mismo serías sospechoso si no tuvieras el pelo tan largo.

—Vaya, gracias por tu voto de confianza.

—La segunda norma es relativa al uso de armas. No queremos que vayáis por la ciudad armados hasta los dientes, y eso incluye los cuchillos y las armas cortas.

—Claro, genial, y, cuando detengamos a ese tipo, le atacamos lanzándole cucharas.

—Será el grupo operativo el que le detenga, no vosotros. Vuestro objetivo es ayudar a encontrarle, tenéis que localizarle. Intentad pensar como ese hijo de puta y anticipaos a su próximo movimiento, y los demás, la policía y la FInCOM, estaremos esperándole.

—De acuerdo, acataré vuestras normas... si me la quitas a ella de encima —le contestó él, indicando con un gesto a Syd—. Después de la sesión de hipnotismo de mañana por la tarde, no será más que un estorbo. No se ofenda, señorita Jameson.

—¡Claro que me ofendo!

—No sé qué es lo que tiene Zale en su contra, pero está claro que yo no le he caído bien y que está intentando dificultar el trabajo de mi equipo asignándome...

—Soy reportera.

—... La tarea de niñera, que... —sus impactantes ojos azules se abrieron como platos cuando asimiló lo que ella acababa de decirle—. ¿Reportera? Sydney Jameson... ¡S. Jameson! Joder, no es una reportera cualquiera, es la autora de aquel dichoso artículo que nos hacía quedar como asesinos psicópatas, ¿se puede saber por qué demonios escribió algo así?

Syd se dio cuenta de que estaba hablando muy en serio. Aquel tipo se había ofendido por la única parte del artículo que ella había incluido por petición expresa de la policía.

—Tranquilito, Ken. La policía quería dar la impresión de que realmente sospechan que el violador es un SEAL.

—Es muy probable que nuestro hombre quiera parecerse a los SEAL —apostilló Lucy—. Queríamos que el artículo alimentara su ego para ver si así se volvía un poco descuidado.

—Me llamo Luke, no Ken —le aclaró él a Syd.

Ella se dio cuenta de que había metido la pata sin darse cuenta.

—Eh... Claro, perdón.

Lo miró con una sonrisa tan deliberadamente falsa como la disculpa, y él la fulminó con la mirada antes de preguntarle a Lucy:

—¿Cómo demonios se ha involucrado una reportera en todo esto?

—El violador atacó a su vecina. Sydney se quedó con ella... Estamos hablando de una cría de diecinueve años, Luke. Sydney estaba con ella cuando yo llegué y, por extraño que te parezca, no se me ocurrió preguntarle a qué agencia de prensa pertenecía.

—¿Cómo consiguió que la incluyeran en el grupo operativo?, ¿recurrió al chantaje? —le preguntó él a Syd.

—¡Pues claro! —le espetó ella, con la frente bien alta—. Siete violaciones, y ni una sola palabra de advertencia en los periódicos. Era un artículo que había que escribir cuanto antes, así que decidí hacerlo yo. Y también voy a escribir en exclusiva sobre la investigación que permitirá localizar y detener al violador.

—Dígame una cosa: ¿Es verdad que vio a ese tipo, o se lo inventó?

Syd no estaba dispuesta a dejarle ver lo mucho que la exasperaba, así que se esforzó por hablar con voz serena y controlada.

—Estuvo a punto de tirarme al suelo cuando nos cruzamos en la escalera, pero como ya le dije a la policía, allí hay mala iluminación y no alcancé a verle con claridad.

—¿Le vio lo bastante bien como para hacer una ronda de reconocimiento con algunos de mis hombres? Así se les podrá descartar como sospechosos.

—Lucky, no creo que... —protestó Lucy.

—Quiero a Bobby Taylor y a Wes Skelly en mi equipo.

—Con Bobby no hay problema —miró a Syd, y añadió a modo de explicación—: Es nativo americano. Pelo largo y oscuro, más de metro noventa de alto y otro tanto de ancho... Está claro que él no es nuestro hombre, pero en cuanto a Wes...

—A él no habría que considerarle sospechoso —arguyó él.

—Las investigaciones policiales no funcionan así. Sí, es cierto que no debería ser un sospechoso, pero Zale quiere que todos y cada uno los hombres de tu equipo estén descartados por completo.

—Estamos hablando de un hombre que ha arriesgado la vida por mí y por tu propio marido más veces de las que te imaginas, si la señorita Jameson le viera para confirmar que no es...

—De verdad que apenas recuerdo la cara de ese hombre —insistió Syd—. Bajó por la escalera a toda velocidad, estuvo a punto de tirarme al suelo y se detuvo varios escalones más abajo. Ni siquiera estoy segura de que se volviera del todo a mirarme, se disculpó y se largó.

Lucky se inclinó hacia delante, y le preguntó con apremio:

—¿Habló con usted?

Dios, qué guapo era... Mientras luchaba por sofocar el cosquilleo que sentía en el estómago cada vez que él la miraba, se dijo que estaba siendo patética. Aquel hombre no le caía bien, y de hecho, iba camino de sentir una intensa antipatía hacia él; aun así, le bastaba con mirarle a los ojos para que le flaquearan las piernas.

Estaba claro que hacía demasiado tiempo que no tenía relaciones sexuales, aunque eso no tenía pinta de cambiar en un futuro próximo.

—¿Qué le dijo?, ¿cuáles fueron sus palabras exactas?

Ella se encogió de hombros con aparente indiferencia. No quería admitir ante él lo que le había dicho aquel tipo, pero como sabía que iba a insistir hasta que lo hiciera, respiró hondo y admitió:

—Me dijo «Perdona, tío».

—¿Tío?

—Sí. Había muy poca luz, supongo que me confundió con un hombre —sintió que se ruborizaba mientras hablaba.

Lucky O'Donlon no hizo ningún comentario, pero la cara que puso mientras se reclinaba en la silla hablaba por sí sola. La recorrió con la mirada tomando buena nota de la ropa tan poco femenina que llevaba y de la ausencia de maquillaje, y en sus ojos se leyó un claro mensaje: «Cualquier hombre habría podido cometer ese error».

—Insisto en que no puedo trabajar con una reportera siguiéndome a todas partes —le dijo a Lucy al cabo de unos segundos.

—Yo tampoco.

—He trabajado durante años de reportera de investigación —les dijo Syd—. ¿A ninguno de los dos se le ha ocurrido pensar que podría ser de ayuda?

CAPÍTULO 3

Lucky se dijo que aquello no tendría que resultarle demasiado difícil, al menos en teoría. Él era una persona sociable, encantadora, carismática y agradable, y lo sabía; de hecho, ese era uno de sus puntos fuertes: Podía ir adonde fuera, y convertirse en el mejor amigo de quien le diera la gana en cuestión de horas.

Eso era lo que tenía que hacer en ese momento con Sydney Jameson, convertirse en su mejor amigo para poder manipularla y mantenerla al margen de la investigación... «Venga, Syd, échale una mano a tu viejo amigo Lucky y quítate de en medio».

La que en breve iba a ser su vieja amiga Syd estaba sentada junto a él en la camioneta con actitud gélida, sin decir palabra y con los brazos cruzados con fuerza mientras la llevaba de vuelta a su coche, que seguía en el aparcamiento de la comisaría.

Primer paso: Iniciar una conversación cordial, buscar cosas en común. La familia era un buen tema para romper el hielo.

—Mi hermana pequeña se casa en un par de semanas —le lanzó una mirada amistosa, pero no sirvió de nada; de hecho, el busto de Lincoln que había en el monte Rushmore se habría mostrado más expresivo que ella—. La verdad es que me cuesta creerlo. Para mí es como si aún tuviera doce años, pero ya tiene veintidós, y en la mayoría de estados esa es edad suficiente para que haga lo que le dé la gana.

—En la mayoría no, en todos.

Su respuesta le confirmó que estaba escuchándole, al menos en parte.

—Sí, ya lo sé, era broma.

—Ah.

Se quedó un poco descolocado al ver que se limitaba a mirar por la ventanilla sin añadir nada más, pero no se rindió y siguió parloteando sin cesar.

—Fui a verla a San Diego para prohibirle que lo hiciera. Esperaba poder convencerla al menos de que esperara un año, pero ¿sabe lo que me dijo? Apuesto a que no lo adivinaría ni en un millón de años.

—Sí, eso no lo dudo.

Lo dijo con voz un tanto hostil, pero al menos estaba hablándole.

—Me dijo que no podían esperar un año, y yo me puse como una furia —admitió, con una carcajada—. Ahí estoy yo, dispuesto a desenfundar mi arma para darle un buen susto a ese tipo por dejar embarazada a mi hermana, y resulta que en un año el esperma de Greg habrá caducado.

Se dio cuenta de que había logrado captar su atención al fin, y siguió con la explicación.

—Se ve que él sufrió leucemia en la adolescencia, hace años, y antes de empezar con el tratamiento que iba a dejarle estéril, dejó varios depósitos en un banco de esperma. La tecnología es mucho más avanzada hoy en día y el esperma congelado tiene... eh... una fecha de caducidad más larga, por decirlo de alguna forma, pero la posibilidad de que Ellen se quede embarazada con el esperma que Greg dejó congelado a los quince años va disminuyendo con el tiempo.

Se volvió a mirarla, pero ella giró la cara. «Venga», le pidió para sus adentros, «pórtate bien conmigo, vamos a ser amigos. Soy un buen tipo».

—Ellen está muy enamorada de él, tendría que ver cómo le mira. Es demasiado mayor para ella, le lleva unos diecisiete años, pero salta a la vista lo mucho que la quiere, así que no tuve más remedio que desearles suerte y felicidad.

Ella se dignó a mirarle al preguntar:

—¿Cómo se lo están tomando sus padres?

Era la oportunidad perfecta para emplear la táctica del pobre huerfanito, que siempre hacía que las mujeres se ablandaran.

—Ellen y yo solo nos tenemos el uno al otro. Mi madre sufrió un ataque al corazón hace unos años. No es un tema del que se oiga hablar demasiado, pero la verdad es que las mujeres corren el mismo riesgo de padecer una enfermedad cardíaca que los hombres, y... —hizo una pequeña pausa antes de añadir—: Perdone, me he convertido en una especie de centro de información ambulante sobre el tema, pero es que mi madre era tan joven, fue tan inesperado que se fuera...

—Lo siento.

—Gracias. Para Ellen fue más duro, porque aún era una cría y ya había perdido a su padre de pequeña. Tenemos padres distintos, y no sé adónde fue a parar el mío... A lo mejor se hizo monje tibetano e hizo voto de silencio en protesta por la separación de los Jefferson Airplane —esbozó una sonrisa, y siguió diciendo—: Sí, ya sé que estará pensando que con un nombre como el mío debería tener unos padres millonarios y estar viviendo en Bel Air; de hecho, estuve allí hace unos años e intenté convencer a una pareja de ancianos que me adoptaran, pero no quisieron.

Al verla sonreír, supo que su táctica estaba funcionando. Estaba convencido de que aquella mujer tenía sentido del humor, por muy escondido que estuviera.

—Ahora que ya sabe demasiadas cosas sobre mí, le toca a usted. Es de Nueva York, ¿verdad?

—¿Cómo lo sabe?, no tengo ni pizca de acento.

—A los de Nueva York no les hace falta tenerlo —le contestó él, con una sonrisa de oreja a oreja—, la delata lo acelerada que está en todo momento. Los del sur de California sabemos distinguir a un neoyorquino a la legua, es puro instinto de supervivencia: Si no les vemos venir, no estamos a tiempo de ponernos a cubierto o de prepararnos para el impacto de su llegada.

Le dio la impresión de que ella estaba a punto de reírse, pero no habría sabido decirlo con certeza; en cualquier caso, vio cómo se le ensanchaba la sonrisa, y sus sospechas se confirmaron: Aquella mujer tenía una sonrisa muy bonita, una sonrisa que le iluminaba el rostro y que la hacía ser muy atractiva. No en el sentido de despampanante reina de la belleza rubia, sino de atractiva morenita.

Mientras la miraba a los ojos, se le ocurrió de repente la respuesta a todos sus problemas: ¡Tenía que liarse con ella! Seguro que así lograba avanzar más rápido, el sexo era un arma muy poderosa. Estaba seguro de que él la atraía por mucho que intentara disimularlo, porque la había pillado devorándolo con la mirada varias veces cuando pensaba que estaba despistado.

Era una opción muy atrayente en más de un sentido, y no tuvo que pensárselo dos veces.

—Oye, Syd... No te importa que te tutee, ¿verdad? ¿Tienes planes para esta noche? —pasó con maestría de un trato cordial a un ligero flirteo. La diferencia era muy sutil, pero innegable—. Yo no, y estoy muerto de hambre. ¿Te apetece que vayamos a cenar algo? Conozco una marisquería fantástica en San Felipe que está junto al mar, podrías hablarme de tu vida en Nueva York mientras comemos pez espada a la parrilla.

—No, no creo que...

—¿Tienes otros planes?

—No, pero...

—¡Perfecto! Tenemos que conocernos mejor, mucho mejor, si vamos a trabajar juntos. Pero antes de nada tengo que ir a casa a por la billetera, ¿te quieres creer que llevo todo el día de acá para allá sin dinero en el bolsillo? —todo estaba saliendo a la perfección. Estaban a cuatro calles de su casa, ¿dónde mejor que casita para iniciar una pequeña seducción?

Syd tuvo que agarrarse con ambas manos cuando él atravesó dos carriles para poder girar a la derecha y entrar en una calle lateral.

—¿No vive en la base?

Notó que ella optaba por no tutearle aún para mantener las distancias, pero eso no le desalentó.

—Qué va, es una de las ventajas de ser oficial. Te prometo que no tardamos nada, este es mi barrio.

Aquello sí que sorprendió a Syd, porque el barrio estaba formado por casitas impecables pero de tamaño moderado con pulcros jardincitos. No se le había pasado por la cabeza preguntarse dónde vivía el teniente, pero, de haberlo hecho, se habría imaginado un lugar muy distinto.

Al cabo de un momento, enfilaron por el camino de entrada de una casita de adobe pintada en un alegre tono amarillo. Al fondo de una cochera anexa había una moto cubierta con una lona, en las ventanas había tiestos con flores, y el césped se había cortado recientemente con suma pulcritud.

—Ven, entra un momento. Tengo limonada en la nevera.

Claro, eso era de esperar en una casa como aquella. Bajó de la reluciente camioneta roja sintiéndose entre desconcertada y curiosa, consciente de que era más que posible que al entrar se encontrara con tapicerías de cuero, muebles de estilo art déco, camas de agua, y todo lo que cabría esperar de la casa de un soltero empedernido; de hecho, no le extrañaría que al abrir la nevera él no sacara limonada, sino una botella de vino caro.

Se dio cuenta de que lo que estaba pensando era absurdo. Un tipo como aquel jamás se plantearía siquiera ligar con una mujer como ella, ni hablar. Si él era Ken, ¿quién era ella?, ¿la Barbie? ¡Venga ya!, ¡pero si ni siquiera daría la talla para ser la prima rara de Skipper!

Él le sujetó la puerta para dejarla entrar y la miró con una sonrisa cálida, una sonrisa que revelaba una plena seguridad en sí mismo. Le pareció notar que en aquellos ojos azules se reflejaba cierto interés en ella, pero se dijo que tenían que ser imaginaciones suyas.

No tuvo ocasión de darle vueltas al tema, porque se llevó otra sorpresa enorme al entrar en la sala de estar. Los muebles estaban bien cuidados, aunque ya tenían sus añitos; además, no había nada que conjuntara, algunas de las tapicerías tenían estampados florales, no había nada ni remotamente art déco en toda la habitación. Era un lugar hogareño, cálido y acogedor.

En las paredes no había colgadas obras de Ansel Adams, sino fotos de familia: Lucky de pequeño con una cría rechonchita en brazos, una niñita tan morena como rubio era él; Lucky con una risueña rubia que debía de ser su madre; Lucky, guapísimo ya con unos trece años, atrapado en el cálido y juguetón abrazo de un hombre moreno de pelo oscuro.

—¡Oye, tengo una botella abierta de vino blanco! —le dijo él desde la cocina—. ¿Lo prefieres a la limonada?

—¿Qué?

Syd no se dio cuenta de que había hablado en voz alta hasta que él apareció en la puerta de la cocina, con una sonrisa amistosa en la cara y la botella de vino en cuestión en la mano, y volvió a preguntarle qué le apetecía beber.

El interés que se reflejaba en la sonrisa de aquel Ken marinerito no era cosa de su imaginación, y lo mismo podía decirse de la calidez que había en sus ojos. Dios, era un hombre increíblemente guapo y, cuando la miraba así, resultaba muy pero que muy difícil apartar la mirada.

A lo mejor la delató cómo lo miraba, o quizás fue el hecho de que estuviera babeando como una tontita; en cualquier caso, estaba claro que él se dio cuenta de lo mucho que le afectaba su presencia, porque la calidez con la que la observaba se avivó aún más.

—Tengo un par de filetes en la nevera.

Su profunda voz de barítono la envolvió tan seductoramente como la luz rosada del atardecer que se colaba por las persianas.

—Si quieres, enciendo la parrilla en el patio trasero y cenamos aquí, así nos ahorramos tener que aguantar el tráfico y los abarrotamientos.

—Eh... —ni siquiera había accedido a cenar con él.

—Sí, será lo mejor. Voy a por unos vasos y salimos al patio a sentarnos.

Al verle entrar en la cocina como si no existiera ni la más mínima posibilidad de que ella rechazara su presuntuosa invitación, Syd sacudió la cabeza en un gesto de incredulidad; por muy increíble que pudiera parecer, estaba claro que el teniente Lucky O'Donlon estaba flirteando con ella.

Estaba clarísimo por qué lo hacía: para tenerla de su lado. Como les habían hecho la jugarreta de emparejarlos en el grupo operativo, él estaba intentando que pasara de ser una adversaria a una aliada y, haciendo gala de la típica mentalidad de machito alfa, había llegado a la conclusión de que la mejor forma de ganarse su apoyo era recurrir al contacto corporal sin nada de ropa... o como mínimo, a la promesa de tenerlo.

¡Qué tipo tan impresentable!

Fue a la cocina dispuesta a ponerle en su sitio, y le dijo con voz firme:

—Mire, teniente...

Él le dio un delicado vaso de vino con forma de tulipán y la miró sonriente.

—Tutéame, por favor. Llámame Lucky —alzó su propio vaso para brindar con ella, y le lanzó una sonrisa que hablaba por sí sola—. En este momento le hago justicia a mi nombre, porque me siento muy afortunado.

Ella no pudo evitar echarse a reír, y en vez de decirle de forma tajante que tenía que irse y que tenía que hacerlo de inmediato, mantuvo la boca cerrada; al fin y al cabo, no tenía planes para esa noche, y que Dios la amparara, pero la verdad era que quería ver hasta dónde estaba dispuesto a llegar aquel payaso.

Él tomó un sorbo de vino sin dejar de sostenerle la mirada.

Tenía los ojos de un tono azul que ella no había visto nunca antes, era imposible no perderse un poco en ellos... Se dijo a sí misma que no pasaba nada por seguirle el juego, siempre y cuando recordara que no era más que eso, un simple juego. La cuestión era participar en el juego, y no permitir que se la jugaran.

—Tengo que quitarme mi traje de don Buen Rollo, ¿me disculpas un momento? No es buena idea preparar carne a la parrilla vestido con un uniforme blanco. Sal al patio, ahora mismo voy.

Irradiaba confianza en sí mismo. Salió de la cocina sin mirar atrás, dando por hecho que iba a obedecerle sin rechistar.

Ella apoyó el trasero en la encimera y tomó un sorbo de vino, que resultó estar tan delicioso como cabía esperar. Le oyó tararear una melodía, algo sospechosamente parecido a una canción de los Beach Boys que decía algo así como *Vamos a pasarlo bien, bien, bien...* Qué predecible, ¿no?

Él dejó de tararear cuando le dio al botón del contestador. Había dos llamadas de una tal Heather que hablaba con voz almibarada, una de una tal Vareena que parecía igual de insulsa que la de antes y, tras un breve mensaje de un hombre que se limitaba a pedirle que le llamara a casa, se oyó una afable voz de mujer:

—Hola, Luke, soy Lucy McCoy. Acabo de hablar con Alan Francisco, me ha contado lo de la bombita del almirante Stonegate. La verdad es que no sé si va a suponer un problema para ti, conozco a candidatos que han estado en su punto de mira y que son buena gente; en fin, te llamo porque me he enterado de varios detalles más relativos al caso que creo que deberías saber, y he pensado que sería buena idea que los adultos, suponiendo que Bobby forme parte de tu equipo, nos veamos esta noche. Estoy de servicio hasta tarde, ¿qué te parece a eso de las once... las veintitrés cero cero, como decís los militares... en el Skippy's Harborside? Déjame un mensaje en el contestador si te va bien. Hasta luego.

Tras un último mensaje en el que la encargada del mantenimiento de la piscina le preguntaba si podía pasar a finales de semana en vez del día que habían acordado, el contestador soltó el pitido que indicaba que no había más llamadas; tras unos segundos de silencio, se oyó a Lucky decir en voz baja:

—Hola, Luce, soy yo. A las veintitrés cero cero me va bien. Aún no he hablado con Frisco. Oye, ¿has dicho «candidatos»? No sé por qué, pero todo esto me mosquea aunque aún no tengo ni idea de qué diablos está pasando —masculló una imprecación, pero entonces soltó una pequeña carcajada y añadió—: Supongo que tengo mucha imaginación. Nos vemos en el Skip's —colgó sin hacer ruido, y se fue silbando al cuarto de baño.

Syd abrió la puerta mosquitera con sigilo y salió de puntillas al patio trasero. Se apoyó en la barandilla de la pérgola mientras contemplaba la piscina de agua azul y cristalina y las flores de vivos colores, y seguía así cuando él hizo su espectacular reaparición.

El cambio de ropa había sido radical. El impoluto uniforme blanco había dado paso a unas bermudas anchas y una camiseta hawaiana abierta para dejar al descubierto su musculoso y bronceado pecho, así que el Ken marinerito se había convertido como por arte de magia en un Ken Malibú. Se había pasado los dedos por el pelo, que de tener un estilo más o menos conservador y militar gracias a la gomina había pasado a caerle libre por la frente en ondulados mechones dorados, algunos de ellos lo bastante largos como para rozarle la nariz. Estaba descalzo, ¡tenía bonitos hasta los dedos de los pies! Con una tabla de surf y una barba incipiente de un día, sería el modelo perfecto para salir en un calendario de tíos buenos, uno que podría titularse Macizorros del Pacífico.

Y estaba claro que él lo sabía.

Se limitó a tomar traguitos de vino mientras él hablaba sin parar. Le explicó por qué había decidido construir aquella pérgola, le habló de los comederos que había puesto para los colibríes, y comentó que aquel año había llovido muy poco; mientras encendía la parrilla, mencionó como si nada que la piscina estaba a salvo de las miradas de los vecinos gracias a la valla que rodeaba el patio, y que eso le permitía estar bronceado de pies a cabeza.

A juzgar por cómo le guiñó el ojo al añadir aquello último, era obvio que estaba dispuesto a bajarse los pantalones para enseñarle el bronceado en cuestión. La actitud de aquel tipo la tenía alucinada, pero, en cualquier caso, ella no tenía intención alguna de bañarse desnuda con él en la piscina, ni en ese momento ni nunca; no, claro que no.

—¿Te han hecho alguno recientemente?

Aquella súbita pregunta alejó aquellos pensamientos de su mente, y se estrujó el cerebro intentando recordar de qué estaba hablándole... Ah, sí, de masajes. Acababa de mencionar un masaje terapéutico fantástico que le habían dado varios meses atrás, después de una misión muy dura. No tenía ni idea de qué era lo que acababa de preguntarle, pero daba igual porque él siguió hablando sin esperar a que respondiera.

—Ven, deja que te haga una demostración... —dejó su vaso sobre la barandilla, y la instó a que se girara hasta quedar de espaldas a él.

Estaba claro que ni se le pasó por la cabeza la posibilidad de que ella no quisiera que la tocara, y Syd notó la calidez de sus manos a través de la fina camisa de algodón y de la chaqueta. Al principio le masajeó los hombros con firmeza, y fue aplicando un poco más de presión con los pulgares.

—¡Qué tensa estás!

Ella cerró los ojos extasiada mientras él la masajeaba, mientras iba ascendiendo por la piel desnuda de su cuello y le hundía los dedos bajo el pelo. Lo que estaba haciéndole aquel hombre era fantástico, increíble, una maravilla...

—Los últimos días han sido muy estresantes, ¿verdad? —le susurró él al oído—, me alegra que tengamos esta oportunidad de... no sé, de empezar de cero, de conocernos mejor. Me apetece mucho que seamos... amigos.

Dios, qué labia que tenía. Era tan convincente, que ella estuvo a punto de creerle.

Dejó que él siguiera masajeándola con aquellas manos mágicas, y se limitó a esperar a ver qué hacía o decía. Le habría gustado que se tomara su tiempo antes de pasarse de la raya, pero sabía que no iba a tardar demasiado en pasar a la acción.

Como tenía la impresión de que él estaba esperando una reacción por su parte, soltó un pequeño sonido de asentimiento (sonido que, por cierto, le salió demasiado parecido a un gemido de placer), cuando él tocó un músculo del cuello que seguro que llevaba agarrotado unos quince años como mínimo.

—Sí, eso es —le susurró él—. Yo también lo siento. Qué locura, ¿verdad? Apenas nos conocemos, y aun así... —le bastó con un fluido movimiento para hacer que se volviera y tenerla cara a cara—. Me muero de ganas de hacer esto desde el momento en que te he visto, Sydney.

Aquello era alucinante, parecía la escena de una película. Syd no tuvo tiempo de retroceder ni de apartarse. Aquellos intensos ojos azules se posaron en su boca por un instante antes de que sus miradas volvieran a encontrarse, y de buenas a primeras, ¡zas! La besó de lleno.

Durante la exhaustiva investigación que había realizado sobre los SEAL, había leído que cada miembro de un equipo tenía unas destrezas y puntos fuertes concretos, que cada uno era especialista en varios campos de acción. Estaba claro que el teniente Lucky O'Donlon, alias Ken marinerito, era un especialista a la hora de besar.

Tenía intención de apartarse nanosegundos después de que sus bocas entraran en contacto, iba a retroceder y a fulminarle con una gélida mirada llena de incredulidad y desconcierto, pero, en vez de eso, se derritió por completo en sus brazos. Era como si los huesos se le hubieran convertido en gelatina.

Él tenía un sabor dulce y fuerte, como el vino, olía a protector solar y al aire fresco del océano. Tenía un cuerpo tan sólido al tacto... Era todo músculo bajo la camisa de seda, y la anchura de sus hombros superaba con creces su imaginación.

Aquel hombre era fuerza y masculinidad en estado puro, y ella perdió la cabeza. Era la única explicación posible, tuvo un momento de locura transitoria y le devolvió el beso... ¿Lo hizo con fogosidad? Pues sí; ¿de forma posesiva? Muy, pero que muy posesiva; ¿con pasión desatada? ¡Sin duda!

No se limitó a besarle, le devoró. Ladeó la cabeza para que pudiera besarla a placer, y él la apretó con más fuerza contra su cuerpo.

Aquello era una locura, pero era increíblemente excitante. O'Donlon era más delicioso que el excelente vino que acababan de tomar, de eso no había duda. Sintió que él le acariciaba la espalda, que sus manos le abarcaban el trasero y la apretaban contra su erección, y entonces...

Entonces recobró la cordura de golpe y se echó hacia atrás, jadeante. Estaba furiosa con él, pero aún más consigo misma.

Aquel hombre estaba dispuesto a acostarse con ella, a tener relaciones íntimas con ella, con el mero propósito de controlarla. Le daba tan poca importancia al sexo, que no le importaba usarlo para lograr sus propósitos.

Y ella, por su parte, se sentía mortificada tras verse traicionada por su propio cuerpo; por mucho que intentara disimular y negarlo, la cruda realidad era que aquel tipo estaba buenísimo. Nunca antes había estado cerca de un hombre tan sexy y tan guapo como él. Lucky O'Donlon era la perfección física personificada, belleza masculina en estado puro. Parecía una estrella de cine, tenía un cuerpo que era una obra de arte y unos ojos de un tono azul único.

Era... guapísimo no, lo siguiente, pero por desgracia, también era insensible, estrecho de miras, egocéntrico, y manipulador. Era un hombre que no le caía bien, aunque eso era algo que se le había olvidado como por arte de magia cuando la había besado.

Él hizo ademán de abrazarla de nuevo y, aunque el deseo que se reflejaba en aquellos ojos tan perfectos estuvo a punto de cautivarla por completo, retrocedió a toda prisa y alcanzó a decir:

—Gracias, pero no, gracias. Ah, y también paso de quedarme a cenar.

Estaba claro que su rechazo lo tomó por sorpresa; de hecho, si hubiera estado de humor, Syd se habría echado a reír al ver la cara que ponía mientras intentaba recobrar la compostura.

—Pero...

—Mira, Ken, no soy idiota y tengo claro de qué va todo esto. Te crees que puedes contentarme a base de sexo, pero aunque admito que besas muy bien... No, gracias.

Él intentó fingir inocencia primero, y después indignación.

—¿Crees que...? Oye, qué va, yo sería incapaz de...

—¿De qué? ¿Crees que voy a creerme todo ese rollo de «Oh, esto es una locura, ¿sientes lo mismo que yo?» —soltó una carcajada seca antes de añadir—: Lo siento, pero no me lo trago. Los tipos como tú solo intentan ligar con las mujeres como yo por dos razones: Porque quieren algo...

—Estás muy equivocada, te lo aseguro...

—O porque están desesperados.

En esa ocasión fue él quien se echó a reír.

—¡Madre mía! No tienes muy buena opinión de ti misma, ¿verdad?

—Mírame a los ojos y dime con sinceridad que tu última novia no era una rubia de metro setenta y cinco y cuerpo de supermodelo, mírame a los ojos y dime que siempre te han atraído las mujeres con poco pecho y caderas anchas —volvió a entrar en la casa sin darle tiempo a contestar, y añadió en voz bien alta para que le oyera—: Volveré en taxi al aparcamiento de la comisaría.

Le oyó apagar la parrilla antes de entrar tras ella.

—No digas tonterías, ya te llevo yo a tu coche.

—¿Crees que podrás hacerlo sin hacernos pasar otro mal rato? —le espetó, mientras salía a la calle con paso firme.

Él cerró la puerta principal con llave antes de contestar:

—Perdona si te he ofendido o incomodado...

—Has hecho las dos cosas, creo que será mejor dejar el tema.

Él le abrió la puerta del pasajero con rigidez y se apartó a un lado para dejarla entrar. Estaba claro que se moría por hablar, y que no iba a aguantar callado mucho tiempo... unos cuatro segundos como mucho.

—La verdad es que me pareces muy atractiva —le aseguró, mientras se ponía al volante.

Había aguantado dos segundos y medio. Syd sabía que sería mejor no hacerle ni caso, pero no pudo contener las ganas de contestarle.

—Sí, claro, y ahora vas a decirme que lo que te atrae de mí es mi temperamento dulce y refinado.

—Puede que sí, no tienes ni idea de lo que pienso —insistió, antes de poner en marcha la camioneta.

Ella se limitó a mascullar una palabrota muy poco refinada.

Él le lanzó varias miradas y subió un poco el aire acondicionado mientras ella permanecía callada y en tensión. Estaba convencida de que las semanas que tenía por delante iban a ser un infierno, porque, incluso suponiendo que él no intentara volver a besarla, no iba a tener más remedio que vivir con el recuerdo de aquel beso.

Aquel beso tan increíble.

Aún le flaqueaban un poco las piernas.

La camioneta dio una pequeña sacudida cuando entraron en el aparcamiento de la comisaría a una velocidad un poco excesiva; al parecer, O'Donlon recordaba cuál era su coche, porque se detuvo justo detrás con un frenazo que hizo que las ruedas resbalaran un poco en la grava.

Syd se volvió a mirarlo y, al ver que permanecía con la mirada al frente, supuso que era la primera vez que le rechazaban y se sentía avergonzado; de hecho, estaba un poco ruborizado.

Estuvo a punto de sentir lástima por él, a puntito, pero tampoco era cuestión de exagerar.

Al cabo de varios segundos, al ver que ella permanecía sentada, se volvió a mirarla y le dijo:

—Este es tu coche, ¿no?

Ella asintió, y cualquier lástima que hubiera podido sentir quedó aplastada por la indignación que la embargó al ver su actitud.

—¿Y bien?

Él soltó una carcajada seca.

—¿Y bien, qué? No sé por qué, pero yo diría que no estás esperando a que te dé un besito de buenas noches.

Syd se enfureció al darse cuenta de que no iba a decirle que había quedado con Lucy McCoy, ¡aquel canalla no tenía intención de contárselo!

—¿Qué pasa?, ¿qué he hecho ahora? —le preguntó él, al ver que le fulminaba con la mirada.

—Once en punto en el Skippy's Harborside, ¿te suena? —le espetó, con toda la dulzura posible.

Vio en sus ojos culpabilidad y algo más... algo que debía de ser decepción al ver que le había pillado, porque estaba claro que no sentía remordimientos por haber intentado ocultarle lo de la cita.

—No me obligues a hablar con tus superiores —le advirtió con firmeza—. Soy un miembro de tu equipo, formo parte del grupo operativo.

—Eso no significa que debas estar en todas las reuniones.

—¡Claro que sí!

—Lucy McCoy es amiga mía, esta cita no es más que una excusa para...

—Para intercambiar información relacionada con el caso. He oído el mensaje de voz que te ha dejado en el contestador. Habría pensado que no era más que una cita amorosa si ella no hubiera mencionado que el tal Bobby también va a ir.

—¿Qué cita amorosa ni qué leches? —parecía indignado de verdad—. ¡Si estás insinuando que hay algo indebido entre nosotros dos...!

—No me vengas con esas, está claro que tenéis algún tipo de relación. ¿Sabe ella lo que pensabas intentar hacer conmigo? Aunque supongo que no puede quejarse, porque está casada con...

—¿Cómo te atreves?

—¿Con quién era...? Ah, sí, con tu segundo al mando.

—¡Lucy y yo solo somos amigos! —se le veía tan indignado, tan enfurecido, que estaba claro que estaba diciendo la verdad—. Ella está enamoradísima de su marido, y en cuanto a Blue... Es el mejor, el mejor —su furia dio paso a una profunda calma, su mirada se volvió distante, y añadió con voz suave—: Le seguiría al infierno si él me lo pidiera. Nunca le traicionaría liándome con su mujer, jamás.

—Perdona, supongo que... como tú mismo has admitido antes que no te tomas nada demasiado en serio, he dado por hecho que...

—Pues te has equivocado —fijó la mirada en el parabrisas mientras sujetaba con fuerza el volante—. Qué raro, ¿no?

Syd asintió, sacó una libretita de su bolso, buscó una hoja en blanco, y se puso a anotar algo.

—¿Qué haces? —le preguntó él, desconcertado.

—Como casi nunca me equivoco, cuando lo hago, vale la pena tomar nota de ello —lo dijo con toda naturalidad, y procuró mantenerse inexpresiva mientras le sostenía la mirada.

Él soltó una pequeña carcajada al cabo de unos segundos, y contestó con una media sonrisa:

—Estás bromeando, ¿verdad?

—Qué va —a pesar de su negativa, su sonrisa la delató—. Nos vemos luego —añadió, después de bajar de la camioneta.

—No.

—Sí —cerró la puerta, y buscó las llaves de su coche en el bolso.

Él se inclinó sobre el asiento del copiloto para bajar la ventanilla de aquel lado, e insistió con firmeza:

—No puedes venir, Syd. Tengo que hablar con Lucy y con Bobby sin...

—Las once en punto en el Skippy's, allí estaré.

Entró en su coche y, mientras se alejaba de allí, lanzó una breve mirada por encima del hombro y le vio a través del parabrisas. Estaba claro que la cita no iba a ser a las once en el Skippy's. Como Lucy McCoy había mencionado que iba a estar de servicio hasta tarde, era de suponer que la hora no iba a cambiar, pero, si estuviera en el lugar del Ken marinerito, llamaría a Lucy y al tal Bobby para cambiar de punto de encuentro y dejarla a ella plantada en el Skippy's.

Bobby... ¿Bobby qué?

Aprovechó un semáforo en rojo para echarle un vistazo a su libreta, a ver si encontraba el nombre completo, y se sintió victoriosa al encontrar a un tal Robert Taylor. Robert... Bobby. Tenía que ser él; según la descripción, era un SEAL muy corpulento que era nativo americano, al menos en parte.

Aún no le conocía, pero eso podría beneficiarla... Sí, el plan que se le estaba ocurriendo podía funcionar.

CAPÍTULO 4

En el fondo, Lucky no esperaba ganarle la partida a Sydney, así que no se sorprendió cuando la vio sentada en una mesa junto a Lucy McCoy al entrar en La Cantina acompañado de Heather.

Estaba casi convencido de que ella se olería que iba a optar por quedar en otro sitio y que conseguiría enterarse de dónde, y no le había decepcionado. Ese era en gran parte el motivo por el que había llamado a Heather para invitarla a cenar y la había llevado luego a aquel bar de San Felipe bastante indeseable.

Syd le había acusado de estar desesperado cuando le había rechazado de forma tan tajante y brutal. El hecho de que ella tuviera razón, de que la hubiera besado con un objetivo en mente, tan solo empeoraba aún más las cosas.

Aunque sabía que era una ridiculez, había decidido aparecer como si nada del brazo de una rubia espectacular para demostrarle que no tenía nada de desesperado y que su pequeño rechazo no le había afectado ni lo más mínimo; además, también quería que a aquella reportera metementodo le quedara muy claro que no había nada entre la mujer de Blue McCoy y él.

La mera idea de semejante traición le enfermaba... aunque a lo mejor era el parloteo constante de Heather el culpable de que el filete de atún que había cenado estuviera dándole dolor de estómago; en cualquier caso, disfrutó de un breve instante de satisfacción cuando Syd se volvió y le vio llegar acompañado de la rubia.

Menos mal que estaba mirándola, porque, de no ser así, no habría alcanzado a ver la sorpresa que relampagueó en sus ojos, sorpresa que ella disimuló de inmediato enarcando una ceja y poniendo aquella cara de aparente indiferencia que tan bien le salía.

Para cuando Heather y él llegaron a la mesa, la indiferencia había dado paso a una medio sonrisa burlona y llena de suficiencia.

—¡Justo a tiempo! —le saludó Lucy, con una sonrisa mucho más sincera.

—Has llegado antes de la hora —se volvió hacia Syd, y se limitó a comentar—: Vaya, qué sorpresa.

—He salido del trabajo media hora antes —le explicó Lucy—. Te he llamado, pero supongo que ya habías salido de casa.

Syd removió los cubitos de su bebida con una pajita sin decir palabra. Llevaba los pantalones anchos de antes, pero como única concesión al calor que hacía, había sustituido la masculina camisa de manga larga abrochada hasta arriba por una sencilla camiseta blanca. No llevaba nada de maquillaje, y daba la impresión de que se había limitado a peinarse pasándose los dedos por su corto cabello oscuro.

Parecía cansada... y diecinueve veces más cálida y real que la perfecta y sintética Heather.

Al verla beber con la pajita, no pudo evitar pensar que, con unos labios como los suyos, no le hacía falta maquillarse; después de besarla, sabía de primera mano que eran unos labios húmedos y tersos, cálidos y perfectos.

Ese único beso que habían compartido había sido mucho

más real y significativo que los seis meses de encuentros esporádicos con Heather, seis meses en los que se veían de vez en cuando si él estaba en la ciudad, pero sin tener una relación ni mucho menos. Sí, el beso con Syd había sido algo mucho más profundo, pero, después de besarlo como si se avecinara el fin del mundo, ella le había rechazado.

—Heather y yo hemos ido a cenar al Smokey Joe's. Heather, te presento a Lucy McCoy y a Sydney Jameson. Chicas, esta es Heather Seeley.

Pero Heather ya estaba mirando hacia otro lado. Los espejos que había en una de las paredes habían acaparado su atención, que ya de por sí tenía un alcance limitado, y estaba absorta en su distante pero hermoso reflejo.

—No sabía que podíamos venir a una reunión del grupo operativo con acompañante —comentó Syd al fin.

—Heather tiene que hacer unas llamadas. He pensado que la reunión no se alargará demasiado, y que después...

Después podría retomar la velada con Heather, llevarla a casa, bañarse con ella bajo la luz de la luna, y perderse en su escultural cuerpo.

—Oye, nena, no te importa darnos un poco de privacidad, ¿verdad? —la acercó un poco más, y rozó aquellos labios llenos de silicona con los suyos. Sí, ella tenía un cuerpo escultural... escultural y sintético.

Al ver que Sydney apartaba la mirada de golpe y que parecía interesadísima en las marcas húmedas que su vaso había dejado en la mesa, se sintió como un idiota. Mientras Heather se dirigía hacia la barra enfrascada en su móvil, se sentó junto a Lucy, justo enfrente de Syd, sintiéndose como un total y completo idiota.

¿Qué quería demostrarle a Syd al presentarse allí con Heather?, ¿que era un imbécil? ¡Pues misión cumplida!

Sí, no tenía más remedio que admitir que la había besado aquella tarde con la intención de ganarse su apoyo, pero como por arte de magia, en medio de aquel apasionado beso que le había dejado embriagado, lo que le había motivado había dejado de ser una pura cuestión de trabajo.

No estaba seguro de cuándo se había producido el cambio. A lo mejor había sido cuando ella había abierto la boca con tanta calidez y deseo, o quizás incluso antes, en el mismo instante en que los labios de ambos se habían tocado; fuera como fuese, de repente había tenido muy pero que muy claro que si seguía besándola era porque eso era lo que deseaba, porque estaba desesperado por hacerlo.

«¿Desesperado?».

Sí, allí estaba de nuevo esa dichosa palabra. Mientras le pedía una cerveza a la aburrida camarera, mientras le indicaba que le sirviera a Heather lo que le pidiera y se lo cobrara a él, luchó por disimular lo arrepentido que estaba de haberse presentado allí con la rubia por culpa de un arranque de estupidez causado por su maltrecho amor propio. Sabía que Syd estaba escuchándole, que, aunque fingía estar absorta en la conversación, estaba pendiente de él, así que se refirió a Heather como «Aquella rubia despampanante que está en la barra, con un cuerpo para morirse».

Mensaje enviado: «No me hace falta que quieras besarme de nuevo, Syd».

La cuestión era que aquello no era cierto, que sí que le hacía falta... puede que no estuviera desesperado, pero casi. ¡Por el amor de Dios, aquella situación cada vez se volvía más absurda!

Syd no era en absoluto su tipo y encima tenía que trabajar con ella, aunque aún estaba pensando en cómo deshacerse de ella después de la sesión de hipnosis que estaba programada para el día siguiente.

Era obstinada, agresiva, impaciente y demasiado inteligente, una sabelotodo que no dudaba en asegurarse de que el resto del mundo supiera que ella lo sabía todo.

Si se esforzara lo más mínimo sería atractiva, pero, a su manera, sin salirse de la categoría de «menos agraciada que la mayoría de mujeres»; la verdad, si la vida fuera un concurso de Miss Camiseta Mojada en el que participaran Heather y ella, no había duda de que Heather sería la ganadora. Estando la una junto a la otra, Syd sería poco menos que invisible, quedaría eclipsada por la resplandeciente belleza rubia de Heather.

En teoría, estando la una junto a la otra, no tendría que haber ni punto de comparación, pero lo cierto era que una de ellas le hacía sentirse vivo, y no era Heather.

—Hola, Lucy. Teniente —tras el saludo, el jefe de equipo Bobby Taylor sonrió a Sydney y se sentó en la cuarta silla que había alrededor de la mesa—. Tú debes de ser Sydney, ¿te han ido bien mis indicaciones?

Syd asintió antes de mirar a Lucky y explicarle, con actitud casi desafiante:

—No sabía dónde estaba el bar, así que he llamado a Taylor para que me diera la dirección.

De modo que así había logrado encontrarle, ¿no? Lucky supuso que debía de sentirse muy satisfecha de sí misma, y tomó nota mental de darle una paliza de muerte a Bobby después de la reunión.

—Llámame Bob, por favor —le dijo el corpulento SEAL a Syd, sonriente.

Ella le devolvió la sonrisa sin prestarle la más mínima atención a Lucky, y contestó en tono de broma:

—¿No tienes apodo? No sé, algo así como Halcón, Cíclope, o Pantera.

Lucky sintió una súbita punzada de celos, un relampagazo ardiente que atravesó su revuelto estómago. ¡No podía ser que Sydney Jameson se sintiera atraída por Bob Taylor, que le pareciera más atractivo que él!

Bobby se echó a reír.

—No, soy Bobby a secas. Algunos de mis compañeros de la academia intentaron apodarme Tonto, pero yo me opuse de forma bastante... enérgica —apretó los puños para indicar a qué se refería.

No había duda de que Bobby era un tipo atractivo a pesar de que se le había roto la nariz unas cuatro o cinco veces más de la cuenta. Tenía la tez morena, pómulos altos, rasgos cincelados, y unos ojos marrones heredados de su madre, de ascendencia nativa americana. Emanaba una calma, una tranquilidad de lo más zen que resultaba muy atractiva.

Y en cuanto a su tamaño, la palabra que lo definía era «enorme», y había mujeres a las que eso les parecía muy atractivo. Aunque, por otro lado, si dejara de hacer ejercicio y descuidara la dieta, seguro que no tardaría en engordar.

—Me pareció que Tonto era políticamente incorrecto, así que me encargué de que no me llamaran así —añadió Bobby.

Tenía los puños tan grandes como jamones, así que seguro que había sido muy persuasivo a la hora de expresar sus objeciones.

—Al teniente le ha dado por llamarme Stimpy últimamente, como un gato bobalicón que sale en unos dibujos animados —se miró las manos, y volvió a flexionar aquellos dedos del tamaño de una salchicha—. Aún no he puesto ninguna objeción, pero empiezo a hartarme.

Lucky se volvió hacia Syd para explicarle la situación.

—No, le llamo así porque Wes Skelly, su compañero de inmersión, es un tipo fibroso y pequeñajo. Visualmente encajan con Ren y Stimpy, los protagonistas de aquellos dibujos...

—Wes no es ningún pequeñajo, es tan alto como Blue —protestó Lucy.

—Sí, pero al lado del gigantón este...

—Gigantón sí que me gusta —comentó Bobby.

Syd se echó a reír y, a juzgar por el rostro sonriente de Bobby, saltaba a la vista que estaba encantado con ella.

Lucky se planteó si esa era la forma de ponerla de su parte, que ella empezara a salir con Bobby, pero la idea no le gustó ni lo más mínimo y la descartó de plano. ¡Era él el especialista en encandilar a las mujeres, y estaba decidido a encandilar a Sydney Jameson aunque fuera lo último que hiciera en su vida!

—¿Has hablado con Frisco? —le preguntó Lucy.

—Sí. ¿Crees que es posible que Stonegate no quiera que atrapemos al violador?

—¿Por qué dices eso?, ¿qué ha pasado? —intervino Syd.

Fue Lucy la que contestó:

—El comandante Francisco ha tenido una reunión con el almirante Ron Stonegate, que no es demasiado fan de los equipos SEAL.

—¿Qué ha hecho esta vez ese cabeza de chorlito? —preguntó Bobby.

—Cuidado con lo que dices —le advirtió Lucky en voz baja, antes de lanzarle una rápida mirada a Syd. Era consciente de que cualquier cosa que dijeran podría acabar publicado en un periódico—. El almirante ha ordenado que usemos esta misión a modo de operación especial de entrenamiento para tres aspirantes que están a punto de completar la fase dos de preparación del BUD/S —lo dijo con corrección, omitiendo las palabrotas y los adjetivos soeces que habría empleado de no estar ella allí.

—King, Lee, y Rosetti —apostilló Bobby con aprobación.

Lucky asintió. Bobby llevaba trabajando como instructor de aquel grupo en concreto de aspirantes desde el inicio de la fase uno, así que no era de extrañar que conociera a los hombres en cuestión.

—Háblame de ellos.

Había ido a la base a por los expedientes de los tres candidatos después de hablar con Frisco, antes de pasar a por Heather, pero quería una visión más completa que la que podían darle unas palabras escritas sobre una hoja de papel, y por eso le interesaba saber la opinión de Bobby.

—Los tres formaron parte del mismo equipo durante la fase uno. El alférez de navío Mike Lee es el mayor, le tocó como compañero de inmersión el alférez de fragata Thomas King... un chico de esta zona mucho más joven, afroamericano. Los dos tienen un coeficiente intelectual altísimo, y la perspicacia suficiente para saber qué puntos fuertes y qué puntos débiles tiene cada uno. Fue un buen emparejamiento. El suboficial Rio Rosetti, por otra parte, tiene veintiún años recién cumplidos, acaba de salir del instituto y le cuesta hasta deletrear bien su propio nombre, pero es capaz de construir lo que sea de la nada. Es pura magia. Una vez, salió en un esquife y a la hélice se le rompió una pala por culpa de una red, y él desmontó la hélice entera y construyó una nueva a partir de las piezas sueltas que había a bordo. No avanzaban a demasiada velocidad, pero avanzaban. Fue impresionante.

Bobby hizo una pequeña pausa antes de continuar.

—Su compañero de inmersión se largó en el segundo día de la Semana Infernal, y Lee y King le dieron su apoyo. Él les devolvió el favor días después, cuando Lee empezó a tener alucinaciones en las que veía espíritus malignos. Lo pasó muy mal, y King y Rosetti se turnaron para cuidarle. Los tres han estado muy unidos desde entonces. King y Lee pasan casi todo su tiempo libre ayudando a Rosetti con el temario de las clases, y con su ayuda ha conseguido mantenerse en el programa —hizo otra pausa, y afirmó—: Son buenos hombres, teniente.

A Lucky le tranquilizó oír aquello, pero aun así...

—Convertir una misión tan seria como esta en un entrenamiento tiene tanto sentido como obligarnos a cargar con Lois Lane, aquí presente.

—¡Ja! ¡Doce horas y diecisiete minutos! —exclamó ella.

—¿De qué estás hablando? —le preguntó él con perplejidad.

—Sabía que, cuando te enteraras de que soy reportera, acabarías por hacer el chistecillo fácil sobre Lois Lane tarde o temprano. Creía que tardarías unas veinticuatro horas, pero lo has hecho en la mitad de tiempo. Felicidades, teniente.

Su actitud no podía describirse como petulante, exactamente, pero la satisfacción que se entreveía en su voz revelaba que aquel no era un comentario sin más.

—Así que Lois Lane, ¿no? Es un apodo casi tan malo como Tonto —comentó Bobby.

—La verdad es que no es demasiado original —apostilló Lucy.

—¿Podemos hablar del caso, por favor? —les pidió Lucky con desesperación.

—Sí, claro —replicó Lucy—. Tengo información de última hora: A raíz de la publicación del artículo de Syd en el periódico de hoy, han salido a la palestra cuatro víctimas más. ¡Cuatro! No sé por qué hay mujeres que no denuncian al momento una agresión sexual.

—¿Se trata de nuestro hombre?, ¿es el mismo modus operandi? —le preguntó Syd.

—A tres de las mujeres las marcaron con una budweiser. Las tres agresiones se produjeron en las últimas cuatro semanas, pero la cuarta fue anterior. Estoy convencida de que se trata del mismo agresor y, la verdad, me preocupa que las palizas que les propina a las víctimas estén yendo a más.

—¿Las víctimas tienen algo en común? ¿Zona donde viven, aspecto físico...? ¿Algo? —le preguntó Lucky.

—Si lo hay, no hemos podido encontrarlo. Lo único que sabemos es que se trata de mujeres de entre dieciocho y cuarenta y tres años, y que todas las agresiones han sido en San Felipe y en Coronado. Os haré llegar los informes completos mañana a primera hora, a ver si vosotros encontráis alguna vinculación. No creo que encontréis nada, pero es mejor ocuparse con algo que esperar de brazos cruzados a que vuelva a actuar.

Bobby sacó su busca al oír que sonaba y, después de echarle un vistazo, se puso en pie y miró a Lucky.

—Bueno, teniente, si eso es todo...

—¿Pasa algo que yo deba saber?

—No, es Wes, que no está pasándolo demasiado bien. No quería que le destinaran a Coronado, y ya lleva casi tres meses aquí. Ha sido un placer conocerte, Syd. Adiós, Luce. Hacedme un favor y cerrad las ventanas esta noche, chicas —añadió, antes de marcharse.

—Hasta que atrapemos a ese tipo, todas las noches —les dijo Lucky, antes de levantarse también—. Yo también me voy.

—Hasta mañana —Syd apenas le miró al despedirse, y se volvió hacia Lucy—. ¿Tienes prisa por volver a casa?, me gustaría hacerte unas preguntas.

Lucky permaneció allí como un pasmarote unos segundos más, pero, aparte de un breve gesto de despedida por parte de Lucy, ninguna de las dos le prestó atención alguna.

—He estado buscando información sobre delitos sexuales, violadores y asesinos en serie, y... —siguió diciendo Syd.

—Y como he dicho que nuestro hombre cada vez es más violento, quieres saber si creo que puede dar el paso de asesinar a sus víctimas después de violarlas, ¿no?

Lucky se quedó horrorizado al oír aquello. Esa era una posibilidad que ni siquiera se le había pasado por la cabeza, las violaciones ya eran horribles de por sí.

Lucy soltó un suspiro antes de admitir:

—Teniendo en cuenta cuánto parece disfrutar con la violencia, yo creo que podría ser una mera cuestión de tiempo hasta que...

—Cuidado, Barbie viene hacia aquí —le advirtió Syd en voz baja.

¿Barbie?, ¿qué Barbie?

Lucky alzó la mirada y vio a Heather acercándose. Su cuerpo en movimiento atraía las miradas de muchos de los presentes, no había duda de que era una mujer despampanante... pero sintética, como una muñeca Barbie. Sí, el nombre le quedaba de perlas.

Tenía ganas de quedarse, quería oír lo que opinaban Lucy y Syd del caso, pero había cometido la estupidez de llamar a Heather, y no tenía más remedio que pagar por ello: Tenía que llevarla a casa.

Con Heather, siempre había un cincuenta por ciento de posibilidades de que le invitara a entrar y le desnudara en un periquete, y aquella noche había hecho varios comentarios sugerentes mientras cenaban, comentarios que parecían indicar que iba a ser una de esas noches en las que iban a practicar juntos un poco de ejercicio de lo más placentero.

—¿Podemos irnos ya? —le preguntó ella, con una seductora sonrisa.

Se sintió satisfecho al ver que a Syd no le había pasado por alto aquella sonrisa. ¡Perfecto! Que supiera que él iba a tener sexo esa noche, ¡que supiera que no la necesitaba a ella para crear fuegos artificiales!

—Sí —le contestó a Heather, antes de pasarle el brazo por la cintura.

Miró a Syd para ver su reacción, pero ella ya había retomado su conversación con Lucy y no alzó la mirada.

Mientras Heather lo conducía hacia la puerta, era consciente de que era la envidia de todos los hombres que había en el bar. Iba a casa de una hermosa mujer que quería acostarse con él.

En teoría, tendría que estar yendo a la carrera hacia su coche, tendría que estar deseando desnudarla... pero, cuando estaba a punto de llegar a la puerta del bar, no pudo evitar vacilar y volverse a mirar a Syd.

Ella alzó la mirada en ese preciso momento, y sus ojos se encontraron. La conexión fue instantánea, explosiva, poderosa y de una intensidad abrasadora.

Ninguno de los dos apartó la mirada.

Fue un momento mucho más íntimo que cualquiera de los que había pasado con Heather, y eso que habían pasado días juntos desnudos.

En ese momento, la rubia le tiró del brazo, apretó el cuerpo contra el suyo, y le hizo bajar la cabeza para besarlo. Él le devolvió el beso de forma instintiva y, cuando se volvió de nuevo hacia Syd, ella se había dado la vuelta.

—Vamos, cielo, estoy impaciente —murmuró Heather.

Él no protestó cuando lo condujo hacia la calle.

Aquella camioneta estaba siguiéndola.

Syd había visto los faros en el retrovisor al salir del aparcamiento de La Cantina, y se había dado cuenta de que el vehículo no solo permanecía tras ella a varios coches de distancia mientras iba en dirección oeste por Arizona Avenue, sino que giraba también a la izquierda para tomar la calle Draper.

Supo con certeza que estaba siguiéndola cuando acortó camino tomando una serie de calles secundarias, no podía ser una coincidencia que aún tuviera detrás a aquel tipo.

Cuando el Ken marinerito se había ido a casa con su Barbie hinchable, ella había seguido charlando un ratito más con Lucy; después de que esta se fuera también, se había quedado en el bar tomando una cerveza mientras escribía en el portátil otro artículo centrado en la seguridad de las mujeres. Le resultaba mucho más fácil escribir en aquel ruidoso bar que en su silencioso piso, la verdad era que echaba de menos el caos de una redacción; además, estar en casa solo habría servido para recordarle que, a diferencia de ella, Lucy O'Donlon no estaba solo en ese momento.

No había duda de que Miss Insípida era la pareja perfecta para él. Seguro que se pasaban todo el rato mirándose al espejo cuando estaban juntos, vaya par de... rubios.

Según Lucy, O'Donlon solía salir con mujeres como Heather; al parecer, le gustaban los bellezones jóvenes con un coeficiente intelectual que no superaba en mucho la edad que tenían.

¿De qué se sorprendía? Sería impensable que un hombre como Luke O'Donlon saliera con una mujer que significara algo para él, una mujer que le replicara, que tuviera opiniones distintas a las suyas y que pudiera ofrecerle una relación exigente, vivaz y real.

¿A quién estaba intentando engañar?, la integridad que había creído saborear en su beso tenía que ser fruto de su imaginación.

Sí, él había protestado de forma muy convincente cuando ella le había acusado de intentar arrebatarle la esposa a su segundo al mando, pero eso solo quería decir que, a pesar de ser un impresentable, había ciertos límites que no estaba dispuesto a sobrepasar.

Era guapísimo, tenía labia y besaba de maravilla, pero su pasión carecía de contenido; al fin y al cabo, ¿qué era la pasión sin emoción? Un globo del que solo quedaba un poco de aire ligeramente maloliente cuando uno lo pinchaba.

Se alegraba de haber visto a Luke O'Donlon con su muñeca Barbie. Era saludable para ella, una inyección de realidad que, con un poco de suerte, evitaría que tuviera sueños eróticos con él por culpa de su dichoso subconsciente.

Giró a la derecha para enfilar por Pacific, se mantuvo en

la vía derecha y aminoró la velocidad lo bastante como para que cualquiera en su sano juicio la adelantara, pero la camioneta siguió tras ella.

Tenía que pensar, pensar con calma... Mejor dicho: Tenía que dejar de pensar en Luke O'Donlon y en su perfecto trasero, y centrarse en el hecho de que un violador en serie pirado podría estar siguiéndola en ese momento por las calles casi desiertas de San Felipe.

Acababa de escribir un artículo que trataba de aquel tema escasos minutos antes, un artículo en el que aconsejaba lo siguiente: *Si crees que alguien te sigue, no vayas hacia tu casa, sino directamente a comisaría; si tienes móvil, llama para pedir ayuda.*

Rebuscó en el bolso con una mano, sacó el móvil, y tan solo vaciló por un instante antes de darle al botón de marcación rápida en el que había programado el número de la casa de Lucky O'Donlon. Le estaría bien empleado si le interrumpía.

El contestador saltó después de dos tonos, pero no le prestó ni la más mínima atención al sexy mensaje de bienvenida y le espetó sin más:

—O'Donlon, soy Syd. Si estás ahí, contesta —nada—. Teniente, ya sé que en este momento no tienes ganas de oír mi voz, pero alguien está siguiéndome —se sintió mortificada al ver que se le quebraba un poco la voz, que estaba dejando entrever el miedo y la aprensión que sentía. Respiró hondo para intentar aparentar tranquilidad, pero le salió una vocecilla bastante patética al añadir—: ¿Estás ahí?

No obtuvo respuesta, y oyó el pitido del contestador que indicaba que la llamada se había cortado.

Luchó por mantener la calma, se dijo que no iba a pasarle nada mientras siguiera conduciendo. Seguro que su perseguidor pasaría de largo si entraba en el aparcamiento de la comisaría, que estaba muy bien iluminado... pero eso sería desaprovechar una gran oportunidad, porque, si la persona que estaba siguiéndola era el violador, podían aprovechar para atraparle de inmediato, esa misma noche.

Marcó otro número que había programado en el móvil, el de la casa de Lucy McCoy.

Un tono... dos... tres...

—¿Diga? —a juzgar por su voz, daba la impresión de que Lucy ya se había acostado.

—Lucy, soy Syd.

Le explicó la situación en pocas palabras, y Lucy acabó de despertarse de golpe.

—Sigue por Pacific, dame tu matrícula.

—Dios, no me la sé... Mi coche es pequeño, un Civic negro. La camioneta es una de esas grandotas, pero no he podido ver de qué color... algo oscuro. Se mantiene a cierta distancia, no alcanzo a verle la matrícula.

—Tú sigue conduciendo sin prisa, con calma. Voy a dar aviso para que todas las unidades disponibles vayan a interceptarle.

«Sin prisa, con calma».

Syd intentó contactar de nuevo con Lucky, pero él no contestó.

«Sin prisa, con calma».

Iba en dirección norte por Pacific, podía seguir hasta San Francisco sin prisa, con calma... si la camioneta que la seguía le permitía parar a repostar, claro, porque iba bastante justa de gasolina. Bueno, un coche pequeño como aquel podía aguantar kilómetros con la decimosexta parte del depósito, así que no tenía por qué asustarse. Seguro que la policía de San Felipe aparecía de un momento a otro...

Sí, de un momento a otro... estaban a punto de llegar, seguro que sí...

De repente oyó el sonido de sirenas en la distancia, un sonido que fue ganando intensidad hasta volverse ensordecedor conforme los coches patrulla iban acercándose. Tres de ellos se acercaron por atrás, y vio por el retrovisor cómo rodeaban a la camioneta con las luces centelleando.

Se detuvo en el arcén, al igual que la camioneta, y se giró para ver lo que pasaba a través de la luna trasera del coche. Los agentes estaban acercándose a la camioneta con las pistolas en alto y, cuando iluminaron el vehículo con sus potentes linternas, alcanzó a ver la silueta del hombre que estaba al volante, con las manos sobre la cabeza en gesto de rendición.

Los agentes abrieron la puerta, le sacaron, le colocaron de cara al vehículo con las piernas abiertas, y le cachearon de arriba abajo.

Al ver que la situación estaba bajo control y que su perseguidor no iba armado, apagó el motor y se bajó del coche para poder verlo todo de cerca. Quería oír sus explicaciones y echarle un buen vistazo para comprobar si era el hombre que se había cruzado con ella en la escalera después de agredir a su vecina.

El tipo estaba hablando; a juzgar por lo que podía apreciar desde allí, estaba manteniendo una conversación con los agentes que le tenían rodeado. Seguro que estaba intentando explicarles qué hacía circulando tan tarde por la carretera, seguro que negaba estar siguiéndola y que se inventaba alguna excusa absurda, algo así como que iba por el mismo camino que ella por pura casualidad, que él había salido a comprarse un helado.

Sí, claro.

Uno de los agentes salió a su encuentro al verla acercarse.

—¿Sydney Jameson?

—Sí, gracias por responder tan rápido al aviso de la inspectora McCoy. ¿Se ha identificado el sospechoso?

—Sí, y afirma que usted y él se conocen.

Aquello la desconcertó. Se acercó un poco más, pero el tipo estaba rodeado de agentes y no pudo verle la cara.

—Según él, los dos forman parte de un grupo operativo especial —añadió el agente.

Fue entonces cuando vio bajo la tenue luz de las farolas que la camioneta era roja, ni más ni menos que roja; antes de que pudiera reaccionar, el grupo de agentes se abrió, el hombre se volvió hacia ella... y tal y como empezaba a sospechar, vio que se trataba del mismísimo Luke O'Donlon.

Las emociones que había estado conteniendo explotaron en un arranque de furia.

—¿Se puede saber por qué estabas siguiéndome? ¡Me has dado un susto de muerte!

Él tampoco estaba nada contento después de que le cachearan seis polis bastante hostiles; de hecho, aún seguía en aquella postura tan degradante de piernas abiertas y manos apoyadas en el vehículo.

—Estaba siguiéndote hasta tu casa, ¡no sabía que te daría por cruzar medio estado! —se le veía tan indignado como a ella, quizás incluso más—. Solo quería asegurarme de que llegabas sana y salva.

—¿Qué ha pasado con Heather?

Las palabras brotaron de su boca antes de que pudiera tragárselas, pero él ya se había vuelto de nuevo hacia los agentes y ni siquiera oyó la pregunta.

—Ya habéis confirmado mi identidad, ¿satisfechos? ¿Puedo incorporarme ya, por favor?

Al ver que el agente que parecía estar al mando la miraba con expresión interrogante, Syd le hizo un gesto de asentimiento, pero aprovechó que O'Donlon estaba de espaldas a ella para decir:

—No, creo que tendrían que obligarle a quedarse así unas dos horas como castigo.

O'Donlon soltó una retahíla de imprecaciones, y exclamó indignado:

—¿Castigo por qué? ¿Por ser considerado?, ¿por querer asegurarme de que a Lucy y a ti no os pasara nada? Me preocupaba tanto que volvierais solas desde el bar, que he llevado a Heather a su casa y he vuelto a toda prisa para escoltarte.

Syd no supo si reír o darle un puñetazo al darse cuenta de que no se había ido a casa de Miss Condado de Ventura, que había renunciado a una noche de sexo tórrido y sin ataduras porque estaba preocupado por ella.

—En respuesta a tu pregunta de antes, lo que ha pasado con Heather es que se ha enfurecido —añadió él, antes de añadir sonriente—: Me parece que es la primera vez que alguien la rechaza.

Vaya, sí que había oído la pregunta.

Syd se había pasado gran parte de la última hora intentando no imaginarse aquellas piernas largas y musculosas entrelazadas con las de Heather, su piel y su pelo perlados de sudor mientras... Sí, lo había intentado con todas sus fuerzas, pero siempre había tenido mucha imaginación.

Aquello era absurdo. Se había repetido una y otra vez a sí misma que le daba igual, que él no le importaba ni lo más mínimo, que ni siquiera le caía bien y, sin embargo, allí estaba en ese momento, justo delante de ella, mirándola con aquellos impactantes ojos azules y con el rostro enmarcado por aquel pelo dorado bruñido por el sol y ondulado por la humedad del océano.

—Me has dado un susto de muerte.

—¡Anda ya! Algo me dice que a ti no te asusta nada —al recorrer con la mirada la escena... los tres coches patrulla con las luces aún encendidas, los agentes hablando por radio... sacudió la cabeza en un gesto que reflejaba admiración—. Así que has mantenido la calma y has llamado a la policía con el móvil, ¿no? Bien hecho, Jameson. Estoy impresionado.

—No ha sido para tanto, supongo que no estás acostumbrado a tratar con mujeres inteligentes.

Él se echó a reír.

—Vaya golpe bajo. Pobre Heather, ni siquiera está aquí para poder defenderse. No es tan horrible como crees. Es un poco insensible y está muy centrada en su carrera, pero hay mucha gente así.

—No entiendo cómo puedes conformarte con alguien que «No es tan horrible». Puedes conseguir a quien quieras, ¿por qué no eliges a alguien que tenga corazón?

—Estás dando por hecho que me interesa conseguir el corazón de alguien.

—Es verdad, qué tonta soy —le contestó, antes de volverse hacia su coche.

—Syd... —esperó a que se volviera a mirarle de nuevo antes de añadir—: Siento haberte asustado.

—Que no se repita. La próxima vez, avísame antes.

Al ver que daba media vuelta de nuevo, la volvió a llamar.

—Syd...

Ella soltó un suspiro antes de volverse a mirarle otra vez.

—Deprisita, Ken. A las siete de la mañana tenemos una reunión en la comisaría. No soy una persona mañanera, y menos aún cuando duermo menos de seis horas.

—Voy a seguirte hasta tu casa. Cuando llegues a tu piso, enciende y apaga la luz varias veces para que sepa que estás bien. ¿De acuerdo?

—Ni siquiera te caigo bien, ¿a qué viene tanta preocupación? —le preguntó, desconcertada.

Él sonrió al contestar:

—En ningún momento he dicho que no me cayeras bien. No te quiero en mi equipo, pero lo uno no tiene nada que ver con lo otro.

CAPÍTULO 5

—Siéntate en el diván o en la silla, lo que prefieras. Donde te parezca que vas a estar más cómoda —le indicó la doctora Lana Quinn a Sydney.
—Ya sé que te avisaron con muy poca antelación, gracias por encontrarnos un hueco en tu agenda —le dijo Lucky.
—Tuvisteis suerte, Wes me llamó justo después de que el paciente de la una cancelara su cita —le contestó ella, con una sonrisa—. La verdad es que la llamada de Wes me sorprendió un poco, hacía bastante que no sabía nada de él.
Lucky no conocía demasiado a la guapa y joven psicóloga, cuyo marido era un SEAL apodado Wizard con el que él nunca había trabajado, pero que había sido compañero de clase de Bobby y Wes en el BUD/S; al parecer, los tres habían mantenido una buena amistad desde entonces, y, cuando él le había preguntado en tono de broma a Wes si conocía a algún hipnotizador, este le había sorprendido al contestarle que sí.
—¿Cómo está?
No hacía falta ser psicólogo para darse cuenta de que Lana hizo la pregunta con una naturalidad forzada. Ella misma debió de darse cuenta de cómo habían sonado sus palabras, porque se apresuró a añadir:

—Iba tan apurado de tiempo cuando me llamó, que ni siquiera pude preguntarle cómo le va. Solíamos charlar a menudo por teléfono cuando mi marido estaba en el equipo seis y pasaba mucho tiempo fuera. Supongo que era porque los dos le echábamos de menos. Pero, cuando volvieron a destinar a Quinn a California, al equipo diez, apenas volví a saber de Wes.

—Le va bien, acaban de nombrarle jefe de equipo.

—¡Qué bien! Felicítale de mi parte, por favor.

Su reacción volvió a ser un poco forzada y, aunque no era un experto ni mucho menos, Lucky se dio cuenta de que allí había algo raro. Sabía que Wes jamás tendría una aventura con la mujer de uno de sus mejores amigos, porque a pesar de ser un cavernícola en muchos aspectos, tenía uno de los códigos de honor más sólidos imaginables.

Pero no sería de extrañar que hubiera cometido una verdadera estupidez... como enamorarse de la mujer de su amigo, por ejemplo; de ser así, la reacción de Wes habría sido esfumarse de inmediato de la vida de Lana, y seguro que ella, siendo psicóloga, se había dado cuenta de lo que pasaba.

Dios, qué complicada era la vida, complicadísima de por sí sin necesidad de que entraran también en juego el matrimonio y las restricciones que llevaba implícitas.

Él no iba a casarse nunca, y raro era el día en que no se recordaba a sí mismo esa realidad; de hecho, se había convertido en su mantra: «No voy a casarme nunca», «No voy a casarme nunca».

Pero cuando veía a Frisco con su mujer, Mia, a Blue con Lucy, e incluso al capitán, Joe Cat, que de todos los miembros del comando Alfa era el que llevaba más tiempo casado, lo cierto era que últimamente sentía... envidia.

Le fastidiaba tener que admitirlo, pero estaba un poco

celoso. Cuando Frisco le pasaba el brazo por los hombros a Mia, o cuando ella se le acercaba por detrás y le masajeaba los hombros después de un largo día; cuando Lucy se pasaba por la bulliciosa oficina del comando Alfa, y Blue la miraba desde el otro extremo de la sala y sonreía, y ella le devolvía la sonrisa; y qué decir de Joe Cat, que llamaba por teléfono a su mujer, Veronica, siempre que podía... desde un teléfono público del centro de París, desde algún lugar del interior de Australia después de una operación de entrenamiento... aunque bajaba la voz al hablar con ella, él le había oído en bastantes ocasiones decir cosas como «Hola, cielo. ¿Me echas de menos? Dios, yo sí, muchísimo».

En más de una ocasión había estado a punto de hacérsele un nudo en la garganta, era mortificante. A pesar del mantra al que se aferraba con desesperación, tanto Joe como Blue, Frisco, y el resto de miembros casados de los SEAL hacían que los peligros de atarse a una mujer resultaran demasiado atractivos.

Sydney se sentó en ese momento en el diván, justo en el borde, y cruzó los brazos con rigidez mientras recorría con la mirada la consulta de Lana. No quería estar allí ni que la hipnotizaran, su lenguaje corporal lo pregonaba a los cuatro vientos.

Él se sentó en la silla que había frente a ella antes de decirle:

—Gracias por acceder a venir.

—No creo que esto salga bien.

Se la veía muy tensa y nerviosa.

—Nunca se sabe.

—No te desilusiones si no sirve de nada.

Era lógico que le temiera al fracaso, a él le pasaba lo mismo.

—¿Por qué no te quitas la chaqueta, Sydney? —le sugirió

Lana—. Desabróchate un poco la camisa, remángatela. Quiero que intentes ponerte lo más cómoda posible. Quítate las botas, intenta relajarte.

—No creo que esto salga bien —repitió ella, en esa ocasión a Lana, mientras se quitaba la chaqueta.

—No te preocupes por eso —le contestó la psicóloga, antes de sentarse en la silla más cercana a ella—. Antes de seguir, quiero avisarte de que mis métodos no son demasiado convencionales; aun así, he tenido bastante éxito trabajando con víctimas, ayudándoles a clarificar el orden y los detalles de ciertos acontecimientos traumáticos o que les daban miedo, así que confía en mí. No tenemos la certeza de que esto vaya a funcionar, pero iría bien que intentaras mantener una actitud abierta.

—Estoy intentándolo.

Eso no se le podía negar. No quería prestarse a aquello ni tenía la obligación de hacerlo y, aun así, allí estaba, al pie del cañón.

—Para empezar, quiero que me cuentes lo que sentiste cuando te cruzaste con ese hombre en la escalera. ¿Le viste llegar, o te sobresaltaste?

—Le oí bajar por la escalera —le contestó mientras se desabrochaba tres botones de la camisa.

Lucky apartó la mirada al darse cuenta de que estaba devorándola con los ojos, de que quería que siguiera desabrochándose más botones. En ese momento recordó con una claridad alarmante lo que había sentido al tenerla entre sus brazos, el dulce sabor de su boca, lo ardiente y...

Iba vestido con el uniforme de verano, y tuvo que contener la necesidad apremiante de desabrocharse el cuello de la camisa. En los últimos días se acaloraba demasiado. Tendría que haber llamado a Heather después de seguir a Syd hasta su casa la noche anterior, tendría que haberla llamado y haberle suplicado que lo perdonara por dejarla plantada. Seguro que le habría invitado a pasar la noche con ella.

Pero en vez de eso, se había ido a casa y había nadado unos cuatrocientos largos en su piscina mientras intentaba sofocar la agitación que le carcomía por dentro, agitación que atribuía al hecho de que el comando **Alfa** estuviera en plena misión, en el mundo real, mientras que él había tenido que quedarse atrás.

—Estaba bajando muy rápido —siguió diciendo Syd—. No me vio, y yo no pude quitarme de en medio.

—¿Te asustaste? —le preguntó Lana.

Syd se mordió el labio inferior mientras se lo pensaba, y al final contestó:

—Yo diría que me alarmé, era un tipo muy corpulento. No me asusté porque pensara que era peligroso, más bien fue ese susto que te llevas cuando un coche invade tu carril y no tienes espacio para esquivarlo.

—Recuerda el momento en que le viste ir hacia ti, intenta verlo a cámara lenta. Primero le oyes, y entonces le ves. ¿Qué estás pensando?, ¿qué se te pasa por la cabeza justo en el momento en que le ves bajar por la escalera?

Syd estaba desabrochándose las botas en ese momento, pero al oír la pregunta alzó la mirada y contestó:

—Kevin Manse.

Seguía inclinada hacia delante, y Lucky le vio el canalillo por un instante gracias a la camisa abierta. Llevaba un sujetador negro, y logró ver con toda claridad el encaje negro contra una piel tersa y pálida. Intentó apartar la mirada cuando ella empezó a desabrocharse la otra bota... lo intentó, pero no lo logró. Siguió con la mirada fija en ella deseando poder vislumbrar de nuevo aquellos pequeños pero perfectos, delicados y tentadores pechos de forma exquisita y cubiertos de encaje.

La miró a la cara y se dio cuenta de repente de que Sydney Jameson era enormemente atractiva. Aunque siempre había preferido a las mujeres de pelo largo, su cabello oscuro era brillante y muy lustroso, y el corte le iba muy bien a la forma de su rostro. Tenía unos ojos color café de pestañas espesas y oscuras a las que no les hacía falta maquillaje alguno.

No tenía una belleza convencional, pero, cuando dejaba de fruncir el ceño y sonreía, resultaba arrebatadora.

Y en cuanto a su forma de vestir...

Nunca le había gustado demasiado el estilo a lo Annie Hall, pero en ese momento entendió lo atractivo que podía ser. Enterrado bajo la ropa ancha y masculina de Syd se escondía un cuerpo de contorno tan elegante, grácil y femenino como el de su rostro, y lo que había llegado a vislumbrar era sexy a más no poder... Sexy de una forma que jamás había imaginado que fuera posible, teniendo en cuenta que las mujeres que solían parecerle atractivas eran mucho más exuberantes.

Cuando ella acabó de quitarse las botas y se enderezó, le desconcertó su propia reacción al ver que no llevaba calcetines y que tenía unos pies preciosos de arcos elevados. No entendía lo que le pasaba, ¿cómo era posible que estuviera excitadísimo por el mero hecho de verle los pies a una mujer?

Se movió con incomodidad en la silla, y se cruzó de piernas. Rezó para que Lana no le pidiera que se levantara y fuera a buscarle algo a su escritorio, que estaba al otro lado de la consulta.

—¿Quién es Kevin Manse?

Ante la pregunta de la psicóloga, Sydney se cruzó de piernas y metió aquellos pies tan sexys bajo el cuerpo.

—Un jugador de fútbol americano con el que... —le lanzó una breve mirada a él, y se ruborizó de forma visible—. Eh... Al que conocí en la universidad. Supongo que la corpulencia del tipo de la escalera me lo recordó.

Aquella información le resultó muy interesante, además de completamente inesperada. Syd Jameson no encajaba en el perfil de las chicas que solían salir con los universitarios deportistas.

—¿Era tu novio? —le preguntó, sin andarse por las ramas.

—No exactamente.

Ah. A lo mejor se había encaprichado de aquel jugador de fútbol, y él no le había hecho ni caso. Tal vez el tal Kevin, al igual que él mismo en su época universitaria, estuviera demasiado ocupado intentando ligar con las animadoras.

Lana anotó algo en su libreta antes de decir:

—De acuerdo, vamos allá. ¿Estás lista?

Syd soltó una pequeña carcajada llena de nerviosismo.

—No tengo ni idea de cómo va esto, no dejo de pensar en Elmer intentando hipnotizar a Bugs Bunny con su reloj de bolsillo.

Lana se echó a reír y fue a apagar la luz.

—Yo uso una bola de espejos, una lámpara, e indicaciones sobre la marcha. O'Donlon, te recomiendo que salgas a la sala de espera unos minutos. Esta técnica de hipnosis mediante luz parece afectar mucho a los SEAL, mi teoría es que esa propensión se debe al entrenamiento que recibís para dormir en situaciones especiales —volvió a sentarse delante de ella antes de explicarle—: Entran en la fase REM del sueño de inmediato, durante cortos periodos de tiempo —se volvió de nuevo hacia Lucky, y comentó—: Yo creo que para lograrlo usáis alguna forma de autohipnosis, pero como Quinn no me deja que experimente con él, no tengo forma de comprobarlo. Puedes intentar quedarte si quieres, pero...

—No, prefiero salir unos minutos a la sala de espera.

—Buena idea, seguro que la doctora Quinn no quiere tenernos a los dos graznando como patos en su consulta —dijo Syd.

A Lucky le encantó verla hacer una broma, y se echó a

reír. Ella le sonrió, pero fue una sonrisa muy pequeña que se desvaneció demasiado pronto.

—Oye, de verdad te lo pido... si hago el ridículo, no me lo eches en cara, ¿de acuerdo?

—De acuerdo, pero con la condición de que te comprometas a devolverme el favor algún día.

—Trato hecho.

—Vamos a empezar ya, teniente. Sal fuera.

—No le preguntarás nada hasta que yo vuelva a entrar, ¿verdad?

—No.

—¡Cuac, cuac! —exclamó Sydney.

Lucky salió y cerró la puerta tras de sí. Mientras esperaba caminando de un lado a otro, sacó su móvil y llamó al despacho de Frisco, que contestó al primer tono.

—Francisco al habla.

—¿Contestas tú mismo?, estoy impresionado.

—Estamos cortos de personal. ¿Qué pasa?

—Quería preguntarte si sabes algo más sobre el accidente en la inmersión de ayer.

Frisco soltó un par de imprecaciones nada sutiles antes de decir:

—Dios, qué panda de inútiles. Resulta que el aspirante... que ya ha dejado de ser aspirante, claro... al que por poco se le convirtió el cerebro en un queso suizo por culpa de varias burbujas de nitrógeno se había escabullido de los barracones la noche anterior al accidente. Era su cumpleaños, y unos amigos bienintencionados pero igual de idiotas que él le compraron un billete de avión a Las Vegas para que fuera a ver a su novia. El vuelo de regreso se retrasó y no llegó a San Diego hasta las tres cero cero. El muy capullo consiguió volver a los barracones sin que nadie le viera, pero llegó al entrenamiento de las cuatro treinta borracho como una cuba.

Lucky se horrorizó al oír aquello. Era peligroso realizar una inmersión menos de veinticuatro horas después de volar, y si además de eso el tipo se había sumergido borracho...

—Si hubiera confesado en su momento, le habríamos expulsado sin más, pero tal y como han ido las cosas, le vamos a empapelar. Se enfrenta a una expulsión con deshonor como mínimo.

El muy necio tenía suerte de estar vivo, pero la suerte se le acababa ahí.

—¿Cuántos aspirantes le encubrieron? —le preguntó, consciente de que por culpa de un incidente así se podría expulsar a media clase.

—Solo cinco, todos ellos oficiales. A las seis de esta mañana ya estaban todos expulsados.

Qué situación tan lamentable. Por culpa de un tipo que no podía aguantar las ganas de acostarse con su novia en su cumpleaños, seis prometedoras carreras se habían ido al garete.

La puerta se abrió en ese momento, y Lana asomó la cabeza.

—Ya puedes entrar.

—Oye, Frisco, tengo que colgar. Estoy con lo de la hipnosis. Hasta luego —le colgó a su comandante en jefe, y se metió el móvil en el bolsillo.

—Muévete con cuidado —le pidió la psicóloga—. Está sumida en un trance muy profundo, pero nada de movimientos bruscos ni de ruidos súbitos, por favor.

Las persianas de la consulta estaban bajadas, las luces apagadas, y Lucky parpadeó varias veces mientras los ojos se le acostumbraban a la penumbra.

Cruzó la sala con cautela y se quedó a un lado mientras Lana se sentaba junto a Syd, que estaba tumbada en el diván con los ojos cerrados como si estuviera dormida. Parecía relajada e incluso angelical, aunque él sabía que no era un angelito ni mucho menos.

—Sydney, quiero que retrocedas un poco en el tiempo, hasta aquella noche en que volviste a casa después de ir al cine. ¿Te acuerdas de esa noche?

Lucky se sentó después de que Lana formulara la pregunta; al ver que Syd no contestaba, la psicóloga insistió:

—¿Te acuerdas de esa noche? El hombre que bajaba por la escalera estuvo a punto de tirarte al suelo.

—Kevin Manse —Syd no abrió los ojos, pero lo dijo en voz alta y clara.

—Eso es, te recordó a Kevin Manse. ¿Puedes verle, Syd?

—Sí, está a punto de tirarme escalera abajo. Está enfadado y borracho... Sé que está borracho, al igual que yo. Es mi primera fiesta universitaria.

—¿Qué cojo...?

Lana silenció a Lucky con un rápido gesto.

—¿Cuántos años tienes, Sydney?

—Dieciocho —lo dijo con una voz suave, la voz de una jovencita—. Él se disculpa por... Madre mía, qué guapo es... Nos ponemos a charlar. Él también está en el cuadro de honor, es la estrella del equipo de fútbol. ¡No me puedo creer que esté hablando conmigo!

—Ahora pasan más de diez años —la interrumpió Lana con suavidad—. El hombre de la escalera solo te recuerda a Kevin, nada más.

Syd siguió hablando como si no la hubiera oído.

—Estoy muy mareada, la escalera está abarrotada. Kevin me dice que su habitación está arriba, que puedo tumbarme un rato en su cama, y entonces me besa y... —soltó un suspiro, y añadió con una sonrisa ensoñadora—: Está claro que quiere acostarse conmigo.

—¡Oh, Dios mío! —Lucky estaba horrorizado, no quería oír nada más.

—Sydney, necesito que vuelvas al presente —le ordenó Lana con firmeza.

—Disimulo lo nerviosa que estoy mientras él cierra la puerta de su habitación con llave. Tiene varios libros de texto sobre el escritorio, uno de Cálculo y varios de Física. Vuelve a besarme, y...

Lucky se levantó de golpe del asiento al verla soltar un gemidito de placer, y le preguntó a la psicóloga:

—¿Por qué no te hace caso?

—Podría ser por muchas razones. Está claro que tiene mucha fuerza de voluntad, y podría tratarse de un momento clave en su vida; sea por lo que sea, no quiere salir de ahí.

Él se horrorizó aún más al ver que se movía un poco en el diván, al ver que echaba la cabeza hacia atrás, entreabría los labios y soltaba otro intenso gemido. ¡Dios mío, aquello era un suplicio!

—Creo que será mejor intentar llegar al final de este suceso —sugirió Lana—. A lo mejor está más dispuesta a avanzar hasta el pasado reciente si dejamos que se tome su tiempo.

—¿Y qué se supone que vamos a hacer?, ¿quedarnos sentados mientras ella revive cómo se acostó con ese tipo?

—Es la primera vez que hago esto —susurró Syd—, nunca antes... ¡Oh!

Lucky no podía mirarla, no podía dejar de mirarla. Ella tenía la respiración jadeante y el rostro perlado de sudor.

—De acuerdo, Syd, ya está —le dijo, incapaz de seguir soportando aquella tortura—. Te acuestas con don Maravilloso, fin de la historia. Pasemos a otra cosa.

—Kevin es tan dulce... Me dice que será mejor que no pase la noche en su cuarto, que no quiere que haya habladurías sobre mí que dañen mi reputación, así que le pide a un amigo suyo que me lleve de vuelta a mi residencia. Me asegura que me llamará y me da un beso de buenas noches, es increíble lo maravilloso que ha sido todo... Oh, Dios, cuánto le quiero, estoy deseando que volvamos a hacerlo.

Una cosa estaba clara: Además de sexy, Sydney era una mujer apasionada.

—Sydney, ahora avanzamos en el tiempo, hasta hace un poco menos de una semana —le ordenó Lana, con voz firme—. Estás en la escalera de tu bloque de pisos, vienes de ir al cine...

Sydney se echó a reír.

—Dios, qué película tan mala, ¿cómo he podido gastar dinero en ver algo así? Lo mejor de todo ha sido ese cantante que antes era modelo y que ahora se cree que es actor, y no me refiero a su actuación, sino a la escena en la que sale con el culo al aire. Eso sí que se merecía aparecer en la pantalla grande —se rio de nuevo, y añadió con actitud picarona—: Para ser sincera, los únicos hombres desnudos que veo en los últimos tiempos son los de las películas.

Lucky sabía que había una forma fácil de que eso cambiara en un periquete, pero mantuvo la boca cerrada y dejó que Lana siguiera con la sesión de hipnosis.

—Estás subiendo por la escalera. Es tarde, vas de camino a casa, y oyes un ruido.

—Son pasos, alguien baja por la escalera. Es Kevin Manse... no, me lo parece por un instante, pero no es él.

—Imagínate que le das a un botón de «pausa» en tu mente, ¿puedes congelar la imagen de ese hombre?

—Sí, no es Kevin Manse.

—¿Puedes describirme su cara? ¿Lleva máscara?, ¿tiene la cabeza cubierta con una media?

—No, pero la luz le da desde atrás y las sombras no me dejan verle bien. Lleva un corte de pelo militar, iluminado así se le ven las puntas hacia arriba, pero tiene la cara oculta entre las sombras. No alcanzo a verle demasiado bien, pero tengo claro que no es Kevin. No se mueve como él, y es más musculoso. Es uno de esos tipos que están cuadrados de tanto hacer pesas. Kevin era grandote en general.

Sí, seguro que el tal Kevin era enorme... Dios, aquello era absurdo, ¡estaba celoso de aquel tipo!

—Deja que se te acerque —le indicó Lana a Syd—, pero a cámara lenta si puedes. ¿Hay algún momento en que la luz le ilumine la cara?

Syd frunció el ceño, mantuvo los ojos cerrados mientras se concentraba a fondo, y al final contestó:

—No. Intenta esquivarme, pero me golpea con el hombro al pasar junto a mí... «Perdona, tío». Gira la cara hacia mí, pero solo alcanzo a ver que es un hombre blanco. Me parece que tiene el pelo rubio, pero a lo mejor es castaño y me parece más claro por el reflejo de la luz.

—¿Estás segura de que no lleva la cara tapada?

—Sí, sí que lo estoy. Sigue bajando la escalera, pero se gira a mirarme, y yo aparto la vista.

—¿Por qué lo haces?

Syd soltó una carcajada carente de humor.

—Porque me mortifica que me haya confundido con un hombre. No es la primera vez que me pasa, y es peor aún cuando se dan cuenta de que se han equivocado. Detesto las disculpas, ahí es cuando la situación se vuelve humillante.

—En ese caso, ¿por qué te vistes así?

Lucky no pudo contener las ganas de preguntárselo. Le dio igual que Lana le reprendiera con la mirada, quería saber la verdad.

—Es más seguro —contestó Syd.

—¿Qué quieres de...?

—¡Teniente! —le reprendió la psicóloga con severidad.

Lucky no tuvo más remedio que ceder, así que optó por decir:

—Volvamos al tipo de la escalera, ¿cómo va vestido?

Syd respondió sin vacilar.

—Lleva vaqueros y una camiseta oscura.

—¿Tiene algún tatuaje?

—Lleva las mangas bajadas.

—¿Qué calzado lleva?

Ella tardó unos segundos en contestar.

—No lo sé.

—Te das la vuelta —intervino Lana—, pero ¿vuelves a girarte a mirarle cuando sigue bajando por la escalera?

—No, pero le oigo. Al salir cierra la puerta de un portazo. Me alegro, porque a veces no se cierra bien y puede entrar cualquiera.

—¿Oyes algo más? —le preguntó Lucky—. Párate, escucha con atención.

Ella permaneció en silencio por un momento.

—Un coche se pone en marcha, se aleja. Debe de tener un ventilador suelto o viejo, porque hace ruido. Me alegro cuando se va, es un sonido molesto. No es una pieza cara, y es fácil aprender a...

—¿Dónde aparcas cuando estás en casa?, ¿en un garaje, o en la calle? —le preguntó Lucky.

—En la calle.

—¿Has visto algún coche desconocido cerca de tu casa al volver del cine?

Ella se mordisqueó el labio inferior y frunció un poco el ceño.

—No me acuerdo.

—¿Puedes llevarla de vuelta a ese momento? —le preguntó él a Lana.

—Podría intentarlo, pero...

—La puerta del piso de Gina está abierta —dijo Syd.

—Syd, vamos a intentar retroceder unos minutos —le pidió la psicóloga—. Volvamos a tu coche, cuando sales del cine y vas de vuelta a casa.

—¿Por qué tiene la puerta abierta?

Lana miró a Lucky, y le hizo un gesto negativo con la cabeza.

—Seguro que su novio la ha dejado así. El tipo es incapaz de cambiarle el ventilador al coche, no me extraña que ni siquiera pueda cerrar una puerta. Es que...

Se incorporó de golpe en el diván, se sentó con los ojos abiertos como platos. Estaba mirando de lleno a Lucky, pero parecía atravesarle con la mirada... no, no le miraba a él, ni siquiera le veía. Ella estaba viendo otra cosa, algo que ellos no veían.

—¡Dios mío! —tenía el pelo húmedo de sudor, y se lo apartó de los ojos con una mano temblorosa.

Lana se inclinó hacia delante.

—Sydney, vamos a volver a...

—¡Dios mío, Gina! ¡Está en una esquina de la sala de estar!, ¡tiene sangre en la cara! Tiene un ojo morado, y... Dios mío, oh, Dios mío... No solo la han golpeado, tiene la ropa rasgada y... —su voz cambió, empezó a hablar con más calma y autocontrol—. Buenas noches, necesito que venga la policía cuanto antes —recitó la dirección de la casa como si estuviera hablando por teléfono, y añadió—: Que venga también una ambulancia. Ah, y alguna mujer policía, por favor. A mi vecina acaban de... de violarla —se le quebró la voz, y respiró hondo—. Ten, Gina, aquí tienes tu albornoz, yo creo que puedes ponértelo. Espera, deja que te ayude, cielo.

—Sydney, voy a traerte de vuelta. Es hora de irse —le dijo Lana con voz suave.

—¡No puedo irme!, ¡no puedo dejar sola a Gina! ¿Cómo se te ocurre que puedo dejarla sin más? Dios, ya es bastante malo tener que fingir delante de ella que todo va a arreglarse. ¡Mírala! ¡Mírala! —echó a llorar con grandes sollozos que la sacudieron de pies a cabeza. Fue como si una fuente de emoción se desbordara en su interior, los ojos se le inundaron de lágrimas que empezaron a bajarle por las mejillas—. ¿Qué clase de monstruo ha podido hacerle algo así a esta chica? ¡Mírala a los ojos! Sus esperanzas, sus sueños, su vida... ¡Todo se ha esfumado! Con la madre que tiene, seguro que se pasa lo que le queda de vida apartada del resto del mundo, que no se atreve a volver a salir, y ¿por qué? ¡Porque no cerró la ventana de la cocina! ¡No tuvo cuidado porque nadie se molestó en avisarnos de que ese hijo de puta estaba acechando por ahí! ¡La policía lo sabía, pero nadie dijo ni una sola palabra!

Lucky fue incapaz de contenerse. Fue a sentarse junto a ella y la abrazó.

—Dios, Syd, cuánto lo siento.

Ella le apartó de un empujón; al ver que se aovillaba en una esquina del diván mientras seguía llorando inconsolable, miró a Lana sin saber qué hacer, y esta dijo con voz alta y clara:

—Syd, voy a dar dos palmadas y vas a dormirte. Te despertarás al cabo de un minuto sintiéndote como nueva, no recordarás nada de todo esto.

Dio dos palmadas, y Syd se relajó de golpe. La sala quedó sumida en un completo silencio.

Lucky se echó hacia atrás y se reclinó contra el respaldo del diván. Inspiró hondo, y soltó el aire con un sonoro suspiro antes de admitir:

—No tenía ni idea.

Syd siempre parecía tan fuerte, aparentaba tener tanto autocontrol... Recordó el mensaje que había encontrado en su contestador al llegar a casa la noche anterior, el miedo que ella no había conseguido disimular del todo cuando le había llamado para pedirle ayuda porque creía que la seguía un desconocido. «Me has dado un susto de muerte», esas habían sido sus palabras, pero él no había acabado de creérselo hasta que había oído el mensaje del contestador.

Se preguntó qué más estaba ocultando Sydney Jameson.

—Está claro que esto es algo personal para ella —le dijo Lana en voz baja, antes de ponerse en pie—. Creo que será mejor que estés en la sala de espera cuando despierte.

CAPÍTULO 6

—¿Adónde vamos? —le preguntó Syd a Luke, al ver que la conducía hacia la playa.
—Quiero enseñarte una cosa.
Estaba muy callado desde que habían salido de la consulta de Lana Quinn. Se le veía como apagado, pensativo, taciturno.
Su actitud la ponía nerviosa. ¿Qué había dicho y hecho cuando estaba bajo el influjo de la psicóloga? ¿Por qué estaba tan serio aquel muñeco Ken que siempre solía tener una sonrisa en la cara?
Había despertado del trance sintiéndose un poco desorientada y, aunque en un primer momento había creído que la hipnosis no había funcionado, no había tardado en darse cuenta de que había pasado media hora desde que se había sentado en el diván. Media hora de la que no recordaba nada de nada.
Se había llevado una decepción cuando Lana le había dicho que, aunque había confirmado que el violador no llevaba la cara tapada cuando se habían cruzado en la escalera, no había alcanzado a verle bien, así que no habían conseguido información nueva que pudiera ayudar a identificarle.
Luke O'Donlon no le había dirigido la palabra ni en la

consulta de Lana ni mientras la llevaba a la base en su camioneta y, tras aparcar junto a la playa y bajar del vehículo, se había limitado a decir:

—Vamos.

En ese momento estaban al borde de la arena observando la playa, que era un hervidero de actividad a pesar de que no había pelotas, chicas en bikini, cestas de comida ni coloridas sombrillas. Lo que había eran hombres, muchos hombres, vestidos con pantalón largo y botas de combate a pesar del calor que hacía. Un grupo corría por la orilla a toda velocidad, y otro estaba dividido en equipos de seis o siete miembros. Cada uno de esos equipos sostenía en alto una enorme y pesada lancha neumática y la llevaba con dificultad hacia el agua mientras hombres con megáfonos les lanzaban órdenes.

—Esto forma parte del programa de entrenamiento necesario para entrar en los SEAL, el BUD/S. Estos hombres son aspirantes, entrarán en uno de los equipos si logran superar todas las fases del entrenamiento.

—Sí, he leído sobre el tema. Tengo entendido que el porcentaje de abandonos es altísimo, algo así como un cincuenta por ciento, ¿verdad?

—Sí, a veces es incluso superior —señaló hacia el grupo que estaba corriendo por la orilla—. Esos están en la fase dos, que se centra sobre todo en clases de buceo y EF adicional. Esa clase en concreto empezó con doscientos hombres, de los que solo quedan veintidós. La mayoría abandona en los primeros días de la fase uno, que básicamente consiste en un intenso EF... entrenamiento físico.

—Sí, ya había deducido lo que era.

—En la Armada solemos usar una jerga propia. Si necesitas que te aclare algo, solo tienes que pedírmelo.

Syd se preguntó por qué estaba tratándola con tanta amabilidad. No notó ni rastro de la condescendencia que cabría esperar en su actitud, se le veía... agradable, sin más.

—Gracias.

—Como te decía, en esta clase solo quedan veintidós aspirantes. La verdad es que han sufrido un tropiezo tras otro. Un virus gastrointestinal causó problemas al principio de la Semana Infernal, hubo que evacuar a un número sin precedentes de aspirantes —sonrió como si tuviera en mente gratos recuerdos, y añadió—: Seguro que la mayoría de ellos se habría quedado si hubiera sido una cuestión de seguir como si nada después de vomitar unas cuantas veces, pero uno de los síntomas era una fiebre muy alta, y los servicios médicos no permitieron que se quedaran. Esos se incorporaron después a la siguiente clase de aspirantes, y la mayoría está pasando otra vez por las primeras semanas de la fase uno; por si fuera poco, esta clase en concreto acaba de perder seis hombres más por culpa del accidente durante una de las sesiones de buceo. Por eso es un grupo tan reducido.

Syd observó al grupo que corría por la orilla, los que según él estaban en la fase dos del entrenamiento para entrar en los SEAL.

—Yo creía que después de la Semana Infernal ya no había entrenamiento físico.

Él se echó a reír.

—¿Estás de guasa? El EF no termina nunca, ser un SEAL es como ser una obra que siempre está en proceso de construcción. Hay que correr a diario, tienes que poder hacer un kilómetro seiscientos en siete minutos y medio de forma consistente mañana, el mes que viene, el año que viene. Si te relajas, el equipo entero sufre las consecuencias. Cuando un equipo de los SEAL avanza como una unidad, es tan rápido como el más lento de sus miembros.

Le indicó con un gesto a los hombres que seguían cargando con las lanchas neumáticas, y añadió:

—Eso es lo que están empezando a aprender ellos: a trabajar en equipo, a saber ver tanto los puntos fuertes como los puntos débiles de cada individuo para que tu equipo pueda funcionar con su máximo potencial.

En ese momento, entró en el aparcamiento una ciclista pelirroja que se detuvo a unos metros de ellos y se sentó a observar a los hombres que había en la playa.

—¡Hola, Tash!

La joven estaba tan absorta mirando a los aspirantes, que al oír el saludo de Lucky se limitó a alzar la mirada por un instante y a hacer un vago gesto de saludo con la mano.

Syd se dio cuenta de que era la joven a la que había conocido el día anterior, la que estaba en la base con la esposa del comandante Francisco; parecía estar buscando a alguien, porque estaba recorriendo la playa con la mirada mientras se protegía los ojos del sol con la mano.

—Frisco no ha venido aún —le dijo Luke.

—Ya lo sé —se limitó a contestar, sin apartar la mirada de la playa.

Él se encogió de hombros y se volvió de nuevo hacia Syd.

—Mira ese grupo de allí, ¿ves al equipo con el tipo bajito? Fíjate, no carga con el peso que le corresponde de la dichosa lancha porque apenas llega, así que a los más altos les toca llevar más peso, pero puedes estar segura de que será útil en otras situaciones. Pesa poco, apuesto a que es veloz. A lo mejor se le da bien escalar, o puede entrar por sitios estrechos en los que no cabrían los tipos más grandotes. Puede que don Bajito no sea de gran ayuda a la hora de cargar con algo como una lancha neumática, pero ten por seguro que a la larga le aportará mucho al equipo —tras aquellas palabras, se limitó a observar en silencio a los aspirantes.

El grupo de corredores (los aspirantes que, según él, estaban en la fase dos del entrenamiento) se detuvo al cabo de un momento y, cuando todos ellos cayeron rendidos en la arena, se oyó que una voz decía por un megáfono:

—¡Cinco minutos, señoritas! ¡En cinco minutos, empezamos de nuevo!

El instructor que había dado la orden era Bobby Taylor, que llevaba su larga melena oscura peinada en una trenza. Uno de los aspirantes se acercó a él, le dijo algo mientras señalaba hacia ellos y, cuando Bobby se encogió de hombros como dándole permiso, echó a correr hacia ellos por la suave arena de la playa.

Era un joven negro, y el corte de pelo militar que llevaban todos los aspirantes resaltaba su rostro angular. Tenía varias cicatrices, una que le partía la ceja derecha y otra en la mejilla, que contribuían a darle un aspecto amenazador.

Syd pensó que se acercaba a hablar con Luke, pero fue directo a la joven de la bicicleta y su saludo no fue nada cordial.

—¿Estás chalada? ¡Te advertí que no volvieras a venir sola en bici!, ¡y eso fue antes de lo del psicópata ese que anda suelto!

—Nadie ha querido acompañarme hasta aquí —le contestó Tasha con terquedad—. Soy rápida, puedo huir a toda velocidad si veo a un tipo raro. No pasa nada.

Hablaban en voz tan alta, que era inevitable oír la conversación.

El joven se inclinó hacia delante y apoyó las manos en las rodillas mientras luchaba por recobrar el aliento, tenía el rostro cubierto de sudor.

—¿Te crees que eres más rápida que un coche? —le preguntó, ceñudo.

—No —le contestó ella con exasperación.

—¡No, claro que no! Entonces, es probable que no lograrás huir, ¿verdad?

—No sé a qué viene tanto...

—¡Hay un psicópata suelto!, ¡un hijo de puta que se dedica a violar y a golpear a las mujeres! Tú eres una mujer, así que eres un posible objetivo. Un objetivo fácil y atractivo, porque resulta que eres una mujer joven y guapa que va sola en bici. ¡Solo te falta colgarte al cuello un cartel en el que ponga «Víctima»!

—Por lo que he leído, ese tipo se cuela en las casas de sus víctimas. No entiendo qué tiene eso que ver con el hecho de que yo vaya en bici.

Al oír las palabras de Tasha, Syd fue incapaz de seguir callada.

—La verdad es que los violadores en serie suelen merodear en busca de víctimas. Circulan por las calles a la caza de un posible objetivo, alguna mujer sola y potencialmente indefensa, y la siguen hasta su casa. Después de seleccionar a una víctima, es posible que la sigan durante días o incluso semanas hasta encontrar el momento y el lugar donde ella es más vulnerable. El hecho de que todas las agresiones de las que tenemos constancia hayan sido en casa de las víctimas no excluye la posibilidad de que a la próxima se la lleve a rastras al bosque.

—Gracias, voz de la razón —le dijo el joven, antes de mirar ceñudo a Tasha—. ¿Has oído eso, loquita? La novia del tío Lucky tiene pinta de saber lo que dice.

Lo de «La novia del tío Lucky» tomó por sorpresa a Syd, que intentó aclarar de inmediato el malentendido.

—No, no soy su...

—¿Qué quieres que haga?, ¿que me quede encerrada en casa todo el día? —dijo Tasha, exasperada e indignada.

Syd cerró la boca al ver que los dos jóvenes seguían discutiendo sin prestarles ni la más mínima atención a sus protestas. Oyó que Luke carraspeaba, pero no se atrevió a mirarle.

—¡Sí!, ¡exacto! —afirmó el joven, sin vacilar—. ¡No salgas de tu casa hasta que todo esto acabe!

—Pero Thomas...

—¿Cuántas veces te he pedido un favor en los años que llevamos siendo amigos, princesa? Ahora te pido uno —el joven dijo aquello en voz más baja, pero igual de intensa y apremiante.

—Tenía que verte, cuando me enteré de lo del accidente en clase de buceo... —Tasha parpadeó para intentar luchar contra las lágrimas que le inundaron los ojos.

El rostro del joven se suavizó un poco.

—Estoy bien, nena.

—Sí, ya lo veo, pero si no llego a venir...

Syd se volvió al darse cuenta de que se había quedado mirándoles sin disimular la curiosidad que sentía sobre la relación que había entre ellos. Thomas debía de tener unos veintipocos años, y Tasha era una adolescente. Aunque él había mencionado que eran amigos, no hacía falta ser un genio para ver que lo que sentía la joven iba mucho más allá, y saltaba a la vista que él procuraba no tocarla y que usaba palabras como «amigos» para intentar mantener las distancias.

—¿Qué te parece si te llamo? —le propuso él con voz suave—. Tres veces a la semana, unos minutos antes de las veintiuna cero cero... las nueve de la noche, para contarte qué tal me va. ¿Te parece bien?

Tasha se mordisqueó el labio inferior por unos segundos antes de contestar:

—Si son cinco veces a la semana en vez de tres, trato hecho.

—Intentaré que sean cuatro, pero...

—¡Cinco!

Él imitó la pose combativa de su amiga... brazos cruzados, barbilla bien alta... antes de contestar con firmeza:

—No, cuatro. Como no tengo todas las noches libres, puede que algunas semanas solo sean tres, pero pasaré a verte si me conceden algún fin de semana libre. A cambio, tienes que prometerme que no irás sola a ningún sitio hasta que atrapen a ese tipo.

Ella asintió y le contempló como si estuviera memorizando su rostro, pero él insistió:

—Prométemelo.

—Te lo prometo.

—Yo también te lo prometo —le echó un vistazo a su reloj, y añadió—: Mierda, tengo que irme —se volvió hacia Lucky y Syd como si hasta ese momento apenas hubiera notado su presencia—. Oye, tío Lucky, lleva a Tasha a su casa.

Era una orden directa, y Lucky respondió con un saludo militar.

—¡Señor! ¡Sí, señor!

Thomas sonrió, y el gesto contribuyó a suavizarle las facciones y a que no pareciera mayor de lo que era.

—Perdón, teniente. Le pido que lleve a Tasha a su casa, señor; tal y como están las cosas, no es seguro que una mujer joven recorra sola ese trayecto tan largo en bicicleta.

—Considéralo hecho.

—Gracias —Thomas señaló con el dedo a Tasha, y le ordenó con severidad—: No quiero volver a verte por aquí, a no ser que vengas con Mia o con Frisco.

Se marchó sin más, y se despidió con la mano mientras se alejaba corriendo hacia sus compañeros de clase.

Luke carraspeó antes de decir:

—Oye, Tash, ¿te importaría esperar un momento? Tengo que...

Se calló al ver que la joven se alejaba un poco, se sentaba en la arena de la playa con los brazos alrededor de las rodillas, y fijaba la mirada en los aspirantes... Mejor dicho: en Thomas.

—Tengo que terminar una conversación importantísima que he dejado a medias con mi novia.

Syd se dio cuenta de que lo dijo para picarla, y le espetó ceñuda:

—¡No tiene gracia!

—Qué lástima, yo que esperaba que volvieras a poner esa cara de susto... —sonrió de oreja a oreja, y añadió en una pésima imitación suya—: ¡No, no soy su novia!

—Sigue sin tener gracia.

—Claro que la tiene.

—De eso nada, es...

—Digamos que es una sana diferencia de opiniones, y dejémoslo así.

A Syd le pareció un buen trato, de modo que cerró la boca y asintió.

Él se volvió a contemplar el océano, y el reflejo del sol en el agua le hizo entornar un poco los ojos.

—Quería que vieras esto, el entrenamiento, para que tuvieras una idea del trabajo en equipo que hay en las unidades de los SEAL.

—Ya sé que crees que en los días o las semanas que dure la investigación no voy a ser más que un estorbo, pero...

—No lo creo, lo sé. ¿Cuándo fue la última vez que corriste un kilómetro seiscientos en siete minutos y medio?

—No lo he hecho nunca, pero...

—En mi opinión, lo que tenemos que hacer para que esto funcione es aprovechar tus puntos fuertes y admitir sin tapujos tus puntos débiles.

—Pero...

En esa ocasión no hizo falta que él la interrumpiera, fue ella la que se calló al darse cuenta de lo que acababa de oír, lo de «lo que tenemos que hacer para que esto funcione».

—Yo creo que lo que tenemos que hacer es ponerte a trabajar en lo que se te da mejor, que es el periodismo de investigación, la búsqueda de información. Quiero que te encargues de encontrar una pauta, que entre todo lo que sabemos encuentres algo que nos acerque un poco más al violador.

—Eso ya está haciéndolo la policía.

—Nosotros también tenemos que hacerlo —le explicó él, muy serio, mientras la brisa marina le despeinaba aún más—. Algo se nos tiene que haber pasado por alto, y cuento con que tú lo encuentres. Estoy convencido de que vas a lograrlo, porque sé que estás deseando atrapar a ese tipo —fijó la mirada en el océano de nuevo, y vaciló por un instante antes de admitir—: Es algo que... has dejado claro en la consulta de Lana Quinn.

—Ah —quería saber qué más había dicho o hecho, pero fue incapaz de preguntárselo.

—Los dos tenemos el mismo objetivo, Syd —lo dijo con voz suave y llena de convicción—. Yo también estoy deseando atraparle y estoy dispuesto a aceptarte en mi equipo, pero solo si estás dispuesta a trabajar en equipo. Eso significa contribuir usando tus puntos fuertes, que son tu cerebro y tu capacidad de recabar información, quedarte sentada y dejar que los demás nos encarguemos del trabajo físico, y también de mantenerte fuera de peligro. Si recibimos una pista, tienes que quedarte en la base o en la furgoneta de vigilancia sin protestar. No estás entrenada para combatir, no estás lo bastante en forma para seguir nuestro ritmo, y no voy a permitir que corras riesgos innecesarios ni que pongas en peligro al resto del equipo.

—No estoy en tan baja forma.

—¿Quieres demostrármelo? Si eres capaz de hacer seis kilómetros y medio en media hora llevando botas, y de completar en diez minutos la pista de obstáculos a la que se enfrentan los aspirantes...

—De acuerdo, tienes razón, no lo conseguiría. Me quedaré en la camioneta.

—Y, por último, pero no por ello menos importante: El

que manda soy yo. Si formas parte de este equipo, tienes que tener claro que yo soy el oficial al mando, así que cuando te dé una orden, lo que tienes que hacer es contestar «Sí, señor».

—¡Sí, señor!

—¿Trato hecho? —le preguntó, sonriente.

—¡Sí, señor!

—Está claro que tienes que aprender a distinguir entre una pregunta y una orden.

—No, tengo muy clara la diferencia.

—De acuerdo, imaginaos que son diez contra uno. ¿Qué hacéis?, ¿luchar o huir? —preguntó Syd.

—Luchar, claro.

El acento de Brooklyn del suboficial Rio Rosetti aparecía y desaparecía en función de con quién estuviera hablando, y en ese momento era muy, pero que muy marcado; cuando estaba con Syd, era un tipo duro al cien por cien.

Lucky estaba al otro lado de la puerta de su despacho temporal, y siguió escuchando a escondidas la conversación mientras el alférez de navío Michael Lee daba su opinión con voz pausada:

—Depende de quiénes sean esos diez y las armas que lleven encima. Si fueran diez miembros de los comandos de élite japoneses, a lo mejor optaría por huir y dejar la lucha para otro día.

—Lo que me gustaría saber es qué hago en una situación de diez contra uno sin el resto de mi equipo —comentó el alférez de fragata Thomas King.

Syd había encajado de maravilla desde el primer momento. Bobby, Lucky y ella llevaban los dos últimos días trabajando sin descanso, intentando encontrar algún detalle que se le hubiera pasado por alto a la policía. Ella trabajaba con la información que tenían de las víctimas, y ellos repasaban un expediente de personal tras otro en busca de cualquier conexión que pudiera haber entre los oficiales y soldados alistados que se encontraban en Coronado y algún delito sexual.

Los tres aspirantes a entrar en los SEAL que el almirante Stonegate había seleccionado ayudaban en sus horas libres y, a pesar de la vinculación que tenían con el almirante Cabeza de Chorlito, lo cierto era que se trataba de un grupo sólido, que eran buenos hombres en los que se podía confiar.

Syd había logrado hacerse muy amiga de los tres en aquellos dos días, y también de Bobby. Reía, sonreía, bromeaba, se desesperaba con los ordenadores. Con el único con el que se comportaba de forma distante y estrictamente profesional era con Lucky, a él le trataba con mucha formalidad y le miraba con aquellas sonrisas llenas de cortesía pero un poco forzadas, y esa actitud no cambiaba ni cuando estaban trabajando los dos solos a la una de la madrugada.

Había conseguido negociar una tregua con ella, pero, a pesar de haber alcanzado un entendimiento, en el fondo habría preferido que hubiera funcionado el plan de lograr una alianza por medio de una relación sentimental. Sí, la cosa habría sido más complicada a largo plazo, pero se habría divertido de lo lindo... sobre todo teniendo en cuenta que no había podido dejar de pensar en aquel beso.

La voz de Syd hablando con sus compañeros lo arrancó de sus pensamientos.

—A ver, otra situación hipotética: Imaginaos que sois una mujer...

Rio se echó a reír.

—¡Oye! ¿Qué tiene eso que ver con ser un SEAL?

—Está relacionado con esta misión, espera un momento. Sois una mujer, y de repente os encontráis a un desconocido con una media en la cabeza en vuestra casa, en medio de la noche.

—Yo le diría que el color de la media no le pega con la ropa —le contestó Rio, en tono de broma.

—¿Quieres que le mate, o prefieres que le amordace? —preguntó Thomas King.

—Estoy hablando en serio, Rosetti —dijo ella con firmeza—. Es algo que le ha pasado a once mujeres, no tiene ninguna gracia. Puede que no lo entiendas porque no eres una mujer, pero a mí me parece aterrador. Vi a ese tipo, era enorme... como Thomas, más o menos.

—Yo huiría —apostilló Mike Lee.

—¿Qué pasa si no puedes hacerlo?, ¿si no tienes escapatoria? ¿Qué haces si estás atrapada en tu propia casa con alguien que sabes que es un violador? ¿Luchas, o te rindes sin oponer resistencia?

Hubo un largo momento de silencio tras aquellas impactantes palabras, y Lucky entró entonces en el despacho y afirmó con convicción:

—Luchas, ¿cómo vas a rendirte sin más?

Los otros tres asintieron, y Syd le miró con gravedad. Rio quitó los pies de la mesa y se sentó más erguido antes de decir, en un súbito arranque de perspicacia:

—Hay que tener en cuenta que nosotros no somos mujeres; de hecho, ya no somos ni hombres.

—¡Oye, habla por ti! —protestó Thomas.

—Me refiero a que somos más que hombres, somos miembros de los SEAL... bueno, casi. Después de entrenar tanto, la verdad es que no le tengo miedo a nadie, y eso que no soy el tipo más grandote del mundo ni mucho menos. La mayoría de mujeres no tienen ni la formación ni la fuerza necesarias para pelear contra un tipo que pesa unos treinta kilos más que ellas.

Lucky miró a Syd, que iba vestida con una sencilla camiseta, pantalones anchos y sandalias en vez de botas, y se había pintado de rojo las uñas de los pies.

—¿Qué harías tú? —le preguntó, mientras se acercaba a la caja de rosquillas que había abierta sobre la mesa—. ¿Lucharías, o...? —fue incapaz de acabar la frase.

Ella le sostuvo la mirada al contestar:

—He estado revisando las declaraciones de las víctimas, intentando encontrar alguna correlación entre la violencia del tipo y la reacción que tuvieron ellas ante la agresión. La mayoría de ellas intentó defenderse, pero algunas no lo hicieron. Una fingió que se desmayaba y unas cuantas afirman que se quedaron paralizadas, que el terror que sentían les impedía moverse. Y hubo varias, entre ellas Gina, que se amedrentaron sin más.

—¿Has llegado a alguna conclusión? —le preguntó él, mientras acercaba una silla a la mesa.

—Me habría gustado poder establecer que hay una relación directa entre el grado de violencia del violador y la resistencia que opone la víctima. En los seis primeros casos más o menos daba la impresión de que, cuanto más luchaba ella, más violento se ponía él; de hecho, hubo dos casos en que el tipo dejó en paz sin más a víctimas potenciales que se rindieron de inmediato, como si no quisiera tomarse la molestia de perder el tiempo con ellas.

—En ese caso, tiene sentido aconsejar que las mujeres no opongan resistencia.

—Puede que al principio fuera así, pero ya no lo tengo tan claro. Su forma de actuar ha cambiado en las últimas semanas —Syd miró ceñuda los papeles que tenía ante ella—. Tenemos once víctimas en un periodo de siete semanas, y el grado de violencia que nuestro hombre emplea para dominar a sus víctimas ha empezado a acrecentarse durante ese tiempo.

Lucky asintió, la había oído hablar de aquel tema con Lucy.

—De las seis víctimas más recientes, hay cuatro que opusieron resistencia desde el principio, una que fingió un desmayo, y Gina, la más reciente, que se amilanó y no intentó defenderse. De esas seis, Gina fue la que se llevó la paliza más fuerte, pero, por alguna razón, a la otra mujer que no opuso resistencia apenas la tocó.

—A ver si lo entiendo: Si intentas enfrentarte a él, puedes tener por seguro que te va a agredir, pero, si te rindes sin oponer resistencia, tienes un cincuenta por ciento de posibilidades de que se largue sin hacerte nada.

—Sí, y otro cincuenta por ciento de que te dé una paliza que por poco te mate —afirmó Syd con gravedad—. También hay que tener en cuenta que estamos haciendo suposiciones y conjeturas basadas en seis casos, nos harían falta muchos más para elaborar un patrón de conducta fiable.

—Ojalá que no tengamos esa posibilidad —comentó Mike Lee.

—Y que lo digas —apostilló Thomas King.

—Sigo pensando que, con lo que sabemos hasta ahora, lo mejor es recomendar rendirse sin oponer ninguna resistencia —dijo Lucky—. Si existe la posibilidad de que el tipo se largue sin más...

—Sí, es verdad, pero... —Syd se mordisqueó el labio, pensativa, antes de añadir—: Hay algo más, un detalle bastante extraño relacionado con... eh... —les lanzó una mirada casi de disculpa antes de admitir—: Con la eyaculación.

Rio se levantó de la silla de golpe.

—¡Vaya, qué tarde es! Tengo que irme ya.

—Sí, ya sé que es un tema desagradable, pero me parece importante que sepáis todos los detalles.

—Siéntate, Rio —le ordenó Lucky.

Rio se sentó en el borde de la silla a regañadientes, y Mike comentó con voz carente de inflexión:

—Teniente, la verdad es que tenemos una clase en cinco minutos. Si nos vamos ya, llegaremos justo a tiempo. Eh...

Syd, supongo que redactarás un informe sobre... sobre este tema para los demás miembros del grupo operativo, ¿no?

Al verla asentir, Rio sonrió aliviado y comentó:

—¡Perfecto!, lo leeremos para enterarnos de todo.

Lucky sintió pánico al ver que los tres se levantaban. Iban a dejarla a solas con Syd, que quería hablar de... de... No quería ni pensarlo, pero no podía impedir que Rio, Thomas y Mike se fueran a clase.

—Marchaos.

Los tres se marcharon casi a la carrera en cuanto les dio permiso, y Syd se echó a reír antes de comentar sonriente:

—¡Vaya!, ¡qué bien se me da vaciar una habitación! ¿Seguro que no quieres marcharte con ellos?, ¿no prefieres enterarte de todo a través de mi informe?

Lucky se levantó de la silla y se acercó a la cafetera que había junto a la puerta. Se alegró de tener que buscar una taza que estuviera limpia, porque así pudo permanecer de espaldas a ella al contestar:

—Esta misión no tiene nada de agradable, así que, si crees que se trata de algo que deba saber...

—Sí.

Después de servirse una taza de café, respiró hondo y se volvió a mirarla. Regresó a la mesa, y se sentó frente a ella.

—De acuerdo, dispara.

—Según los informes médicos, nuestro hombre no... digamos que no alcanzó la satisfacción plena si la mujer no se resistía.

Lucky guardó silencio mientras intentaba asimilar semejante barbaridad, y ella prosiguió con la explicación.

—Tenemos que tener en cuenta que una violación va más allá del sexo, que es una cuestión de violencia y de poder, de dominación; de hecho, muchos violadores en serie no llegan a eyacular. De las once violaciones que estamos investigando, tan solo en cuatro hubo... culminación sexual.

Como ya te he comentado, fue en los casos en que las víctimas opusieron resistencia... o cuando se las obligó a oponer resistencia, creo que ese es un dato a tener muy en cuenta.

—A ver, espera un momento. Según tú, la mayoría de las víctimas intentó defenderse, así que es posible que las otras veces se pusiera un condón, ¿no?

—Ellas afirman que no se puso nada —Syd se levantó y empezó a pasearse de un lado a otro del despacho—. Pero eso no es todo. Gina afirmó en su declaración que no opuso resistencia, que se acobardó, él la golpeó, y ella siguió sin resistirse. Pero es que entonces el tipo se pasó diez minutos destrozando el piso. Yo vi cómo estaba todo, Luke. Daba la impresión de que allí había habido una pelea a vida o muerte, pero en realidad, Gina no se resistió.

Respiró hondo antes de añadir:

—Puede que ese tipo quisiera simular un escenario en que la víctima sí que había opuesto resistencia, para intentar alcanzar la satisfacción sexual plena. Cuando regresó junto a Gina después de destrozar la sala de estar, la pateó una y otra vez, pero ella siguió encogida sin resistirse y, si mi teoría es correcta, eso significa que no le dio lo que él quería. ¿Cómo reacciona? Le desgarra la ropa enfurecido, pero como ella sigue sin resistirse, la agarra del cuello y empieza a apretar. ¡Bingo!, ¡respuesta inmediata! Ella no puede respirar, empieza a forcejear. Eso es justo lo que él quería, lo que le llena de placer junto con el terror que ve en los ojos de Gina, que cree que va a matarla. Alcanza la satisfacción plena, le causa un último momento de dolor al quemarla, y entonces se va. La víctima sigue con vida, al menos esta vez.

Lucky estaba tan impactado por el relato, que fue incapaz de articular palabra.

—Tarde o temprano le apretará la garganta a su víctima con demasiada fuerza o demasiado tiempo, y la matará —siguió diciendo ella—. Si acabar con una vida le da placer... y todo parece indicar que será así... habrá pasado de violador a asesino en serie. Ya sabemos que le excita el miedo de sus víctimas, que le gusta aterrorizarlas y disfruta del poder que eso le otorga. Hacerle ver a una persona que va a morir puede generar en ella un gran terror, y darle un gran placer a él —llevó su taza de café medio vacía al fregadero, y la vació antes de añadir—: ¿Luchar, o rendirse sin oponer resistencia? Si luchas le das lo que él quiere, pero te ganas una paliza; si no opones resistencia, le cabreas... y puede que hasta el punto de que te mate.

Lucky echó a la papelera la rosquilla, a la que apenas le había dado un par de mordiscos. Se le había revuelto el estómago.

—Tenemos que atraparle.

Syd asintió y se limitó a contestar:

—Sí, eso estaría bien.

CAPÍTULO 7

Cuando Syd llegó a la escena del crimen, vio a Luke O'Donlon esperándola.

—¿Está viva? —le preguntó en cuanto bajó del coche.

Coches patrulla, ambulancias e incluso un camión de bomberos bañaban de luz la tranquila calle residencial, y todas las luces de la lujosa casa estaban encendidas.

—Sí.

—¡Gracias a Dios! ¿Has entrado ya en la casa?

—No, aún no. He estado dando una vuelta por el vecindario, pero, si aún sigue aquí, está muy bien escondido. Tengo al resto del equipo revisando la zona más a fondo.

Verlo para creerlo.

Estaba durmiendo como un tronco cuando él la había llamado para decirle que Lucy acababa de llamar, que había habido una nueva agresión, así que se había vestido y se había lavado la cara a toda prisa antes de ir corriendo a por su coche. Se sentía desaliñada y aturullada, un poco desorientada, y tenía el estómago descompuesto tanto por agotamiento como por el miedo a que en esa ocasión el agresor hubiera ido demasiado lejos.

Él, por el contrario, tenía pinta de llevar horas alerta. Iba vestido con el que, según sus propias palabras, era su «uniforme de verano», un uniforme de manga corta y tela fina que seguro que formaba parte del conjunto de accesorios disponibles para el muñeco Ken marinerito. Llevaba unos zapatos lustrosos, iba peinado de forma impecable, e incluso se las había ingeniado para afeitarse. Seguro que lo había hecho mientras se dirigía hacia allí en la camioneta, o quizás se afeitaba cada noche antes de acostarse por si recibía alguna llamada imprevista y tenía que estar presentable en un abrir y cerrar de ojos.

—¿Cómo está la víctima?

—Ha recibido una paliza muy fuerte —le contestó él, muy serio.

Justo entonces, un equipo de paramédicos salió de la casa con una camilla. Uno de ellos llevaba en alto una bolsa de un líquido que estaba administrándosele por vía intravenosa a la víctima, que iba sujeta con correas y llevaba un collarín.

—Dios... —susurró Luke, al verla pasar.

Daba la impresión de que a la pobre la había atropellado un camión, tenía los ojos cerrados por la hinchazón y la cara llena de moratones y de cortes. Cuando uno leía informes sobre las víctimas o veía las horribles fotos, se mantenía a cierta distancia de la violencia, pero ver a aquella pobre mujer apenas una hora después de sufrir la agresión...

—Entremos dentro —le dijo Syd.

Estaba claro que ver aquel rostro destrozado había hecho que Luke tomara plena conciencia de la situación. No había apartado la mirada de la víctima, a la que en ese momento estaban metiendo con sumo cuidado en la ambulancia.

—¿Estás bien? —le preguntó, con voz suave, al ver lo rígido que estaba cuando se volvió a mirarla.

—Dios...

—Sí, es horrible, ¿verdad? Así estaba Gina más o menos, como si acabara de aguantar diez asaltos contra un campeón de pesos pesados drogado. Y lo que le hizo en la cara era lo de menos.

—He visto a hombres heridos, y les he prestado los primeros auxilios a algunos combatientes. No soy un tipo impresionable, pero saber que alguien le ha hecho eso a esa mujer y que ha disfrutado... —respiró hondo, y exhaló con fuerza—. Me... me enferma.

Al ver lo pálido que estaba a pesar del bronceado, Syd se dio cuenta de que tenía que hacer algo cuanto antes para evitar que aquel duro guerrero se desmayara.

—Yo también tengo el estómago un poco revuelto, ¿te importaría que nos sentáramos unos minutos?

Le tomó del brazo, le instó con delicadeza a que se sentara junto a ella en las escaleras de entrada de la casa, y contuvo las ganas de hacerle bajar la cabeza.

La ambulancia se marchó, y ellos permanecieron allí sentados en silencio un buen rato. Syd mantuvo la mirada en la gente que había en la calle... en los vecinos que habían salido al jardín a curiosear, en los agentes de policía que se encargaban de que nadie se acercara más de la cuenta... y procuró evitar mirar a Luke, aunque le oía respirar y era consciente de que había bajado un poco la cabeza para intentar luchar contra el mareo. Ella misma también respiró hondo varias veces, aunque su aturdimiento se debía en gran parte al hecho de que él estuviera afectado hasta ese punto.

Después de lo que le pareció una eternidad, notó más que vio que él se incorporaba, y le oyó inspirar hondo y soltar el aire con fuerza una última vez.

—Gracias, Syd.

Se volvió a mirarle, y se sintió aliviada al ver que tenía mucho mejor color de cara. Él le tomó la mano, entrelazó los dedos con los suyos, y esbozó una pequeña sonrisa al comentar:

—Me habría muerto de vergüenza si me hubiera desmayado.

—Ah, ¿tú también te has mareado? —le contestó, con una expresión de lo más inocente—. Apenas he tenido tiempo de comer en condiciones estos últimos días, y si a eso le sumamos las pocas horas de sueño...

—Gracias también por no echarme en cara el hecho de que ahora soy yo el que está siendo un estorbo para ti.

—Bueno, ahora que lo mencionas...

Él se echó a reír, y Syd no pudo evitar notar lo guapo que era. Empezaron a sudarle las manos, y la cabeza empezó a darle vueltas.

—Será mejor que entremos, a ver si ese tipo ha dejado una tarjeta de visita esta vez —le dijo él.

—Sí, sería todo un detalle por su parte —comentó, antes de soltarse de su mano con delicadeza y de ponerse en pie.

—Mary Beth Hollis tiene veintinueve años —le dijo Lucy McCoy a Syd por teléfono—. Trabaja en San Diego, es la auxiliar administrativa del presidente de un banco.

Syd estaba en la base naval, en aquel dichoso despacho al que le faltaba una buena ventilación, introduciendo en el ordenador los datos de la última víctima.

—¿Soltera?

—No, se casó hace poco.

—Por favor, dime que el marido trabaja en la base —tenía una teoría sobre las víctimas, y esperaba estar en lo cierto.

—Lo siento, pero no. Trabaja en los servicios jurídicos del mismo banco.

—¿Y su padre?

—Fallecido. Su madre tiene una floristería en Coronado.

—¿Hermanos? —se negaba a darse por vencida.

—Es hija única.

—¿Qué me dices de la familia del marido?, ¿tiene algún hermano o hermana en la Armada?

—Lo siento, Syd, pero Mary Beth no tiene ningún vínculo familiar con la base.

Syd soltó una imprecación, porque aquello le restaba fuerza a su teoría, pero se puso alerta cuando Lucy añadió:

—Pero...

—¿Pero qué?, ¿has averiguado algo?

—No te entusiasmes demasiado, ya sabes cuál es la postura oficial de la policía y la FInCOM.

—Sí, que el hecho de que ocho de las doce víctimas tengan relación con la base no es más que una coincidencia —Syd soltó una palabrota que reflejaba con claridad lo que opinaba sobre eso—. ¿Qué relación tiene Mary Beth con la base?

—Es un poco rebuscado, la verdad.

—Dime.

—Un exnovio, pero la relación fue hace muchísimo tiempo. Aunque acaban de casarse, Mary Beth y el abogado llevan viviendo juntos cerca de cuatro años. Mucho antes de eso, estuvo saliendo con un capitán que aún trabaja en el hospital militar, el capitán Steven Horowitz.

Syd soltó un suspiro. Cuatro años era mucho tiempo.

—¿Sigues creyendo que existe alguna relación? —le preguntó Lucy.

—Sí.

En ese momento, Lucky asomó la cabeza por la puerta.

—¿Estás lista?

Al igual que ella, había estado trabajando sin descanso desde que había recibido la llamada avisándole de la última agresión la noche anterior, pero, a diferencia de ella, se le veía fresco y lleno de energía, como si hubiera pasado la tarde durmiendo en vez de repasando los expedientes del personal masculino de la base naval.

—Oye, Lucy, tengo que colgar. Voy a hacer otra sesión de hipnosis, para ver si vi algún coche raro aparcado cerca de casa la noche en que atacaron a Gina. Deséame suerte.

—¡Buena suerte! Si recordaras también la matrícula, me iría genial.

—Sí, claro, sin problema. ¡Pero si ni siquiera me sé mi propia matrícula! En fin, hasta luego.

Después de colgar y de guardar el archivo en el ordenador, se levantó y se estiró un poco para intentar aliviar el dolor de su agarrotada espalda.

—¿Se sabe algo nuevo? —le preguntó Lucky, mientras iban por el pasillo.

—Mary Beth Hollis, la víctima número doce, estuvo saliendo hace cuatro años con un tal capitán Horowitz.

—¿Hace cuatro años? Ya veo que estás esforzándote al máximo para mantener con vida tu teoría.

—Ni se te ocurra burlarte de mí, es una teoría viable. Teniendo en cuenta la cantidad de mujeres que viven en San Felipe y en Coronado, no puede ser una coincidencia que nueve de las doce víctimas tengan alguna relación con alguien que ha trabajado en la base. Estoy convencida de que hay alguna relación entre esas mujeres y la base, pero no sé cuál es —su voz reflejaba la frustración que sentía—. Está ahí, lo que pasa es que no alcanzo a verla. Pero sé que estoy cerca, muy cerca, me lo dice mi... —se calló al darse cuenta de que lo que estaba diciendo sonaba ridículo.

—¿Tu intuición?

—Venga, ríete de mí. Sí, ya sé que no es más que una corazonada absurda.

—No tengo por qué reírme de ti, la verdad es que creo que andas tras una buena pista —la miró sonriente al admitir—: Confío mucho más en tus corazonadas que en las de la FInCOM.

Syd se dio cuenta de que lo decía en serio, de verdad que confiaba en ella.

Mientras salía junto al teniente Lucky O'Donlon a la soleada tarde, se dio cuenta de que en los últimos días había sucedido algo realmente insólito: El Ken marinerito y ella habían empezado a hacerse amigos.

Syd abrió los ojos y vio un techo que no le resultó familiar en una habitación en penumbra. Estaba tumbada de espaldas en un diván, y...

Giró la cabeza y vio a la doctora Lana Quinn, que estaba mirándola con una sonrisa tranquilizadora.

—¿Qué tal lo he hecho?

Lana frunció la nariz y negó con la cabeza antes de contestar:

—Solo has sabido decir que era un sedán oscuro y un poco anticuado. Cuando te he preguntado si sabías la marca o el modelo, has contestado que era feo. No viste la matrícula. Nadie esperaba que pudieras darla, pero la verdad es que yo albergaba algunas esperanzas.

—Sí, yo también —admitió, mientras se enderezaba con cansancio hasta quedar sentada—. Lo siento, los coches no son lo mío... ¿Dónde está Lucky?

—En la sala de espera —le contestó la psicóloga, mientras abría las cortinas para que entrara la luz—. Se ha quedado dormido ahí fuera mientras tú entrabas en trance y, cuando he ido a buscarle, le he visto tan agotado, que he preferido no despertarle.

—Han sido un par de días muy duros.

—He oído que anoche atacaron a otra mujer.

—Ha sido frustrante, sobre todo para Luke. Tenemos tan pocas pistas, que lo único que podemos hacer es esperar a ver si ese tipo comete algún error. Yo creo que, si dispusiera de suficientes hombres, Luke les pondría protección a todas las mujeres de estas dos ciudades. No me extrañaría que saliera a recorrer las calles en su camioneta con un megáfono, para aconsejarles a todas las mujeres que huyan de la zona.

—Quinn está en Washington esta semana, y también está preocupado. Le ha pedido a Wes Skelly que esté pendiente de mí. Esta mañana he venido a trabajar más temprano que de costumbre, y resulta que Wes estaba haciendo guardia en su camioneta delante de mi casa. ¡Es una locura!

—Luke siempre intenta que me quede a pasar la noche en la base y, por primera vez en su vida, por motivos platónicos.

Lana se echó a reír, y fue a abrir la puerta que daba a la sala de espera.

—Perdona que te eche tan pronto, pero tengo otro paciente.

—No te preocupes. Un sedán oscuro y un poco anticuado... Gracias de nuevo.

—Siento no haber podido ser de más ayuda.

Syd salió a la sala de espera, donde una mujer delgadísima estaba sentada lo más lejos posible de Lucky. Estaba durmiendo espatarrado en el sofá y, por mucho que le pesara, no tuvo más remedio que admitir que estaba adorable.

Cuando la delgada mujer entró en el despacho y cerró la puerta tras de sí, se acercó a él y le dijo con voz firme:

—Tenemos que irnos —al ver que no contestaba, insistió—: Eh, O'Donlon.

Él ni siquiera se movió. Sus ojos, aquellos ojos de pestañas oscuras, espesas y kilométricas que rozaban aquellas perfectas mejillas bronceadas, siguieron cerrados.

No quería tocarle, había leído un montón de libros en los que un soldado estaba a punto de matar al pobre incauto que le sacudía para intentar despertarle.

Dio una palmada, pero él siguió durmiendo.

—¡Maldita sea...! ¡Eh, Luke, despiértate ya!

Nada. El pobre no tenía la culpa, ella también estaba exhausta.

Decidió no tocarle, sino darle un empujoncito desde una distancia prudencial. Agarró una revista de Psicología que había sobre la mesa rinconera, la enrolló, y le dio con ella en las costillas mientras intentaba mantenerse lo más lejos posible.

La reacción fue tan rápida, que ni siquiera estaba segura de haberle visto moverse. De estar tumbado y con los ojos cerrados pasó a tenerla inmovilizada contra el suelo en un visto y no visto, le sujetó las muñecas por encima de la cabeza con una mano y le colocó el otro antebrazo sobre el cuello.

Los ojos que estaban mirándola en ese momento eran los de un animal, fríos y amenazadores, y el rostro al que pertenecían era duro, severo y letal, un rostro de boca tensa y entreabierta que dejaba al descubierto los dientes.

Pero de repente parpadeó y volvió a convertirse en Luke O'Donlon, también conocido como Lucky... y para ella, su propio muñeco Ken de carne y hueso.

—Joder, ¿qué demonios estabas intentando hacer? —le preguntó, después de quitarle el brazo del cuello para dejarla respirar.

—Esto no, desde luego —le aseguró, antes de carraspear un poco. Le dolía la cabeza, se había dado un golpe bastante fuerte contra el suelo—. De hecho, estaba intentando hacer justo lo contrario, pero no había forma de despertarte.

—Vaya, supongo que he... —sacudió la cabeza para intentar aclararse las ideas, aún estaba un poco desorientado—. Por regla general, soy capaz de echar una cabezada y me despierta el más mínimo ruido.

—Esta vez no.

—A veces, si estoy muy cansado y sé que estoy en un

lugar seguro, mi cuerpo toma el mando y me sumo en un profundo sueño, y... Oye, ¿qué haces aquí? ¡Tendrías que estar hipnotizada!

Syd no estaba segura de no estarlo mientras contemplaba aquellos profundos ojos azules. Sí, a lo mejor estaba hipnotizada, porque de no ser así, no entendía cómo era posible que estuviera allí tumbada, con él cubriéndola de pies a cabeza, sin protestar lo más mínimo.

A lo mejor tenía una conmoción cerebral, quizás era eso lo que la había vuelto tonta de remate... o quizás no. Le dolía la cabeza, pero no era para tanto. Tal vez su estupidez se debiera a causas naturales.

—El coche era un sedán oscuro y un poco anticuado. Menos mal que Lana no ha querido despertarte, porque no habría servido de nada. Soy una inútil en cuestión de coches. Esa es la única información que he podido dar... ah, y que me pareció feo.

Se preguntó desesperada si no iba a poder quitárselo de encima. Tenía entre las piernas uno de sus muslos, y podía notar lo duro y musculoso que era. Sí, y también notaba... ¡Cielo santo!

—¿Estás bien? —le preguntó, antes de apartarse de ella—. La última vez que te hipnotizaron, fue como una montaña rusa de emociones. Perdona que me haya quedado dormido, quería estar presente por si... en fin, ya sé que suena muy presuntuoso por mi parte, pero quería estar presente por si me necesitabas.

Esbozó una medio sonrisa que, en opinión de Syd, era calcada a esa tan típica de Harrison Ford, y que resultaba igual de encantadora en los dos hombres. Si fuera una de esas mujeres que se dejaban embaucar con facilidad, sus palabras le habrían parecido muy dulces; si fuera de esas que anhelaban sentir el abrazo de unos brazos fuertes, habría echado de menos la calidez de su cuerpo; si fuera de esas que desearían que volviera a abrazarlas y a besarlas una y otra y otra vez...

Pero no lo era. ¡No, no lo era!

Contar con la compañía de un hombre era agradable, pero no una necesidad; además, nunca se tomaba a la ligera ni las relaciones sentimentales en sí ni la vertiente física y sexual que conllevaban. El sexo era un tema serio, y Luke, aquel teniente de la Armada de cuerpo cálido y nada sintético, nunca iba en serio. Él mismo lo había admitido.

—Estoy bien, no ha pasado nada... hasta que tú me has arrollado con ese placaje digno de la federación internacional de lucha libre, Terremoto McBestia —lo dijo en tono de broma en un intento desesperado de volver al trato familiar con el que se sentía segura, el trato irreverente, lleno de insultos y de desafíos típico entre dos amigos.

—¡Ja! ¡Mira la que se queja!, ¡la lumbrera que me ha despertado dándome en las costillas con el cañón de una pistola!

Tuvo la impresión de que él también se alegró de dejar atrás las palabras peligrosamente dulces, palabras que acarreaban una falsa sensación de intimidad. Parecía tan ansioso como ella de volver a ceñirse a los límites de una amistad platónica, que era un terreno mucho más seguro.

—¿Qué cañón ni qué ocho cuartos? ¡No digas tonterías!

—Entonces, ¿qué era? —al verla agarrar la revista y enrollarla, comentó—: Pues parecía el cañón de una pistola —se puso de pie y le tendió la mano antes de añadir—: La próxima vez que quieras despertarme y no lo consigas llamándome, acuérdate de la Bella Durmiente. Un beso siempre funciona.

Sí, claro. ¿La tomaba por tonta? Si intentaba despertarle con un beso, seguro que la agarraba, la tumbaba y... y la besaba hasta dejarla sin aliento, hasta que se dejara quitar la ropa, el orgullo, su identidad, su alma, y hasta el corazón.

—A lo mejor deberíamos quedarnos aquí —comentó con aspereza, mientras salía tras él—. Me parece que el mejor sitio para un SEAL que fantasea con ser la Bella Durmiente es la sala de espera de una psicóloga.

—¡Ja, ja! Qué graciosa eres.

—¿Qué hay previsto para esta tarde? —le preguntó Syd a Luke, cuando este aparcó junto al edificio de administración de la base.

—Yo voy a ir a unos cuantos bares. Cuanto más cutres, mejor.

—Qué productivo, ¿vas a emborracharte mientras los demás sudamos en el despacho?

Él apagó el motor, pero no hizo ademán de salir de la camioneta.

—Sabes tan bien como yo que no pienso salir de juerga.

—¿Te crees capaz de encontrar a ese tipo tú solo yendo de un bar a otro?, ni siquiera sabes el aspecto que tiene.

Él se pasó una mano por el pelo en un gesto de frustración antes de contestar:

—Tengo que hacer algo antes de que ataque a alguien más, Syd.

—Suele esperar entre cuatro y siete días antes de volver a atacar.

—¿Y se supone que eso va a hacer que me sienta mejor? —soltó una imprecación y golpeó el volante con la mano—. Me siento como si estuviera sentado encima de una bomba de relojería. ¿Qué pasa si su próximo objetivo es Veronica Catalanotto? Está sola en casa con su hijo. Gracias a Dios que Melody Jones y su hijo están fuera —una a una, fue enumerando a las mujeres de los miembros del comando Alfa—. Nell Hawken vive en San Diego, así que está a salvo hasta que a ese hijo de puta se le ocurra ampliar su campo de acción. PJ

Becker trabaja para la FInCOM, Lucy y ella son las más cualificadas para lidiar con esto. Las dos son chicas duras, pero nadie es invencible. Y por último, estás tú —se volvió a mirarla de nuevo—. Vives sola, ¿no estás un poco asustada?

Syd pensó en la noche anterior, en el ruidito que había oído mientras estaba lavándose los dientes, en cómo se había encerrado en el cuarto de baño; de haber tenido el móvil a mano, habría llamado aterrada a Luke, pero, como no lo tenía (y tal y como habían ido después las cosas, se alegraba de ello), había permanecido sentada en completo silencio durante cerca de media hora, llena de miedo y sin respirar apenas mientras aguzaba el oído para ver si oía algo más.

¿Luchar, o rendirse sin oponer resistencia?

Había pasado aquella media hora debatiéndose entre las dos opciones, y al final había optado por la primera.

Lo único que podía usar como arma en el cuarto de baño era la pesada tapa del retrete, así que había salido con ella en alto, dispuesta a atacar, y se había dado cuenta de que estaba sola en el piso; aun así, había encendido todas las luces, había vuelto a comprobar que las ventanas estuvieran bien cerradas, y había dormido (fatal, por cierto) con las luces encendidas.

—No, no soy de las que se asustan con facilidad.

Él sonrió como si supiera que estaba mintiendo, y preguntó:

—¿Qué pasa?, ¿te asustaste anoche y has dormido con las luces encendidas?

—¿Quién, yo? ¡Claro que no!

—Qué raro, porque, cuando pasé con mi camioneta por delante de tu casa a la una de la madrugada, daba la impresión de que estabas consumiendo unos cuatro millones de vatios de electricidad.

—¿Pasaste por delante de mi...?

Luke se dio cuenta de que se había descubierto él solito.

—Eh... Pues sí, estaba en la zona, y...

—¿Cuántas veces has pasado la noche recorriendo las calles de San Felipe en vez de dormir? —al verle apartar la mirada, se dio cuenta de que había acertado—. No me extraña que anoche estuvieras a punto de desmayarte.

¡Con razón le había parecido que no tenía pinta de estar recién salido de la cama!

—¡Oye, de eso nada!

—¡Claro que sí!, ¡estuviste a puntito de caer redondo!

—Ni hablar, lo que pasa es que me mareé un poco.

—¿Cómo demonios piensas atrapar a ese tipo si no te cuidas?, ¡necesitas una buena noche de sueño!

—¿Cómo demonios voy a tener una buena noche de sueño hasta que atrape a ese tipo? —le espetó él.

Syd se dio cuenta de que lo decía en serio, muy en serio.

—Dios mío, este es tu verdadero yo.

—¿Qué quieres decir?

Ella no supo si no la había entendido, o si fingía no haberlo hecho.

—La actitud de machito insensible es puro cuento —afirmó con convicción—. Don Creído, vestido con su reluciente uniforme y al que no le importa ser un poco bobo porque con su físico le basta y le sobra... Casi nadie es capaz de ver más allá de esa fachada, ¿verdad?

—Bueno, la verdad es que no tengo gran cosa que ofrecer...

Ella no estaba de acuerdo en eso; en su opinión, aquel hombre era uno de los superhéroes del nuevo milenio.

—Eres un tipo genial, una curiosa mezcla de macho alfa y sensible beta. ¿Por qué te empeñas en intentar ocultarlo?

—No estoy seguro, pero me parece que estás insultándome.

—Déjate de tonterías. También sé que tienes el coeficiente intelectual de un beta, tipo listo.

—Me gusta más «tipo listo» que Ken, pequeñaja.

Syd intentó no ruborizarse. ¿Cuántas veces se le había escapado llamarle Ken? Estaba claro que demasiadas.

—Qué quieres que te diga, me tenías engañada con esa pinta tan sintética.

—Aprovechando que estamos señalando con el dedo como en *Invasión de los ultracuerpos*, me gustaría aprovechar para hacerlo contigo —extendió el brazo, y señalándola con el dedo índice a escasos centímetros de la cara, soltó un grito horrible; al ver que ella se limitaba a mirarlo en silencio con una ceja enarcada, exclamó triunfal—: ¡Exacto!, ¡esa es la cara que pones siempre! Es como una mezcla de disgusto y de desdén, y sueles ocultarte tras ella.

—Sí, claro. ¿Qué se supone que estoy intentando ocultarte?

—Yo creo que es... —tras una pausa muy teatral, añadió—: ¡Que lloras cuando ves una película!

—¡De eso nada! —le aseguró, mientras intentaba poner su mejor cara de «me parece que estás chalado».

—Quizás debería decir que lloras, sin más. Finges ser muy dura, muy... inconmovible. Buscas de forma metódica alguna vinculación entre las víctimas como si fuera un gran rompecabezas que hay que resolver, otro paso en el camino al éxito que vas a iniciar escribiendo una crónica en exclusiva sobre la detención del violador de San Felipe. Como si, ante la parte humana de la historia, esas pobres y traumatizadas mujeres no te dieran ganas de llorar.

—Aunque fuera de esas personas que lloran, no tengo tiempo de hacerlo.

Fue incapaz de sostenerle la mirada, pero se esforzó por hablar con firmeza. No quería que él supiera que, en la seguridad y la privacidad de su propia ducha, había llorado a mares por Gina y por las otras víctimas.

—Creo que en el fondo eres una blandengue, que no

puedes evitar darle una donación a todas las asociaciones benéficas que te mandan un correo. Pero también creo que alguien te dijo alguna vez que la gente se aprovecharía de ti si eras demasiado buena, y que por eso intentas hacerte la dura cuando en realidad eres un trozo de pan.

—Si te apetece pensar eso de mí, puedes irte a la...

—¿Qué piensas hacer esta tarde?

Syd abrió la puerta de la camioneta, aliviada al ver que cambiaba de tema. No entendía cómo había dejado que la conversación se le fuera tanto de las manos.

—Nada, trabajar. Recabar toda la información posible sobre los violadores en serie, intentar encontrar la relación que sé que hay entre las víctimas, pero que no logro ver.

—Frisco me comentó que le habías pedido permiso para traer a Gina Sokoloski a la base.

Aunque la había pillado, Syd intentó restarle importancia al asunto.

—Tengo que hablar con ella para ver si puede darme más datos, a lo mejor tiene alguna vinculación con la Armada que se nos ha pasado por alto.

—Podrías haber hablado con ella por teléfono —al verla bajar del vehículo y cerrar de un portazo, bajó también.

—Pensé que sería buena idea que Gina saliera de la casa de su madre. Ya han pasado casi dos semanas, y ni siquiera ha abierto las cortinas de su habitación. No sé si voy a poder convencerla de que venga a hablar conmigo.

—¿Lo ves?, eres una buenaza. Pero buenaza a lo bestia, buenaza en mayúsculas, buenaza...

Se volvió hacia él dispuesta a amordazarle si era necesario, y exclamó:

—¡Ya está bien! ¡Sí, soy una buenaza! ¡Gracias!

—Y una dulzura, una verdadera dulzura.

—¡Te voy a liquidar!

Estaba claro que la amenaza no surtió efecto, porque él se echó a reír.

Lucky estaba en la playa, a unos once metros de la toalla que Syd había extendido sobre la arena. Había llegado pertrechada con dos sombreros de ala ancha (uno para Gina y otro para ella, pero seguro que su intención era proteger el magullado rostro de la joven del intenso sol de la tarde), y con dos pares de gafas de sol, unas gafas enormes que ocultaban los amoratados ojos de Gina. Parecían dos exóticas estrellas de cine que acababan de llegar de los años cincuenta a través de un túnel del tiempo.

Syd estaba bebiéndose una de las latas de refresco que había llevado hasta allí en una nevera portátil, iba sorbiendo con delicadeza con una de las pajitas que había comprado pensando en los labios rotos de Gina.

La joven aferraba su lata con fuerza, tenía las piernas encogidas contra el pecho y rodeadas por los brazos, y la cabeza gacha. Era lo más parecido a una posición fetal que uno pudiera imaginar, irradiaba tensión y miedo, pero Syd no se daba por vencida. Estaba tumbada boca abajo, con los codos apoyados en la arena y la barbilla en las manos, y no paraba de charlar.

A cierta distancia de allí, los aspirantes de la fase uno estaban realizando un ejercicio en equipo con postes de teléfono, y Wes, Aztec y el resto de instructores aprovecharon uno de los breves descansos para divertirse un rato con ellos: Después de ordenarles que se metieran en el agua, hicieron que rodaran para que la fina arena blanca se les pegara por todo el cuerpo, incluyendo la cara (muy especialmente la cara), y cuando vieron que estaban bien rebozados de pies a cabeza, les ordenaron que retomaran el ejercicio con los postes de teléfono.

Al ver que Syd señalaba con la lata de refresco hacia los aspirantes, que seguían trabajando cubiertos de arena, Lucky supuso que estaba explicándole a Gina que estaban entrenando para entrar en los SEAL. Seguro que le hablaba de la Semana Infernal, de la fuerza de voluntad que había que tener para aguantar el dolor físico y las penalidades constantes día tras día tras día tras día, con tan solo cuatro benditas horas de sueño en toda semana.

Perseverancia. Si se tenía la cantidad suficiente de esa misteriosa cualidad que hacía perseverar, uno lograba sobrevivir, lograba superar aquella prueba.

Estabas mojado, estabas helado y temblando de agotamiento, tenías los músculos agarrotados y doloridos, te salían ampollas no solo en los pies, sino en sitios inimaginables, y lo que hacías era dividirlo en segmentos pequeñitos.

La vida no se convertía ni en un día ni en una hora, ni siquiera en un minuto. Se convertía en un paso... pie derecho adelante, después el izquierdo. El derecho otra vez. Se convertía en un latido del corazón, en una bocanada de aire, en un nanosegundo de existencia que había que soportar y a la que había que vencer.

Sí, sabía lo que Syd estaba contándole a Gina, porque le había bombardeado a preguntas (y también a Bobby, Rio, Thomas y Michael), tanto sobre el BUD/S en general como sobre la Semana Infernal en particular.

Al ver que a la joven parecía llamarle la atención lo que ella estaba contándole en ese momento, que alzaba la cabeza y fijaba la mirada en los hombres que entrenaban en la playa, se dio cuenta de que estaba viéndola dar los primeros pasos tentativos de vuelta a la vida gracias a la ayuda de Syd, de su magia y su sensibilidad.

Al igual que los aspirantes que estaban entrenando, Gina tenía que perseverar. Había pasado por una experiencia horrible, la vida le había dado un golpe muy fuerte, pero tenía que seguir adelante y dejar atrás el pasado, tenía que ir dando un difícil paso tras otro en vez de rendirse y renunciar a la vida.

Y Syd, la dulce y bondadosa Syd, estaba intentando ayudarla a conseguirlo.

Lucky se apoyó en el trasto que ella tenía por coche. Aunque sabía que debería volver al trabajo, lo que le apetecía de verdad era quedarse unos minutos más al sol. Deseó ir a tumbarse junto a ella en la arena y que ella hubiera traído una tercera lata de refresco pensando en él, deseó poder perderse en aquellos preciosos ojos de un tono marrón intenso y cautivador, deseó que ella se inclinara hacia él y le ofreciera sus labios y...

Se sobresaltó al darse cuenta del curso que estaban tomando sus pensamientos. Se dijo que tenía que largarse de allí, y cuanto antes... pero, justo en ese momento, vio que Syd se levantaba de la toalla y se ponía a dar vueltas, girando y saltando, alrededor de Gina, y que ocurría algo milagroso: La joven se echó a reír.

Entonces fue cuando Syd se giró y le vio.

Que le pillara espiándola le resultó mortificante, pero dio la impresión de que ella se alegraba de verle. Echó a correr hacia él, pero se detuvo de repente y regresó a decirle algo a Gina antes de correr de nuevo hacia él como una exhalación. Se sujetaba el ridículo sombrero con una mano, las gafas de sol se le cayeron a la arena, y pasó de correr a dar saltitos cuando sus pies descalzos dejaron atrás la playa y entraron en la zona de grava del aparcamiento.

—¡Luke! ¡Luke, creo que la he encontrado!

Supo de inmediato que se refería a una posible conexión entre las víctimas del violador, pero no tuvo tiempo de contestar, porque ella siguió hablando atropelladamente.

—Tengo que llevar a Gina a su casa, necesito que me consigas una información sobre las dos mujeres que en teoría no tenían vinculación alguna con la base. Quiero que averigües si tienen o tuvieron alguna relación estrecha con alguien que estuvo destinado aquí hace cuatro años.

La veía tan entusiasmada, que no quería ser un aguafiestas, pero no entendía adónde quería llegar.

Ella se echó a reír al ver la cara que ponía, y comentó sonriente:

—Crees que estoy loca, ¿verdad?

—Me lo estoy planteando.

—¡No lo estoy!, ¡de verdad que no! ¿Te acuerdas de Mary Beth Hollis?

—Sí —nunca iba a poder olvidarla. La imagen de aquella mujer tendida en la camilla mientras la llevaban a la ambulancia iba a permanecer para siempre en su memoria.

—¿Te acuerdas de que salió con un tal capitán Horowitz hace cuatro años, antes de casarse?

Recordaba haber oído lo de la relación sentimental, pero no estaba al tanto de los detalles.

—Gina acaba de decirme que el segundo marido de su madre era un suboficial mayor de la Armada, y ¿sabes dónde estaba destinado? ¡Justo aquí! Le trasladaron a la Costa Este cuando se divorció de la madre de Gina, y ¿sabes cuándo? ¡Hace cuatro años! ¡Cuatro años!

Él entendió de golpe su razonamiento.

—Crees que la relación que hay entre las víctimas es que todas conocen a alguien que estuvo destinado aquí...

—¡Hace cuatro años! —afirmó, con el rostro radiante de excitación—. No tienen que ser cuatro años justos, podría ser un poco más o un poco menos. Tenemos que hablar con las dos víctimas que no tienen ninguna vinculación obvia con la base, para ver si tuvieron alguna en el pasado. ¿A qué esperas?, ¡llama a Lucy McCoy! ¡Venga, corre! Te veo en el despacho en cuanto deje a Gina en su casa.

Él no pudo contenerse al verla alejarse dando saltitos

sobre la grava, le dio alcance y la llevó en brazos hasta la suave arena. El único problema era que no quería soltarla, sobre todo cuando lo miró con ojos chispeantes en los que se reflejaba una mezcla de sorpresa y de diversión.

—Gracias, mis pies te lo agradecen —le dijo, antes de moverse ligeramente para indicarle que la soltara.

Luke obedeció y la dejó en el suelo, pero entonces fue él quien se llevó una sorpresa cuando ella le rodeó el cuello con los brazos y le dio un efusivo abrazo.

—¡La tenemos, Luke! ¡Tenemos la conexión! Seguro que nos ayuda a identificar y proteger a sus potenciales víctimas.

Él cerró los ojos mientras la abrazaba con fuerza, y respiró hondo para saborear el dulce aroma del protector solar que ella se había puesto; si fuera por él, aquel momento no habría acabado nunca, pero no tuvo más remedio que soltarla cuando ella se apartó.

—¡Date prisa! —insistió, mientras le empujaba hacia el edificio de administración.

Él obedeció y echó a correr hacia allí. Lo cierto era que no estaba nada convencido de que fueran a encontrar alguna pista nueva, y esperaba de todo corazón que Syd no se sintiera desmoralizada... aunque, de ser así, él estaba allí para consolarla y darle ánimos. Se le daba muy bien dar consuelo, sobre todo si la cosa desembocaba en una seducción.

Dios, ¿cómo podía estar pensando en eso? ¡Se trataba de Syd!

La Syd que le había besado como si se avecinara el fin del mundo, la Syd cuyo cuerpo tentador había tenido bajo el suyo aquella misma mañana, la Syd cuyas ventanas encendidas había estado mirando desde la calle durante una hora la noche anterior, muerto de ganas de llamar a su puerta por muchas más razones que para asegurarse de que estaba bien.

De acuerdo, era hora de poner las cosas claras: Sí, se trataba de Syd, y sí, era cierto que quería seducirla, pero la cuestión era que ella le gustaba como persona, le gustaba muchísimo. No quería echar por la borda la sólida amistad que tenían a cambio de una de sus típicas aventuras pasajeras, aventuras intensas pero que no duraban más de dos semanas como mucho.

No, no estaba dispuesto a hacerlo. Lo que iba a hacer era guardar las distancias con ella, mantener una relación estrictamente platónica...

Sí, claro. No se lo creía ni él.

CAPÍTULO 8

—Otro exnovio, y un padre fallecido —le dijo Lucky a Syd, cuando esta entró a toda prisa en el despacho.

Ella se paró en seco.

—¿Significa eso que he acertado?

—¡De pleno! ¡Eres increíble, brillante! —exclamó, antes de alzarla en brazos y de ponerse a bailar con ella por todo el despacho.

La situación era parecida a la de aquella mañana en la sala de espera de Lana Quinn, ya que su reacción había vuelto a tomarla desprevenida. Se aferró a él mientras la hacía dar vueltas y más vueltas en una especie de vals.

—¡Por fin tenemos algo que podría ayudarnos a avanzar! —exclamó él, sin dejar de girar.

—¿Cómo que «podría»?, ¿no estás convencido? —le preguntó, un poco jadeante.

—Estoy intentando refrenarme.

Tuvo que hacer un viraje brusco para evitar chocar contra un archivador, y ella se echó a reír.

—¿Así eres cuando te refrenas?

Él se echó a reír también. Se detuvo al fin, y volvió a dejarla en el suelo antes de contestar:

—Así soy cuando estoy refrenándome a tope —su risa se

cortó de repente mientras la miraba a los ojos, mientras seguían agarrados el uno al otro.

La sensación de tenerlo apretado contra su cuerpo desde los hombros hasta los muslos la tenía embriagada, encajaban de maravilla. Era cálido y sólido, y olía muy bien.

Se miraron en silencio durante un largo y tenso momento, con las bocas a un suspiro de distancia, y Syd supo que iba a besarla.

Se lo vio venir, al igual que la vez anterior, pero en esa ocasión le pareció mucho menos premeditado. La sucesión de emociones que se reflejaba en aquellos ojos azules, el brillo que se había encendido en ellos... aquello no podía ser fingido, ni la forma en que él había posado la mirada en sus labios y había entreabierto los suyos antes de humedecérselos con la lengua en un gesto instintivo.

Pero en vez de besarla hasta dejarla turulata, la soltó. ¡La soltó y retrocedió un poco!

Mientras ella permanecía allí plantada, intentando asimilar lo que acababa de suceder, él la tomó de la mano y la condujo hacia el ordenador principal.

—Ven, mira esto. Enséñaselo.

La orden iba dirigida a Thomas, que estaba sentado frente al ordenador mientras Rio miraba por encima de su hombro.

Los dos se apartaron un poco a un lado para que ella pudiera ver la pantalla, pero seguía tan desorientada, que no podía enfocar la mirada. Luke no la había besado. Se dijo que estaban en el despacho de una base naval, que él era el oficial al mando del equipo. Seguro que en la Armada había normas que impedían besarse en horas de trabajo.

No pudo evitar sonreír al recordar qué él había afirmado estar refrenándose; hasta ese momento, no le creía capaz de hacerlo, pero él acababa de demostrarle lo contrario.

Se dio cuenta de que Thomas estaba explicándole lo que

habían hecho con el ordenador, y se esforzó por prestarle atención.

—Hemos revisado las fichas de los doce militares, tanto los vivos como los muertos, los que están en activo y los que ya se han retirado, que tienen alguna vinculación con las víctimas.

—Los doce estuvieron destinados aquí, en Coronado, en un mismo periodo de ocho semanas en 1996 —añadió Rio.

Ocho semanas, cuatro años atrás. Eso no podía ser una simple coincidencia, ¿verdad?

Syd se inclinó hacia delante para poder ver por sí misma la información que había en la pantalla, y Thomas siguió con la explicación.

—Cada una de las víctimas nos ha confirmado que el militar correspondiente la conocía en aquella época.

Luke le entregó un grueso tomo de hojas, y comentó:

—Hemos sacado una lista completa del personal que estuvo aquí en esas ocho semanas, incluye hasta a quien estuvo de paso un solo día. Mike ha ido a llevarle una copia a Lucy McCoy, ella va a pasar los nombres por la base de datos de la policía para ver si alguno de ellos se licenció y acabó teniendo problemas con la ley, nos interesa ver si alguno tiene antecedentes por agresión sexual.

—Sí, ya tenemos diez candidatos posibles —apostilló Bobby—. A diez de los hombres de esa lista se les expulsó con deshonor en esa época o tiempo después.

—Eso significa que les echaron a patadas de la Armada —le explicó Luke.

—¿Cómo habéis podido avanzar tanto en tan poco tiempo? ¡Es increíble que hayáis encontrado tan rápidamente el vínculo entre esos hombres y las víctimas! —les preguntó ella, impresionada.

—Has sido tú la que has encontrado el vínculo, nosotros solo estamos rellenando los espacios en blanco —le aseguró Luke.

Ella contempló el enorme listado de nombres que tenía en las manos antes de decir:

—¿Qué vamos a hacer ahora?, ¿llamamos a toda esta gente para advertirles de que alguien a quien quieren o querían, o incluso ellos mismos, puede estar en peligro?

—No todos los que aparecen en esa lista siguen viviendo en la zona —comentó Bobby.

—Una parte de mil millones sigue siendo un número enorme.

—No seas exagerada, no hay mil millones de nombres —le aseguró Luke.

Ella sopesó el grueso tomo y comentó:

—Pues lo parece.

—En esa lista está incluida la mayor parte del comando Alfa —le dijo Bobby—. Recuerdo que vinieron a Coronado para una operación de entrenamiento y acabaron colaborando como instructores en la academia. Había una clase en la que la tasa de abandonos era casi nula... me parece que solo abandonaron tres aspirantes en total, era sorprendente; en fin, la cuestión es que íbamos cortos de personal cuando les tocó pasar la Semana Infernal.

—Ah, sí, ya me acuerdo —comentó Luke—. Casi todos les habíamos echado ya una mano a los instructores, y al final nos tocó ayudar a aquellos aspirantes.

—¿Casi todo el pelotón Alfa? —Syd se dio cuenta de lo que significaba eso: Cualquier mujer que tuviera alguna vinculación con alguien que apareciera en aquella lista corría el riesgo de ser atacada—. Luke, ¿has llamado a...?

—Sí, ya está. He hablado con todas las esposas de mis compañeros... menos con Ronnie Catalanotto, pero le he dejado un mensaje bastante detallado en el contestador pidiéndole que me llame al móvil cuanto antes.

Rio se volvió a mirarlo y le dijo:

—Teniente, se me ha ocurrido que para atrapar a ese

tipo podríamos usar a Syd de cebo, hacer ver que es tu novia y...

—¡No! ¡Ni hablar!

A Syd le indignó un poco que él se opusiera con tanta vehemencia, pero, antes de que pudiera dar su opinión, Rio siguió insistiendo:

—No estoy proponiendo que la mandemos a los bajos fondos de San Felipe en medio de la noche; de hecho, estará más segura que ahora, porque la tendremos vigilada siempre que esté sola.

—Vive en el tercer piso de una casa que está en un vecindario donde hay más cemento y asfalto que árboles y jardines —arguyó Luke—. ¿Cómo piensas vigilarla? A menos que estés escondido en su piso, no...

—Podemos poner micrófonos —les sugirió Thomas—, instalar un sistema de vigilancia y estar pendientes desde una camioneta.

—Sí, y también sería buena idea intentar que nuestro hombre se fije en ti, teniente —apostilló Rio; a juzgar por lo entusiasmado que se le veía con aquel plan, daba la impresión de que había visto demasiadas series policíacas—. Podrías hacer una entrevista en la tele, insultarle, decir que alguien así no puede ser un SEAL. Está claro que quiere hacerle creer a alguien que lo es, a lo mejor a sí mismo. Dale de lleno con una buena dosis de realidad, haz que se cabree, y entonces apareces en público con Syd, muy acarameladitos...

—¡No!, ¡es una locura!

Syd se sentó a la mesa de conferencias intentando aparentar desinterés e incluso un ligero aburrimiento, como si no acabara de darse cuenta de que había malinterpretado por completo el beso que no se había dado con Luke menos de cinco minutos antes. Él se había limitado a darle un par de vueltas por el despacho, y ella se había aferrado a su cuerpo como una lapa. Seguro que en realidad no la había mirado como si quisiera besarla, que en realidad había sido ella la que se había quedado mirándolo así. Claro, y por eso se había puesto serio de golpe, porque se sentía incómodo. No se había refrenado por el hecho de que estuvieran en su lugar de trabajo, sino porque no estaba interesado en ella.

¿Cómo había podido imaginar siquiera que él pudiera tener el más mínimo interés en ella?

—Yo creo que es un plan que podría funcionar —afirmó Bobby.

—Sí, pero pensad en cómo afectaría a su reputación que le vieran en público conmigo —comentó ella con sequedad.

Luke se volvió a mirarla con expresión inescrutable, y le preguntó con incredulidad:

—¿Insinúas que estás dispuesta a hacerlo?, ¿te has vuelto loca? Tú te dedicas a buscar información, y punto. ¡Eso es lo que acordamos! Se supone que eres quien tiene que quedarse a salvo en la furgoneta de vigilancia, no pienso usarte como cebo. ¡Venga ya! ¡Las idioteces que hay que oír!

—¡Oye!, ¡antes me has dicho que soy brillante! —le espetó ella, indignada.

—¡Pues lo retiro!, ¡te has vuelto loca!

—¿Y si le pedimos a la inspectora McCoy que sea ella la que se haga pasar por tu novia? —propuso Thomas.

Syd hizo una mueca, y comentó con ironía:

—Sí, claro, qué buena idea. Estamos hablando de un tipo observador. Seguro que le extraña que Luke le desafíe por la tele y después se muestre acaramelado en público con la mujer de uno de sus mejores amigos, una mujer que además es inspectora de policía. ¿Alguien nota un tufillo raro?, ¡yo creo que huele a encerrona!

—¿Tienes idea del daño que podría hacerte ese cabrón en el tiempo que tardaría el equipo SEAL más rápido del mundo en salir de una camioneta, cruzar la calle y subir a tu casa, que está en un tercer piso? —le preguntó Luke, que cada vez estaba más acalorado—. ¿Eres consciente de que ese hijo de puta le rompió el pómulo a Beth Hollis con el primer puñetazo que le dio? ¿De verdad que quieres vivir eso en primera persona? ¡Por el amor de Dios, Sydney! ¡Piénsalo bien, por favor!

—¿Y si montamos la encerrona en tu casa? Podríamos fingir que me voy a vivir contigo, y entonces empiezas a llegar muy tarde a casa todos los días para que quede claro que hay unas horas en las que siempre estoy allí sola. El equipo puede esconderse en tu patio trasero, o incluso en el sótano.

—Lo dudo mucho, no tengo sótano.

Syd estuvo a punto de soltar un grito de exasperación, pero se contuvo y siguió insistiendo.

—Luke, es un buen plan. Si tenemos la garantía de que el equipo va a estar cerca, pues sí, sí que estoy dispuesta a hacerlo con tal de atrapar a ese tipo. ¡No sabes las ganas que tengo de que le pillen! En principio, la única pega que le veo al plan es que tú y yo vamos a tener que pasar más tiempo juntos, que en público nos veremos obligados a fingir que somos pareja. Yo estoy dispuesta a soportarlo por el bien de la humanidad, ¿y tú?

Él soltó una carcajada carente de humor antes de contestar con sequedad:

—Vaya, qué generoso por tu parte.

A Syd le dio la impresión de que parecía dolido, pero se dijo que eran imaginaciones suyas. Por un lado, quería que él aceptara el plan, pero, por el otro, estaba rogando para que siguiera rechazándolo. No sabía si iba a poder interpretar el papel de novia de aquel hombre tan imposible a la par que increíble, ¿cómo iba a arreglárselas para vivir con él? Si fuera una persona aficionada a los juegos de azar, apostaría una gran suma de dinero a que acabaría acostándose con él en cuestión de uno o dos días, o más bien en una o dos horas. Sería algo inevitable, de no ser por un pequeño pero importante detalle: Él no quería acostarse con ella.

—Creo que es un plan que puede funcionar.

La afirmación de Bobby rompió el tenso silencio, y Mike aprovechó para dar también su opinión:

—Yo también. A mí me parece que tendríamos que ponerlo en marcha.

Luke soltó una barbaridad que sería imposible repetir, algo relacionado con animales de corral y de lo que se deducía que, en su opinión, estaba loco de remate, y salió de allí hecho una furia.

Al ver que Syd ponía cara de no entender nada, Bobby le explicó sonriente:

—Eso significa que nos da luz verde, que le da el visto bueno al plan. ¿Por qué no usas tus contactos en los medios para concertarle una entrevista? Donde sea, aunque lo ideal sería en algún canal de tele. Ah, y es mejor que no le contemos a nadie lo que pasa. Cuanta menos gente sepa que tu relación con Luke no es real, mejor.

—En cuanto cualquiera que le conozca me vea, se dará cuenta de que pasa algo raro —comentó ella.

—En cuanto cualquiera que le conozca te vea, pensará que por fin ha encontrado a alguien que vale la pena.

Lucky no recordaba la última vez que se había puesto tan nervioso por culpa de una mujer.

Tuvo que aparcar la camioneta a tres casas de distancia de la de los Catalanotto; a juzgar por la cantidad de vehículos que abarrotaban la calle, la «pequeña» barbacoa de Veronica se había convertido en toda una fiesta. Tanto la camioneta de Bobby como la moto de Wes estaban allí, al igual que el escarabajo Volkswagen verde lima de PJ Becker, el todoterreno de Frisco y el sencillo subcompacto de Lucy McCoy.

—Solo vamos a estar unos minutos, quiero intentar convencer a Veronica de que se tome una semana de vacaciones lejos de aquí —le explicó a Syd, mientras se acercaban a la casa—. Podemos aprovechar esta fiesta para ensayar. Si conseguimos que esta gente se crea que somos pareja, podemos engañar a quien sea.

Ella alzó una ceja en aquel gesto tan característico suyo antes de contestar:

—¿De verdad crees que vamos a poder engañarles? Nadie diría que estamos juntos.

Luke no tuvo más remedio que darle la razón en eso; de hecho, cualquiera que les viera pensaría que no querían saber nada el uno del otro.

—¿Qué crees que debería hacer...? ¿Te paso un brazo por los hombros?

Tuvo ganas de darse un cabezazo contra la pared. No se había comportado así, como un bobalicón inseguro, desde aquel baile de último curso al que le habían invitado cuando aún estaba en el primer año de instituto.

—No sé, ¿lo harías si realmente estuviéramos saliendo juntos? —le preguntó ella.

—Lo que haría es...

Le pasó el brazo por la cintura, la apretó contra su cuerpo... y se quedó de piedra cuando deslizó sin querer la mano bajo el borde de su camiseta y tocó aquella tersa piel desnuda. Pensó que ella iba a propinarle un puñetazo o a echarle un rapapolvo, pero no fue así; de hecho, le rodeó a su vez con el brazo y le metió la mano en el bolsillo trasero de los pantalones cortos.

Aquel gesto tan inesperado le trastocó hasta tal punto, que tuvo que carraspear un poco para poder recobrar el habla.

—¿Así te sientes cómoda? —tener la mano contra su piel

desnuda era muy distinto a limitarse a pasarle un brazo por los hombros, indicaba una actitud mucho más íntima y posesiva.

Sintió una oleada de satisfacción al oírla carraspear también, porque el pequeño gesto delataba que no estaba tan tranquila como quería aparentar.

—Dios, qué raro es esto —comentó, antes de alzar la mirada hacia él—. Es raro, ¿verdad?

—Sí.

—¿Estás tan nervioso como yo?

—Sí —era un alivio poder admitirlo.

—Si no tienes más remedio que besarme, procura no hacerlo en la boca, ¿de acuerdo?

Aquellas palabras le molestaron tanto, que contestó ceñudo:

—Sí, claro, genial. Dime lo que no quieres que haga para saber los límites que no debo sobrepasar, así...

—¡No! —exclamó, acalorada—. No estoy marcando límites, es que... la pizza que me comí ayer tenía un montón de ajo, y aún tengo en la boca el sabor del café italiano del Dominic's. No quería asquearte.

—¡Es imposible que aún te huela el aliento a ajo al cabo de un día! —la excusa le pareció tan absurda, que se echó a reír.

—Está claro que nunca has comido una de las pizzas con extra de ajo del Dominic's.

Él se detuvo a unos tres metros de la casa de los Catalanotto, y la tomó del brazo para hacer que se volviera a mirarlo.

—Oye, de verdad que no pasa nada. No hace falta que te inventes excusas para evitar que te bese.

—¡No son excusas!

—En ese caso, ¿no te importa que te bese si me da igual que te huela el aliento a ajo?

Ella se echó a reír mientras las cambiantes sombras del atardecer le bañaban el rostro.

—No me puedo creer que estemos teniendo esta conversación.

En ese momento, mientras la miraba y seguía abrazándola por la cintura, Lucky deseó con todas sus fuerzas besarla.

Estaban haciéndose pasar por pareja y besarla contribuiría a darle más veracidad a su interpretación, ¿por qué no aprovecharse de eso? El problema era que no tenía ni idea de cómo diantres se las ingeniaba uno para besar a una amiga. Sabía todo lo que había que saber sobre besar a una desconocida, pero su situación con Syd era muy distinta... y mucho más peligrosa.

De repente tuvo muy claro lo que tenía que hacer y decir.

—Me muero por comprobar si de verdad sabes a ajo.

—Que sí, que te aseguro que sí que...

—¿Te importa si lo compruebo por mí mismo? —le alzó la barbilla antes de añadir—: Tómatelo como un experimento científico.

Al verla reír supo que la tenía en sus redes, que podía besarla sin miedo a que fuera a enfadarse con él. A lo mejor se apartaba de inmediato, pero no iba a pegarle.

Bajó la cabeza hasta cubrir los centímetros de distancia que los separaban, sus labios se encontraron, y... ¡Madre de Dios! Al igual que la vez anterior, ella estalló en llamas entre sus brazos; al igual que la vez anterior, le abrazó y se apretó contra su cuerpo, y se besaron enfebrecidos.

Fue uno de esos besos que sabían a sexo descarnado, un beso que le puso a cien al instante y que hizo que ardiera en deseos de desnudarla y poseerla allí mismo, en el jardín delantero de la casa de su capitán.

Fue un beso que le recordó que hacía cuarenta y nueve largos días, diecisiete agónicas horas y doce desesperantes minutos desde la última vez que había tenido relaciones sexuales, un beso que le hizo olvidar de golpe a la última mujer con la que se había acostado, fuera quien fuese. No, más que eso: Le hizo olvidar a todas las mujeres a las que había conocido a lo largo de su vida, que habían sido bastantes.

Fue uno de esos besos tras el que, en circunstancias normales, se habría centrado en trazar un plan para poder volver a besar a la mujer en cuestión, pero... ¡Ja! (se rio como buenamente pudo, teniendo en cuenta que seguía besándola), ¡podía besarla cuando le diera la gana, porque estaban haciéndose pasar por una pareja de novios!

Dios, Syd era cálida, dulce, deliciosa... y sí, le pareció notar un ligero saborcillo a ajo.

Aflojó un poco el abrazo para dejarle tomar aire al notar que ella se echaba un poco hacia atrás, pero abrió la boca para argumentar que tenía que volver a besarla para estar seguro de que realmente sabía a ajo. Estaba dispuesto a darle una kilométrica lista de razones por las que debería besarla de nuevo, a...

En ese momento se dio cuenta de que la luz de la entrada de la casa de los Catalanotto se había encendido y, cuando se volvió hacia allí, vio a Veronica mirándole con una sonrisa de oreja a oreja.

—¡Tenías que ser tú, Lucky!

No era la única espectadora que tenían. PJ Becker estaba justo detrás de ella y Mia Francisco estaba contemplando el espectáculo desde la ventana de la entrada junto a su marido, Frisco, que le miró sonriente y alzó el pulgar en un gesto de aprobación.

Al ver que Syd intentaba apartarse a toda prisa, le agarró la mano y volvió a acercarla a su cuerpo antes de murmurar:

—No pasa nada, sabía que alguien podría pillarnos in fraganti. Recuerda que se supone que somos pareja. Eres mi nueva novia, puedo besarte.

—¡Perdón! —les dijo Veronica, con su marcado acento británico—. Estábamos en el patio de atrás, pero, cuando Frankie ha venido a avisarnos de que había una pareja haciendo un bebé en la puerta, no hemos podido contener la curiosidad.

—¡Qué vergüenza! —exclamó Syd, que se había puesto roja como un tomate.

—Está claro que tengo que volver a explicarle cómo funciona la reproducción humana —era obvio que Veronica estaba conteniendo la risa a duras penas—. Yo creía que le había quedado claro que besarse no basta para hacer un bebé, pero, por lo que parece, no acabó de entenderlo. Solo tiene cuatro años, supongo que es normal.

—¿Vais a entrar, o preferís que nos esfumemos? —les preguntó PJ—. Si queréis, cerramos la puerta y apagamos la luz para que tengáis algo de privacidad.

Lucky se echó a reír y llevó a Syd hacia la puerta.

Después de las presentaciones de rigor, que se completaron en un abrir y cerrar de ojos, Veronica la tomó de la mano como si fueran viejas amigas y la condujo por la casa hacia el patio trasero.

—Tienes que ver las vistas que tenemos del océano... ¡Ostras!, ¡tengo que echarle un vistazo al pollo que está en la parrilla!

—¡Bobby ya se ha encargado del pollo! —dijeron cuatro voces casi al unísono.

—Todos creen que no sé cocinar —le explicó a Syd, antes de abrir la puerta corredera que daba al patio—. La verdad es que tienen razón.

—Hola, Syd —la saludó Bobby, que estaba atareado con la parrilla.

Solo llevaba puesto un bañador, y con todos aquellos impresionantes músculos al descubierto y el pelo recogido en una larga trenza, parecía recién sacado de la portada de una novela romántica de época.

Al verla con la boca abierta, Lucky le dio un pequeño codazo y le susurró:

—Oye, no le mires así, ¡no te olvides de que estás conmigo!

Fiel a su papel de anfitriona, Veronica se encargó de presentarle a los demás.

—Syd, ya conoces a Lucy McCoy, y a Tasha Francisco, y a Wes Skelly...

—La verdad es que no nos conocíamos en persona, no se me permite colaborar en esta misión —comentó Wes, sin levantarse de la tumbona donde estaba espatarrado. Su voz tenía tintes de sarcasmo, y daba la impresión de que había bebido más cerveza de la cuenta—. No formo parte del equipo porque soy un posible sospechoso. ¿Verdad que sí, teniente?

—Anda, Skelly, sabes de sobra que no fui yo quien seleccionó a los miembros del equipo. Fue el almirante Cabeza de Chorlito quien se encargó de eso —le contestó Lucky, sin animosidad alguna.

En ese momento, Lana Quinn apareció por la escalera que subía desde la playa.

—¡Hola a todos! Siento llegar tarde, pero entre que me he entretenido más de la cuenta en la consulta y que después he querido aprovechar el buen tiempo para venir dando un paseo, se me han hecho las tantas.

Bobby le dio un abrazo de bienvenida antes de preguntarle, sonriente:

—¿Dónde está el gran Wizard?, creía que volvía hoy a casa.

—El regreso del equipo seis se ha pospuesto, como de costumbre. Va a tardar un par de semanas más en volver como mínimo, y sí, ya sé que tendría que dar gracias a que al menos consiguiera llamarme.

Wes se puso de pie de forma tan súbita, que volcó la mesita de plástico que tenía al lado y salieron volando frutos secos por todo el patio. Soltó una imprecación, y se apresuró a disculparse.

—¡Perdón! Oye, Ron, lo siento, pero se me había olvidado que tengo que... que... que ir a hacer algo. Perdona —entró en la casa con tanta prisa, que estuvo a punto de chocar con Syd.

Lucky miró a Bobby y simuló con la mano el gesto de girar una llave de encendido, preguntándole sin necesidad de palabras si creía que Wes estaba en condiciones de conducir su moto. Él le indicó con la cabeza que no y se abrió el bolsillo del bañador por un instante, el tiempo justo para que viera que tenía la llave de su amigo en su poder, y después movió los dedos para indicarle que Wes no iba a tener más remedio que volver a casa a pie.

Al otro lado del patio, Syd estaba ayudando a Lana Quinn a recoger los frutos secos.

—Oye, Lucky, ¿sabe tu nueva novia que eres un capullo?

Lucky se volvió hacia PJ Becker, que era quien acababa de hacerle aquella pregunta; aunque estaba sonriendo, estaba claro que solo hablaba medio en broma, por lo que él también se puso medio serio. Aquella mujer aún no había olvidado que había intentado flirtear con ella cuando se habían conocido. Sí, le había perdonado, pero lo más probable era que nunca lo olvidara; de hecho, esa era una de las cosas que más le gustaban de ella: que jamás le dejaba pasar ni una.

—Sí, lo sabe, y aun así le gusto —no era mentira del todo. Él le gustaba a Syd, aunque no en el sentido al que se refería PJ.

La esposa del jefe de equipo Harvard Becker miró a Syd con aquellos preciosos ojos marrones, ojos a los que nunca se les escapaba nada, y comentó:

—¿Sabes una cosa, O'Donlon? Si eres lo bastante listo como para atrapar a alguien como Syd Jameson, a lo mejor te he subestimado. Escribe muy bien. Tenía una columna semanal en el periódico local hace cosa de un año, yo siempre procuraba leerla. Es una mujer con una buena cabeza sobre los hombros, sabe usar el cerebro —le miró con otra sonrisa radiante, y le dio un beso en la mejilla—. Quién sabe, a lo mejor resulta que no eres tan capullo como pensaba.

Él se echó a reír, y cuando PJ fue a fulminar con la mirada a Mia, que parecía estar pensando en ayudar a recoger los frutos secos a pesar de su avanzado embarazo, se acercó a Bobby y le preguntó:

—¿Qué le pasa a Wes?

—No ha tenido un buen año —le contestó su amigo.

—¿Crees que llegará sin problemas a su casa?

—Le vendrá bien caminar un poco, le llevaré la Harley en mi camioneta.

—¿Puedo ayudar en algo?

—No.

—Si me necesitáis para lo que sea, avísame.

—De acuerdo.

Al ver que Veronica pasaba junto a él con una escoba, Lucky la agarró del brazo para detenerla.

—¿Puedo hablar contigo un momento?

—Iba a barrer...

Él le quitó la escoba de las manos y se la lanzó a PJ, que hizo un alarde de destreza al atraparla con una mano.

—De acuerdo, no voy a barrer. ¿Qué pasa? —le preguntó Veronica, sonriente.

—Quiero que te vayas a Nueva York.

—¿Te parece bien que lo haga en el vuelo de las diez de la mañana?

Luke sintió un alivio enorme, y la besó antes de contestar:

—Gracias.

—Lucy ha sido muy persuasiva, el monstruo ese al que

estáis intentando atrapar parece terrible de verdad. Pero he notado que ni PJ ni ella piensan marcharse conmigo.

—Lucy es inspectora de policía, y PJ trabaja en la FInCOM.

—¿Estás seguro de que pueden cuidarse ellas solas?

Saltaba a la vista que estaba muy preocupada, y Lucky intentó quitarle hierro al asunto.

—¿Te imaginas cómo se pondría PJ si se me ocurriera insinuar siquiera que no puede valerse por sí misma? Y en cuanto a Lucy... —miró a la inspectora en cuestión, que estaba charlando con Lana Quinn y Syd, apoyada en la barandilla—. Voy a aconsejarle encarecidamente que se quede a dormir en la comisaría hasta que acabe todo esto.

—Asegúrate de que Syd también se ande con cuidado.

—Sí, no te preocupes por eso. La verdad es que... va a venirse a vivir conmigo.

Fue algo de lo más raro: Todo aquello formaba parte del teatrillo de la novia de mentira para atrapar al violador, pero cuando dijo las palabras en voz alta (palabras que no había pronunciado nunca antes en toda su vida), sintió como si fuera muy, pero que muy real. Sintió un poco de vergüenza, un poco de miedo, y muchísima expectación.

Era cierto que Syd iba a vivir con él, que aquella misma noche iba a irse con él a casa. Sí, iba a dormir en el dormitorio de invitados, pero, por primera vez en lo que se le antojaba una eternidad, no iba a tener que preocuparse por si ella estaba a salvo. Quizás, con un poco de suerte, podría dormir un poco por fin... o quizás no, teniendo en cuenta que iba a tenerla en el dormitorio de al lado y que aún estaba medio excitado por culpa del increíble beso de antes.

Su admisión dejó atónita a Veronica, que lo abrazó con ojos llorosos y exclamó:

—¡Cuánto me alegro por ti, Luke! —se echó un poco hacia atrás para poder mirarlo a los ojos antes de añadir—: Estaba segura de que ibas a pasarte la vida yendo de una Heather a otra —alzó la voz al decirles a los demás—: ¡Atención todos! ¡Lucky ha demostrado ser un tipo con suerte!, ¡acaba de decirme que Syd se va a ir a vivir con él!

Todos se hicieron con una lata de cerveza (menos Frisco, Mia y Tash, que optaron por un refresco), pero mientras Veronica hacía un brindis, Lucky notó de forma instintiva lo incómoda que se encontraba Syd y fue incapaz de mirarla. También notó el peso de la mirada de Frisco, su compañero de inmersión además de superior temporal, que, a pesar de estar sonriendo, parecía estar preguntándole con la mirada cómo había sucedido algo así con tanta rapidez, y por qué no le había dicho nada al respecto.

Decidió que al día siguiente hablaría con él para ponerle al corriente de todo lo que pasaba, pero en ese momento la prioridad era sacar de allí a Syd antes de que la pobre se muriera de vergüenza.

Dejó a un lado la cerveza que alguien le había dado y fue a rescatarla de PJ, Mia, Lana y Veronica.

—Siento que tengamos que marcharnos tan pronto, después de soltar semejante bombazo, pero...

—¡Que hable!, ¡que hable!

Lucky fulminó con la mirada a Bobby al oírle gritar aquello. El muy capullo sabía que todo era un montaje, y debía de estar divirtiéndose de lo lindo tras aquella cara tan serena e inescrutable.

—¡Sí, Lucky, desembucha! —exclamó PJ—. Esto es todo un notición, no vamos a dejar que te marches sin darnos algunos detalles jugosos. A ver, ¿dónde os conocisteis?, ¿desde cuándo salís juntos? —se acercó a él hasta quedar a unos diez centímetros de distancia, y le observó con fingida suspicacia—. Nuestro amigo Lucky es un soltero empedernido... ¿Quién eres tú?, ¿qué has hecho con él?

—Qué graciosa.

Agarró a Syd de la mano y la condujo hacia la puerta, pero PJ no se dio por vencida y añadió:

—¡Anda!, ¡dinos al menos cómo consiguió que accedieras a vivir con ella! Es un gran paso, una decisión propia de un adulto —miró sonriente a Syd—. Estoy orgullosa de ti, ¡bien hecho! Has conseguido que acate tus reglas.

Lucky se volvió a mirarla, y mintió sin pensárselo dos veces.

—La verdad es que fui yo quien la convenció de que se viniera a vivir conmigo. Por fin me he enamorado, ¡qué se le va a hacer!

—¿Quién está al tanto? —le preguntó Syd a Lucky en cuanto subieron a la camioneta de este.

—¿De que todo es puro teatro? Solo Bobby... y Lucy McCoy, he tenido que contárselo porque se supone que tiene que estar informada de todos los pasos que dé mi equipo. Me ha llamado esta tarde hecha una furia por mi entrevista en la tele, estaba dispuesta a retorcerme el pescuezo —puso en marcha el vehículo, encendió las luces, y se incorporó a la carretera después de dar la vuelta en el camino de entrada de la casa de uno de los vecinos—. Su postura oficial es que está cabreada, pero, desde un punto extraoficial, espera que el plan funcione. Sabe que voy a protegerte tan bien como lo haría la policía; de hecho, incluso mejor.

Hizo una pequeña pausa, y la miró en la penumbra del interior de la camioneta antes de añadir:

—Mañana se lo contaré todo a Frisco, pero le pediré que no se lo diga a Mia. Me parece que Bobby tiene razón, que cuanta menos gente lo sepa, mejor.

Syd procuró permanecer sentada lo más lejos posible de él mientras intentaba no pensar en cómo la había besado antes ni en su propia reacción ardiente, mientras luchaba por quitarse de la cabeza las palabras que él había dicho con tanta naturalidad antes de que se fueran de la fiesta: «Por fin me he enamorado».

Tenía muy calado a Luke O'Donlon y sabía que era un hombre que jamás iba a enamorarse, al menos del todo. Él se creía a salvo mientras se mantuviera rodeado de las hermosas, inteligentes y excepcionales esposas de sus mejores amigos. Podía vivir sin complicaciones medio enamoriscado de Lucy, Veronica, PJ y Mia, sin tener que preocuparse por la posibilidad de involucrarse demasiado. Podía tener frívolas relaciones sexuales con mujeres egocéntricas y vacuas como Heather sin arriesgar lo más mínimo el corazón.

Pero a lo mejor estaba equivocado... no en cuanto a Heather, ya que estaba claro que jamás podría enamorarse de alguien así, pero Lucy McCoy era harina de otro costal, al igual que aquella despampanante afroamericana que también estaba en la fiesta, la tal PJ Becker. Sería una verdadera tragedia que Luke se enamorara de una mujer inalcanzable para él.

—¿Desde cuándo estás loquito por PJ Becker?

—¿Qué?

A Syd le hizo gracia ver la cara de sorpresa que ponía, pero no se tragó su actuación.

—No te hagas el tonto. No te preocupes, creo que los demás no se han dado cuenta. Es que he aprendido a leer tus gestos bastante bien, y has reaccionado diferente con ella que con Veronica y Lana.

—¡No estoy loquito por ella!

Lo dijo con vehemencia, se le veía avergonzado.

—Pero lo estuviste.

Él acabó por rendirse a regañadientes.

—De acuerdo, lo admito, pero fue hace un millón de años, antes de que empezara a salir con el jefe.

—Ah, déjame adivinar qué fue lo que pasó... apuesto a

que hiciste alguna idiotez. No sé, algo así como tirarle los tejos, por ejemplo.

Ella se limitó a esperar al ver que permanecía callado, y al final la miró de reojo y esbozó una pequeña sonrisa antes de preguntar:

—¿No te cansas de tener siempre razón?

—Lo que pasa es que eres muy predecible. Te propongo algo: La próxima vez que conozcas a una mujer atractiva, no flirtees con ella de buenas a primeras, así le darás una sorpresa a todo el mundo.

—Eso suponiendo que lo de vivir juntos no funcione y no acabe casado contigo, ¿no?

Syd se echó a reír al oír algo tan absurdo, y él añadió:

—Siento que Veronica lo haya pregonado a los cuatro vientos, me ha tomado por sorpresa.

—No te preocupes, no pasa nada. Aunque la verdad es que ha sido un poco raro tener a todos tus amigos mirándome de reojo, preguntándose qué clase de control mental extraterrestre estoy usando para conseguir que quieras vivir conmigo.

—¡No estaban pensando eso!

Aunque ella estaba convencida de que sí, optó por mantener la boca cerrada, y él soltó una carcajada antes de añadir:

—Después de ver cómo nos besábamos, están convencidos de que saben por qué quiero vivir contigo.

Sus palabras le hicieron recordar de golpe aquel dichoso beso.

Había pasado una eternidad en la entrada de aquella bonita casita de playa abrazada a Luke O'Donlon, devorándole la boca. En aquellos segundos de locura, se había atrevido a imaginar que era un beso real, que no tenía nada que ver con la farsa en la que estaban inmersos. Le había parecido ver una extraña calidez, algo especial, en lo más profundo de aquellos ojos azules justo antes de que la besara...

De acuerdo, no tenía más remedio que admitir que había tenido la impresión de que él se había dado cuenta de que ella le atraía de verdad, de que sentía una atracción basada en un apego y un respeto sinceros... y resulta que sí, que él se había dado cuenta de algo: de que estaban mirándoles por la ventana. ¡Por eso la había besado, porque estaban observándoles!

Circularon en silencio hasta que al final, tras unos largos minutos, la miró y comentó:

—Estás sentada muy lejos, ¿por qué no te corres un poco? Si ese tipo empieza a seguirnos...

—¿Que me corra un poco? Perdona, pero eso es una grosería.

Lo dijo en tono de broma para intentar mantener un ambiente distendido. Si se le acercaba y él le pasaba el brazo por los hombros, corría el riesgo de perder la cabeza por completo, pero estaría a salvo si conseguía que él estuviera en plan de broma. Se sintió aliviada al ver que su plan parecía funcionar y él se echaba a reír.

—Eso es lo que más me gusta de ti, mi querida Sydney, tu capacidad de discutir por cualquier cosa.

—¡Eso no es verdad!

Él se echó a reír de nuevo, y dio unas palmaditas en el asiento de al lado.

—Venga, pon aquí ese delgaducho trasero tuyo.

—¿Cómo que «delgaducho»?, ¿tú lo has visto bien? ¡Mi trasero es extragrande! —se acercó un poco más a él, pero no lo bastante como para tocarle.

—¿Estás chalada? —tiró de ella hasta tenerla sentada bien cerca, con un muslo apretado contra el suyo, y le pasó el brazo por los hombros—. Tienes un trasero fantástico, un trasero clásico.

—Vaya, muchas gracias. Hoy en día, «clásico» significa «viejo».

—De eso nada, significa «incomparable»; por cierto, ¿cuántos años tienes?

—Los suficientes para saber que no hay que sentarse tan cerca de alguien que está conduciendo, y que hay que ponerse el cinturón de seguridad. Más que tú.

—No puede ser.

—Sí, sí que puede ser. Tengo un año más que tú.

Al ver que paraba al llegar a un semáforo en rojo, Syd rezó para que no bajara la mirada hacia ella, porque, si lo hacía, su boca (aquella increíble y maravillosa boca) quedaría a escasos centímetros de la suya, y no podría dejar de pensar en besarle.

La verdad era que quería volver a besarle...

Al verle bajar la mirada hacia ella, le preguntó:

—¿Adónde vamos?

La respuesta le daba igual. La cuestión era que, mientras usara la boca para hablar, no se sentiría tentada a usarla para otras cosas... como besar a Luke O'Donlon, por ejemplo.

—Hay una marisquería que suele estar a tope a esta hora de la noche. He pensado que podríamos comernos unas almejas al vapor allí, y después irnos de bares.

—Nunca he ido «de bares», siempre me ha parecido que suena muy exótico.

Lo admitió por decir algo, por llenar el vacío en la conversación. Se sintió aliviada al ver que el semáforo se ponía en verde y él volvía a centrarse en la carretera.

—La verdad es que puede ser bastante deprimente. Suelo ir de bares con los demás solteros del comando Alfa, sobre todo con Bobby y con Wes. Antes también venía de vez en cuando su amigo Quinn... Wizard, el marido de Lana. A mí no me gustaba que viniera estando casado, porque nuestro objetivo era ir de bar en bar en busca de universitarias, pero, como la verdad es que no conocía a fondo ni al uno ni a la otra, pensé que no era asunto mío.

—Dios, ¿sabía ella lo que hacía su marido?

—No. Quinn decía que tenían un acuerdo, que él no se lo contaba y así ella no se enteraba. Wes se cabreaba muchísimo con él, una noche llegó a romperle la nariz.

—Wes es el compañero de inmersión de Bobby, ¿verdad?

El SEAL había resultado ser más corpulento de lo que esperaba por cómo le había descrito Luke. Había algo en él que le había resultado familiar, algo que la había alertado de inmediato. Cuando había estado a punto de chocar con ella al marcharse de la fiesta...

—Bob y Wes son el mejor ejemplo de un equipo de dos hombres que he visto en mi vida —giró a la derecha para entrar en el abarrotado aparcamiento de la marisquería mientras hablaba, y los músculos del muslo se le flexionaron cuando pisó con suavidad el freno—. Son buenos por separado, pero juntos es como tener a un par de superhombres. Se conocen tan bien, que trabajan con una sincronización total, el uno se anticipa a los movimientos del otro de forma automática. Son muy eficientes.

—En ese caso, Bobby conoce bien a Wes, ¿no?

—Puede que incluso mejor de lo que el propio Wes se conoce a sí mismo.

—Y Bobby está convencido de que Wes no puede ser...

Syd se calló al darse cuenta de lo mal que sonaban sus palabras. El mero hecho de que Wes tuviera los hombros anchos y tuviera el pelo igual que el hombre al que buscaban no quería decir que...

Después de aparcar, Luke se volvió hacia ella y la echó un poco hacia atrás para poder verla bien.

—Estás callándote algo, Syd. Desembucha.

—Ha sido bastante raro. Cuando ha estado a punto de chocar conmigo, he tenido una especie de *déjà vu*.

—Wes no es nuestro hombre.

Al verle asegurarlo de forma tan categórica, no pudo evitar preguntarle:

—¿Estás seguro?, ¿seguro al cien por cien?
—Sí, le conozco muy bien.
—Había algo en él que... —de repente se dio cuenta de lo que era—. Olía igual que el hombre de la escalera, Luke.
—¿Cómo?
—A tabaco. ¿A que Wes fuma?
—Ya no, Bobby le convenció de que lo dejara el año pasado.
—Pues lo siento, pero ha recaído. Puede que no fume en público, a lo mejor lo hace a escondidas, pero he notado un ligero olor rancio a humo de tabaco en él; de hecho, olía exactamente igual que el hombre al que buscamos.
—No, Wes no es nuestro hombre, ni hablar. No puedo aceptarlo, ¡me niego!
—¿Y si estás equivocado?, ¿qué pasa si descubres que lo hemos tenido justo delante de nuestras narices todo este tiempo?
—No estoy equivocado, conozco a Wes —insistió él con rigidez—. Hoy no le has visto en su mejor momento, pero yo le conozco y sé cómo es, ¿de acuerdo?
No, Syd no estaba de acuerdo, pero tuvo la sensatez de mantener la boca cerrada.

CAPÍTULO 9

—Imagínate que eres el único hombre que está dentro de un complejo del enemigo cuando empieza una batalla... ¿Cómo lo llamáis vosotros?, ¿una escaramuza? En fin, la cuestión es que el enemigo impide que tu equipo avance, así que estás en inferioridad numérica y sin suficiente armamento. ¿Qué es lo que haces? ¿Luchas, o huyes?

Syd planteó aquella cuestión mientras Luke abría la puerta de su casa y se apartaba a un lado para dejarla pasar, y, cuando él cerró la puerta con llave, tuvo la sensación de que el sonido reverberaba en la quietud del lugar.

Ya habían llegado, allí estaban... juntos, a punto de pasar la noche a solas.

Aún tenía los labios cálidos a raíz de la última vez que la había besado. Había sido en un bar llamado Shaky Stan's, aunque antes de eso la había besado en el Mousehole, y en el Gingers, y también en el Shark's Run Grill; de hecho, se habían besado por toda la costa de San Felipe.

Ella había intentado que los besos fueran cortitos, había luchado con todas sus fuerzas por no derretirse entre sus brazos, pero solo lo había logrado en contadas ocasiones.

Después de semejantes besos, si fueran una pareja de verdad, ninguno de los dos seguiría con la ropa puesta cinco segundos después de que él cerrara esa puerta... y como era consciente de ello, siguió hablando sin parar (y sin quitarse ni una sola prenda de ropa, por supuesto). Aunque no podía preguntarle nada específico sobre los operativos de los SEAL, sí que podía plantearle situaciones ficticias, y aprovechaba cualquier oportunidad para hacerlo.

—¿Qué hay en tu hipotético complejo? —le preguntó él, antes de dejar las llaves en la mesita que había junto a la puerta de entrada—. ¿Estamos hablando de una misión de rescate, o el objetivo es conseguir información?

—Hay que rescatar... rehenes. Dentro del complejo hay rehenes, y son niños.

Él la miró con una cara de incredulidad de lo más cómica antes de acercarse al termostato. Syd se sintió aliviada al ver que lo ajustaba para que se encendiera el aire acondicionado, porque allí dentro hacía mucho calor. Así circularía un poco el aire y no habría un ambiente tan cargado, tan... cálido y sensual.

—Me lo estás poniendo muy difícil, ¿no?

—Tan solo intento ponerte un poco a prueba —le aseguró ella, mientras le seguía hasta la cocina.

—De acuerdo, genial —abrió la nevera, y revisó ceñudo los abarrotados estantes—. Si nos han enviado a rescatar a unos niños, ten por seguro que hemos recibido la orden directa de no fallar —sacó un envase de plástico de detrás de un paquete de leche, y le preguntó—: ¿Quieres?

—Sí, gracias —le contestó, al ver que tenía pinta de ser té. Esperó mientras él sacaba dos vasos altos y ponía unos cuantos cubitos en cada uno, y al final, más por llenar el silencio que por otra cosa, añadió—: A ver, ¿qué harías en una situación así?

Él se volvió a mirarla antes de contestar sin más:

—Nosotros no fallamos.

Syd se echó a reír.

—¿Podrías ser un poco más concreto?

—Estoy dentro del complejo, ¿no? —le dijo, mientras servía el té—. Estoy solo, pero tengo contacto por radio con mis hombres. Supongo que primero recorro el lugar con sigilo para detectar desde dentro los puntos vulnerables del enemigo, después informo a mi equipo de cuándo y dónde atacar, y entonces encuentro y protejo a los rehenes mientras espero a que el resto de mi equipo venga a sacarnos de allí. ¿Quieres limón?, ¿azúcar? —le preguntó, antes de darle uno de los vasos.

—No, gracias, así está bien.

Dios, qué situación tan rara. Aquel hombre que estaba apoyado en la encimera de la cocina se había pasado buena parte de la velada explorándole el interior de la boca con la lengua, y en ese momento estaban tomando un refrescante vaso de té frío mientras mantenían una distendida e impersonal charla sobre estrategias militares.

Se preguntó si él era consciente de que estaba muriéndose de ganas de que volviera a besarla, pero en esa ocasión de verdad, y se dio cuenta de que estaba siendo una ilusa.

Todo aquello la tenía desconcertada. Tan solo unos días antes, Luke la había besado por primera vez a escasos metros de allí, en el patio al que se salía desde aquella misma cocina. En aquel entonces apenas se conocían, y él había cometido una equivocación: En vez de intentar ganarse su amistad, había optado por intentar controlarla mediante su poderoso atractivo sexual. Lo que él no sabía era que eso eliminaría casi por completo sus posibilidades de llegar a convertirse en su amigo... casi, pero no del todo, y en los últimos días, se las había ingeniado para redimirse.

La cuestión era que volvían a estar allí, pero como amigos; en esa ocasión, Syd sí que quería que la besara, pero, como ya eran amigos, él no tenía motivo alguno para hacerlo.

—Cuéntame, ¿por qué entraste en los SEAL? —le preguntó, en un intento desesperado de romper el silencio.

Luke no respondió de inmediato; después de echarle limón y una montañita de azúcar a su té, enjuagó la cuchara en el fregadero y la metió en el lavavajillas, y entonces agarró su vaso y le indicó con la cabeza que le siguiera.

Syd fue tras él a la sala de estar, hasta la pared repleta de fotos que había visto en la anterior visita. Fotos de Luke de niño, con el pelo incluso más claro; fotos de él de joven, abrazado a una niñita regordeta de pelo oscuro; fotos de él con una mujer muy delgada que debía de ser su madre; y fotos de él de joven, acompañado de un hombre de tez y pelo oscuros.

Luke le indicó una de esas últimas antes de decir:

—Este es Isidro Ramos, por él entré en los SEAL.

Syd observó la foto con mayor detenimiento. En la imagen se apreciaba la calidez que había en la mirada del tal Isidro, que tenía un brazo alrededor de un joven Luke; este, a su vez, tenía una cara sonriente en la que se reflejaba verdadera adoración.

—¿Quién es?

—Era —se limitó a contestar él, antes de ir a sentarse al sofá. Tomó un trago de té, estiró las piernas, y apoyó los pies en la mesita.

Syd le conocía lo bastante bien a aquellas alturas como para saber que aquella actitud de relajación era fingida, que en realidad estaba muy tenso. Lo que no tenía claro era si él estaba así por el tema de conversación o por el hecho de tenerla en su casa.

—Isidro murió cuando yo tenía dieciséis años, era mi padre.

Aquello sí que la tomó por sorpresa, era imposible que un hombre tan moreno hubiera tenido un hijo tan rubio como él.

—Mi padre biológico no, claro, pero, a diferencia de Shaun O'Donlon, él sí que fue un verdadero padre para mí.

—¿Fue él quien te animó a que entraras en los SEAL? —le preguntó, antes de sentarse en la otra punta del sofá.

—¿Quieres la explicación larga, o un resumen?

—La larga —se quitó las sandalias, y se sentó al estilo indio—. Empieza por el principio, quiero que me lo cuentes todo. ¿Qué te parece si empiezas por tu nacimiento?, ¿cuánto pesaste?

Mientras siguieran charlando, no tendrían que lidiar con asuntos espinosos como, por ejemplo, dónde iba a dormir ella. Bueno, mejor dicho... dónde iba a hacerse la dormida, porque estaba convencida de que no iba a poder pegar ojo sabiendo que él estaba en la habitación de al lado.

—Estás de guasa, ¿no? —al ver que ella le decía que no con la cabeza, se echó a reír—. Pesé cuatro kilos y medio. Mi madre medía metro sesenta, y solía bromear diciendo que al nacer yo ya era casi tan grande como ella —contempló las fotografías en silencio antes de añadir con voz suave—: Era una mujer bastante frágil. No se aprecia bien en las fotos gracias a lo feliz que era con Isidro, pero se dio por vencida cuando él murió. Ella fingió que seguía adelante, que intentaba luchar contra su mala salud por mi hermana Ellen, pero era una batalla perdida. No me malinterpretes, yo la adoraba, lo único es que... no era demasiado fuerte, nunca lo fue.

Syd tomó un trago de té y esperó en silencio a que él continuara con el relato.

—El sesenta y seis no fue un buen año para ella, tuvo que elegir entre casarse con Shaun O'Donlon o tener un hijo extramatrimonial. Aunque vivía en San Francisco, en aquella época no le iba demasiado la filosofía esa del amor libre y las florecitas en el pelo, así que se casó con Shaun y yo tuve el dudoso honor de ser legítimo —se volvió un poco en el sofá hasta quedar de cara a ella, y le preguntó—: ¿De verdad quieres que te cuente todo esto?

—Sí, me parece interesante. Se puede llegar a saber mucho de una persona oyéndole hablar de su infancia.

—En ese caso, dime dónde naciste tú.

—En New Rochelle, Nueva York. Mi padre es médico, mi madre era enfermera antes de dejarlo para dedicarse a nosotros. Somos cuatro hermanos, yo soy la menor. Tanto mis dos hermanos como mi hermana son increíblemente ricos y triunfadores, tienen un matrimonio idílico, ropa ideal y un bronceado perfecto, y van dándoles unos nietos perfectos a mis padres en el momento justo —lo miró sonriente al añadir—: Nótese que yo no estoy a la altura de la familia; por regla general, se habla de mí entre cuchicheos, soy la oveja negra. Les está bien empleado, por ponerme un nombre de niño.

Cuando él se echó a reír, Syd se dio cuenta de cuánto le gustaba verle así. Las arruguitas que le salían alrededor de los ojos le parecían adorables, y su boca...

Bajó la mirada hasta su vaso de té para evitar quedarse embobada mirándole.

—La verdad es que no puedo quejarme de la familia que tengo. Aunque a veces están un poco en Babia, son estupendos, y a todos les parece bien que me haya desviado de la norma y me apoyan. Bueno, debo confesar que mi madre insiste en comprarme vestidos de Laura Ashley todas las navidades. «¡Anda, un vestido rosa! Muchas gracias, mamá, no tendrías que haberte molestado... no, de verdad que no». ¡Pero al año siguiente, otra vez lo mismo!

Alzó la mirada hacia él en un alarde de valentía y, al ver que seguía riendo, añadió:

—Venga, sigue contándome tu vida. Tu padre era un capullo, me imagino cómo fueron las cosas. Supongo que se largó cuando tú no tenías ni dos años, y...

—Ojalá. Shaun fue consumiendo a mi madre, tanto emocional como económicamente, pero heredó una pequeña fortuna del viejo tío abuelo Barnaby cuando yo tenía ocho años, y se largó al Tíbet. Mi madre solicitó el divorcio, y la verdad es que consiguió una buena suma de dinero. Se compró una casa en San Diego y, como la hipoteca estaba pagada, se puso a trabajar a tiempo completo en un centro para refugiados. Era una época en que un montón de gente estaba saliendo de América Central. Allí fue donde conoció a Isidro, en ese centro.

Tomó otro traguito de té antes de continuar.

—Teníamos una vivienda adicional encima del garaje, detrás de la casa, y él era uno de los seis hombres que vivían allí de forma temporal. Me acuerdo de que me daban un poco de miedo, eran como unos fantasmas que deambulaban por allí como aturdidos. Ahora me doy cuenta de que debían de estar conmocionados. Aunque habían logrado escapar, sus familias habían sido asesinadas, algunos de ellos habían presenciado cómo mataban a sus parientes. Isidro me contó más tarde que un día salió a comprar gasolina en el mercado negro, y que, al volver a casa, se encontró con que habían incendiado el pueblo entero y habían masacrado a toda la población... hombres, mujeres, niños, incluso bebés. Me dijo que él había sido uno de los afortunados, que había podido identificar los cadáveres de su esposa y sus hijos. Muchos otros no llegaron a saber nunca lo que había sido de sus seres queridos, se quedaron con la duda de no saber si sus familias aún estaban allí, si sus hijos aún estaban con vida.

Tenía la mirada distante, perdida, pero, cuando una gota de agua que se había condensado en el exterior del vaso le cayó en el pantalón, bajó la mirada hacia la mancha antes de alzarla de nuevo.

—Hacía mucho que no hablaba de Isidro —admitió, sonriente—. A Ellen le gustaba que le contara cosas de él, pero yo procuraba no hablarle demasiado de las cuestiones más desagradables. Era un hombre que había tenido una vida estable, una familia, en América Central antes de conocer a mi madre, y se casó con ella, con mi madre, para evitar que le deportaran; si le hubieran enviado de vuelta a su país, le habrían matado. Mi madre nos llamó a los dos, hizo que nos sentáramos a la mesa de la cocina, y nos dijo que iba a casarse con él.

Luke se echó a reír al recordar la escena.

—Él se opuso por completo. Sabía que ella había estado casada antes, cuando era más joven, y le dijo que no iba a permitir que volviera a casarse por razones inadecuadas una segunda vez. Ella le contestó que casarse con él para evitar que le mataran era la mejor razón que se podía imaginar, yo creo que en aquel entonces ya estaba enamorada de él. Convenció a Isidro de que tenía razón, se casaron, y él pasó de vivir encima del garaje a vivir en nuestra casa.

Su madre había sido muy lista: sabía lo que quería, y se había propuesto conseguirlo. Ella sabía que, si lograba que Isidro se mudara a la casa, el matrimonio acabaría consumándose tarde o temprano, y había acertado de pleno.

Mientras miraba a Syd (que estaba sentada en la otra punta del sofá, lo más lejos posible de él), pensó en lo curioso que era que la vida diera tantas vueltas para acabar llegando a veces al mismo sitio. Él era buen ejemplo de ello, ya que en ese momento estaba llevando a cabo el mismo juego que su madre, fingir que hacía algo por una cuestión de fuerza mayor en vez de porque deseaba hacerlo.

Estaba haciéndose el duro, fingiendo que bueno, en fin, si no tenía más remedio, estaba dispuesto a aguantar la molestia de tener a Sydney cerca día y noche, pero la verdad era que, al igual que en el caso de su madre con Isidro, tenía la esperanza de que la presión de estar juntos a todas horas provocara una imparable explosión sexual, de que tarde o temprano (si no era aquella misma noche, quizás la siguiente o la otra), Syd irrumpiera en su dormitorio de improviso y anunciara a los cuatro vientos que no podía aguantarlo ni un minuto más, que tenía que acostarse con él.

Se echó a reír, consciente de que era un necio por hacerse ilusiones.

—¿Qué te hace tanta gracia? —le preguntó ella.

Estuvo a punto de decírselo, pero se encogió de hombros y contestó:

—Ellen nació un año después de que se casaran, así que está claro que no tardaron demasiado en tener un matrimonio de verdad.

Ella asintió y miró hacia las fotos de la pared, una de su madre en concreto, antes de comentar:

—La cercanía influye. Tu madre era muy guapa y, si estaba enamorada de él, supongo que era inevitable.

—Isidro solía hablarme de su otra familia. Yo creo que con mi madre apenas hablaba del tema, pero yo le hacía preguntas y él necesitaba desahogarse. A veces le acompañaba a reuniones donde contaba las terribles violaciones de los derechos humanos que había presenciado en su país. Ni te imaginas lo que llegó a ver, lo que habría podido testificar. Me dijo que valorara por encima de todo la libertad que me daba ser un ciudadano estadounidense. Me recordaba a diario que vivía en una tierra donde había libertad, cada día colgábamos la bandera estadounidense en la puerta de casa. Valoraba el hecho de poder acostarse por la noche sabiendo que nadie iba a irrumpir en casa y sacarnos a la fuerza de la cama, que no iban a llevarnos a rastras a la calle para pegarnos un tiro en la cabeza por el mero hecho de tener unas convicciones determinadas. Gracias a él, aprendí a valorar la libertad que la mayoría de estadounidenses consideran algo normal. Isidro me enseñó muchas cosas, pero esa fue la lección que me quedó más grabada. Porque él había vivido con ese miedo, porque a su otra familia la asesinaron.

Ella se limitó a mirarlo en silencio, y Luke sintió que se hundía un poco en aquellos profundos ojos marrones que rebosaban comprensión.

—Yo tenía trece años cuando obtuvo la ciudadanía, es un día que no voy a olvidar nunca. No sabes lo orgulloso que se sentía de convertirse en un estadounidense de verdad —se echó a reír al admitir—: ¡Dios, tendrías que haberle visto cuando llegaron las elecciones en noviembre! Nos llevó a Ellen y a mí para que le viéramos votar y, aunque ella apenas sabía hablar, nos hizo prometerle que votaríamos siempre que pudiéramos.

—Así que entraste en los SEAL por él, por tu padrastro, ¿no?

—Isidro era mi padre en todos los sentidos. Y sí, sus enseñanzas fueron determinantes para mí —sabía que era muy probable que una cínica reportera no lo viera igual que Isidro y que él mismo; aun así, tenía la esperanza de que no se riera de ellos, y sentía la necesidad de hacérselo entender—. Ya sé que este país tiene muchas cosas negativas, pero también tiene un montón de puntos buenos. Creo en Estados Unidos, y si entré en la Armada, en los SEAL en concreto, fue porque quería aportar mi granito de arena. Quería colaborar de alguna forma para ayudar a que sigamos siendo la tierra de las libertades y el hogar de los valientes, y he permanecido en la Armada más tiempo del que esperaba porque al final acabé recibiendo tanto como daba.

Se sintió decepcionado al ver que ella se echaba a reír, pero ocultó su reacción y dijo con fingida despreocupación:

—Sí, ya sé que parece una chorrada.

—¡No!, ¡no me malinterpretes! ¡No me he reído por lo que has dicho! Al contrario, me has dejado impresionadísima. No creas que estoy riéndome de ti, por favor.

—¿De verdad que te he impresionado?

Intentó aparentar indiferencia, pero se sintió mortificado al darse cuenta de que parecía un cretino desesperado por oír algún cumplido; por suerte, ella estaba tan centrada en explicarse, que ni siquiera lo notó. Estaba claro que, cuando se ponía seria, lo hacía a conciencia.

—Me he reído porque cuando te conocí pensé que te tenía calado, que eras uno de esos tipos llenos de testosterona que entraban en los SEAL por el mero hecho de que les gustaba hacer volar cosas por los aires.

—Hombre, claro, eso es lo que tiene de bueno ser un SEAL... ¡Hacer volar cosas por los aires!

Dijo aquello porque necesitaba que ella dejara de mirarlo así, con aquellos ojos brillantes que parecían penetrar hasta el fondo de su ser y llegarle hasta el alma. Quería que ella dejara de estar tan seria, porque tenía miedo de hacer algo estúpido de verdad, algo como tomarla entre sus brazos y besarla.

Sintió un alivio enorme al ver que su táctica funcionaba, que ella se echaba a reír.

—Háblame de tu hermana, Luke. Va a casarse dentro de poco, ¿verdad?

—Sí, en una semana. Apúntatelo en la agenda, parecería raro que no asistieras a la boda de mi única hermana si estamos viviendo juntos.

—¡Vaya lío! Supongo que no te apetece llevarme a mí de acompañante.

—Si no quieres ir, no pasa nada. Podemos inventarnos alguna excusa para explicar tu ausencia.

—Me encantaría ir, pero sé que es un día muy importante para ti. Bobby me contó que habías renunciado a... ¿Qué fue lo que dijo...? Una misión de órdago, una en la que estabas deseando participar, con tal de estar aquí el día de la boda.

—¿Quién va a entregar a la novia si no estoy yo? Mira, quedamos en que vas a venir, y asunto arreglado. Ah, y si de paso pudieras ponerte un vestido, algo que sea de gala, pues mucho mejor.

—Madre mía, debo de parecerte una completa idiota. ¿Qué crees que voy a ponerme para ir a una boda?, ¿unos vaqueros limpios?

—Eh... pues sí, o tus bermudas. He notado que tu ropa es bastante... repetitiva.

—Genial. Primero soy una idiota, y ahora aburrida.

Luke supo que no estaba hablando en serio del todo al ver que se reía, pero, aun así, sintió la necesidad de explicarse.

—No, no quería decir eso.

—Déjalo mientras aún estás a tiempo. Anda, cuéntame cosas de tu hermana.

No estaba cansado a pesar de que ya era cerca de la una de la madrugada y, como ella tampoco parecía estarlo, se puso a hablarle de Ellen; si Syd quería, estaba dispuesto a pasarse el resto de la noche charlando, aunque le encantaría que ella quisiera hacer algo más que conversar.

Quería acariciarla, llevarla a su dormitorio y hacer el amor con ella, pero no iba a correr el riesgo de destruir aquella cálida cercanía que había entre los dos.

Sabía que le parecía un buen tipo, que le caía bien, pero lo que había entre ellos aún era demasiado nuevo y frágil como para ponerlo en juego.

Quería acariciarla, pero sabía que no debía hacerlo. Esa noche iba a conformarse con acariciarla con palabras.

—Blade, o Panther —propuso Rio Rosetti.

—¿Qué os parece Hawk? —sugirió Thomas, sonriente.

—Sí, ese también está bien.

A Rio no le gustaba su apodo, y estaba intentando que sus amigos le llamaran de otra forma.

—Yo creo que habría que crear un grupo de SEAL más sensibles y considerados, con nombres más delicados. ¿Os gusta la idea? —Michael Lee logró mantenerse completamente serio al hacer aquella sugerencia.

La cara que puso Rio fue tan cómica, que Thomas se echó a reír y exclamó:

—¡Me encanta!
—¡Eh!, ¡un momento! ¡De eso nada! —protestó Rio.
—A mí me parece bien —comentó Lucky.

Estaban en el despacho, esperando a que Lucy les enviara por vía electrónica el listado que había conseguido en el ordenador de la policía.

De todos los hombres y las mujeres que habían estado trabajando en la base naval cuatro años atrás, durante el periodo de varios meses en el que estaban centrándose, casi treinta de ellos (todos hombres) habían tenido problemas con la ley. Veintitrés habían pasado por la cárcel, y cinco de ellos aún estaban encarcelados.

El ordenador de la policía les había dado nombres, apodos, y última dirección conocida de todos ellos, y estaban a punto de cotejar aquel listado con la información de los expedientes de personal de la Armada.

—Lucky, ese sí que es un apodo que me encantaría tener —dijo Rio.

—Ya está pillado —le recordó Mike—. Ah, acaba de llegar la lista. Voy a imprimir un par de copias.

—La suerte no viene con el nombre —le dijo Thomas a Rio—; según la leyenda, el teniente aquí presente ha llevado una vida de fábula, y por eso se dice que es un tipo con suerte.

—Y tan de fábula —Rio miró a Lucky, que estaba mirando la pantalla del ordenador por encima del hombro de Mike.

La lista contenía nombre, apodo, última dirección conocida, y una breve enumeración de los cargos imputados, las penas impuestas, y el tiempo pasado en la cárcel... el historial penal, por decirlo de algún modo.

—Oye, Lucky, me he dado cuenta de que Sydney llevaba puesta una de tus camisas hawaianas cuando ha venido hoy a trabajar —añadió Rio—. Supongo que habéis pasado una muy buena noche juntos.

Lucky alzó la mirada, y vio que Thomas y Bobby también esperaban expectantes su respuesta; al ver que incluso Michael Lee estaba mirándole, se echó a reír y les dijo:

—Estáis de coña, ¿verdad? Sabéis tan bien como yo que esto no es más que una estratagema para pillar al violador. Sí, Syd se ha quedado a dormir esta noche en mi casa, pero no ha pasado nada. Entre nosotros no hay nada de nada.

—Pero lleva puesta una de tus camisas —insistió Bobby.

—Sí, porque anoche tuve la genial idea de insultar su vestuario.

Luke había acabado durmiéndose en el sofá, y le había despertado el olor a café recién hecho; después de apartar a un lado una manta que supuso que le había puesto por encima Syd, había ido adormilado a la cocina y la había encontrado allí, duchada y vestida, y llevando puesta una de sus camisas. Le había resultado raro a la par que un poco alarmante. Era su pesadilla del día después hecha realidad: que una mujer a la que apenas conocía y que ni siquiera le caía bien se acomodara como si estuviera en su casa, e incluso llegara a adueñarse de alguna prenda de su armario. Pero en ese caso no había habido una noche previa y, además, no era una pesadilla ni mucho menos.

El café olía genial, Syd estaba fantástica con su camiseta puesta y, cuando se volvió a mirarlo sonriente, no se sintió alarmado ni incómodo, sino expectante.

Aquella mujer le gustaba, le gustaba tenerla en su casa y que formara parte de sus mañanas... y, a lo mejor, si tenía suerte, si era tan afortunado como indicaba su apodo, se levantaría al día siguiente teniéndola en su cama.

Mike le entregó tres copias impresas de la lista en ese momento, así que intentó dejar de pensar en Syd y centrarse en el trabajo. Le pasó una copia a Bobby y otra a Thomas, pero, cuando le pasó la tercera a Rio, este le miró como si pensara que se había vuelto loco y le dijo:

—A ver si lo entiendo. Estabas a solas con Syd... con Syd, una de las mujeres más increíblemente fascinantes y sexys del mundo. Pasa toda la noche en tu casa y, en vez de aprovechar semejante oportunidad, te dedicas a insultar su forma de vestir.

No tuvo tiempo de ordenarle que no metiera las narices en sus asuntos, porque justo entonces la dama en cuestión entró en el despacho con una bandeja de cartón llena de vasos de plástico de café.

—Hola, chicos. He pasado por Starbuck's, ¿quién quiere un café? ¡Ah, genial! ¿Por fin ha llegado la lista?

—Recién salida de la impresora —le contestó él.

—Entrega especial —le dijo, sonriente, al ponerle delante uno de los vasos—. Extra de azúcar, he pensado que te vendría bien después de lo de anoche.

Rio carraspeó con fuerza antes de exclamar, con los ojos como platos:

—¡Vaya!, ¡vaya!

Ella le dio una palmadita juguetona en el hombro.

—No te atrevas a pensar mal, no me refería a eso. ¡Qué mente tan sucia tienes! Luke y yo somos amigos, nada más. Le tuve hablando toda la noche, hasta que al final se quedó dormido en el sofá a eso de las tres y media de la madrugada. Es culpa mía que haya dormido tan poco.

—¿Te quedaste dormido en el sofá?

Rio hizo aquella pregunta con cara de incredulidad, pero Thomas interrumpió la conversación al decir:

—¡Eh!, aquí hay un tipo que salió de la cárcel de Kentucky cuatro semanas antes del primer ataque.

—El primero que nosotros sepamos —comentó Luke, después de lanzarle una mirada de agradecimiento al verle cambiar de tema. Se deslizó hacia él en la silla de oficina, y miró la lista por encima de su hombro—. Kentucky queda lejos, tendría que estar muy motivado para llegar a San Diego con el dinero que llevaba encima.

—Sí, pero mira lo que pone aquí, otra vez está en busca y captura. Se sospecha que estuvo involucrado en el robo de una licorería de Dallas, una semana después de que saliera en libertad.

Syd se asomó por encima del hombro de Lucky antes de preguntarles:

—¿Puede salir un presidiario de un estado sin más?, ¿no tiene que rendir cuentas ante un agente de la condicional?

Fue Bobby quien le contestó:

—Que yo sepa, la libertad condicional se concede cuando un preso sale antes de lo previsto, pero no se aplica si se cumple toda la condena.

—¿Cómo se llama ese tipo?

—Owen Finn —le dijo Lucky, antes de indicárselo en la lista con un dedo.

Cuando ella se echó un poco hacia delante para poder leer la información, Lucky se dio cuenta de que se había puesto su desodorante, aunque en ella tenía un olor diferente, un olor delicado, fresco y femenino.

Estaba loco de verdad. Tendría que haberle dicho algo la noche anterior, algo así como «Oye, ¿te apetece que nos liemos?»... Bueno, eso era un poco exagerado, pero habría estado bien un término medio entre eso y la nada absoluta, que era lo que había acabado diciendo: nada. Existía la posibilidad de que aquella atracción fuera mutua, ¿y si ella también se había pasado la noche entera deseando que la relación fuera más allá de la amistad? ¿Qué tenía de malo ser sincero?

Al fin y al cabo, ella misma había admitido que eran amigos y, como amiga, seguro que valoraba el hecho de que él le hablara con total sinceridad... ¿o no?

—A Finn le condenaron por robo —dijo ella, antes de enderezarse—. Yo pensaba que estábamos buscando a alguien que hubiera cometido agresiones sexuales o algún delito violento.

Bobby revisó el expediente que la Armada tenía del tal Finn, y fue diciendo en alto la información.

—Finn, Owen Franklin. Hijo de un galardonado con una medalla de honor, entró en la Academia Naval de Estados Unidos a pesar de no tener unas notas demasiado buenas. Dejó a medias el BUD/S en el noventa y seis, y cuatro meses después se le expulsó con deshonor por robo, delito por el que fue juzgado y condenado. Este tipo tiene los dedos muy largos, pero no se menciona que sea violento.

—¿Qué me decís de este? —Thomas señaló un nombre de la lista, y tanto Syd como Lucky se inclinaron de nuevo hacia delante—. Martin Taus, acusado de cuatro agresiones sexuales. No pudieron condenarle, se libró por culpa de un tecnicismo. No ingresó en prisión, pero pagó multas y tuvo que hacer servicios a la comunidad por daños causados en una pelea callejera en el año noventa y ocho. La última dirección que se tiene de él corresponde a un apartado postal de San Diego.

—¿Cómo les localizamos?, ¿no podemos traer a toda la gente de esta lista? —les preguntó Syd.

Al ver que se sentaba junto a él, Lucky tuvo que contener las ganas de rodearla con un brazo. De estar en la calle, habría podido hacerlo con la excusa de que se suponía que eran pareja, pero en el despacho no había necesidad de fingir. Qué lástima.

—La mayoría no viven aquí —le explicó—, y lo más probable es que las direcciones que aparecen en la lista no estén actualizadas; aun así, ten por seguro que la FInCOM va a procurar localizarles para interrogarles.

—Va a ser difícil encontrar a algunos —comentó Thomas—. El tal Owen Finn, por ejemplo... le buscan en Texas, así que seguro que no se queda demasiado tiempo en un mismo lugar.

—¿Cuándo vamos a empezar a usarme como cebo?, tenemos que fijar unas horas al día en las que parezca que siempre estoy sola en casa.

—Empezaremos esta misma noche —le aseguró Luke—. He hablado con Frisco esta mañana, me ha dicho que los aspirantes de la fase uno van a hacer una serie de sesiones nocturnas de buceo durante toda la semana que viene. Yo seré bien visible en la base desde el comienzo de cada sesión, a eso de las veintitrés cero cero, hasta que me ponga el equipo de buceo, y entonces uno de los instructores se hará pasar por mí. Con la escafandra y el traje puestos, nadie sabrá que no soy yo. Saldré de la base sin que me vean y me uniré a Bobby y a los novatos, que estarán escondidos estratégicamente fuera de nuestra casa —al darse cuenta de lo que acababa de decir, se apresuró a corregirse—: La mía, mi casa.

Alan Francisco había admitido sentirse decepcionado cuando él le había confesado que su relación con Syd era puro teatro, pero lo único que había añadido al respecto era que podía contar con él en caso de que necesitara hablar con alguien. A modo de respuesta, él le había preguntado que de qué podría querer hablar. Sí, era cierto que le preocupaba un poco que Syd se pusiera en peligro, pero lo bueno del plan que habían ideado era que podía tenerla vigilada. Todo estaba bien, no había nada de qué hablar.

—Dentro de una hora iré a poner los micrófonos en casa de Luke —dijo Bobby.

—¿Voy a estar sola en la casa desde las siete más o menos hasta las dos o las tres de la madrugada?

—No, tendremos tiempo antes de que empiecen las clases, podemos ir a cenar al centro —le aclaró Lucky—. Saldremos juntos de aquí a eso de las dieciocho cero cero... las seis de la tarde. Iremos a mi casa después de cenar, y a eso de las veintidós treinta, cuando Bobby y los demás estén en posición, me despediré de ti procurando que se vea bien que me voy y vendré a la base. Estarás sola desde ese momento hasta las dos en punto de la madrugada, son unas tres horas y media en total.

—De acuerdo. Puede que tengamos suerte y la FInCOM consiga tener a todos los sospechosos de la lista antes de esta noche y, si tenemos mucha suerte, uno de ellos será nuestro hombre.

Lucky asintió, y deseó que la buena suerte que le había granjeado su apodo hiciera acto de presencia.

CAPÍTULO 10

Syd no saboreó ni la jugosa y deliciosa langosta ni la botella de vino de cien dólares.

Entre la impresionante puesta de sol, el increíble patio al aire libre, las fantásticas vistas del Pacífico y por último (pero no por ello menos importante) el adonis de pelo rubio y ojos azules que tenía sentado delante, apenas prestó atención a la comida y la bebida de altísima calidad; de hecho, si le hubieran servido un bocata y zumo de uva, ni siquiera habría notado la diferencia.

Se pasó gran parte de la velada deseando que Luke le agarrara la mano y, cuando él alargó el brazo por fin y los dedos de ambos se entrelazaron por encima de la mesa, se pasó el resto de la velada deseando que volviera a besarla.

La había besado en la puerta del restaurante, después de darle las llaves al aparcacoches. Había sido un beso lento y profundo que la había dejado sin habla. También lo había hecho en el bar, mientras esperaban a que les dieran una mesa. Habían sido besos delicados y elegantes, besos dignos de un restaurante de cinco estrellas.

No iba vestida para un lugar así, pero era la única a la que eso parecía importarle. El maître se mostraba atento, las camareras respetuosas, y Luke... él interpretaba tan bien su papel, que incluso ella había estado a punto de creerse que estaban locamente enamorados.

—Qué callada estás.

Seguían sentados bajo aquel cielo perfecto y teñido de color, esperando a que un camarero regresara con su tarjeta de crédito. Aún la tenía agarrada de la mano, y estaba trazando círculos en la palma con el pulgar. La forma en que la miraba, el timbre suave y profundo de su voz... su comportamiento era el de un novio atento, y se le daba de maravilla interpretar aquel papel.

—¿En qué estás pensando? —añadió él.

—En besarte.

Era obvio que su respuesta le tomó desprevenido, porque dejó de mover el pulgar sobre su mano por un instante y en sus ojos relampagueó verdadera sorpresa. Abrió la boca para decir algo, pero en ese momento llegó el camarero, así que se limitó a soltar una pequeña carcajada antes de soltarle la mano con delicadeza para firmar el ticket. Después de guardarse la copia en el bolsillo, se puso de pie.

—Vamos a dar un paseo por la playa —le propuso, antes de alargar una mano hacia ella. Cuando llevaban caminando en silencio un minuto más o menos, carraspeó y le dijo—: Oye, cuando estabas pensando en besarme, lo hacías porque la idea te gustaba, o...

—Más bien me hacía gracia, en plan... Aquí estoy yo, con el hombre más guapo de todo el estado de California y, por si fuera poco, va a besarme unas cuantas veces más en lo que queda de velada. ¿Sabes que besas de maravilla? Sí, claro que lo sabes.

—A ti también se te da muy bien.

—En comparación contigo, no soy más que una principiante. No me sale eso que haces con los ojos, ni esa sonrisita tuya de «voy a besarte ahora mismo». Es algo que solo puede salirle bien a alguien con una cara como la tuya.

Él se echó a reír, estaba claro que se sentía un poco incómodo ante tales elogios.

—¡Anda ya!, no soy...

—Nada de falsa modestia, sabes perfectamente bien el físico que tienes; con una mera sonrisa tuya, todas las mujeres a treinta metros a la redonda empiezan a fantasear contigo. En cuanto entras en un sitio y dejas entrever esa dentadura tuya de anuncio de dentífrico, las mujeres se ponen a hacer cola para intentar conseguir que las lleves a tu casa.

—¡Jo!, ¡ojalá hubiera sabido que con eso me bastaba!

La miró con su mejor sonrisa, pero ella fingió un bostezo y le aseguró:

—Conmigo no funciona, anoche te oí roncar.

—¡No ronco! —al ver que ella se limitaba a sonreír, insistió—: ¡Que no!

—Lo que tú digas —su tono dejaba claro que seguía pensando lo mismo.

—Intentas provocar discusiones, incluso estas tan tontas, porque te da miedo tener una conversación seria conmigo.

—¡Eso no es verdad! Anoche mismo hablamos de temas serios —protestó, indignada.

—Sí, pero fui yo quien habló casi todo el rato, el que habló de temas serios.

—Te hablé de mi familia.

—Muy poco.

—Es que son bastante aburridos, ninguno de ellos se ha largado al Tíbet; de hecho, si alguien de mi familia va a huir a un sitio así, seguro que seré yo.

—¿Lo ves?, ¡otra vez lo mismo! Estás intentando que discutamos sobre si te irías o no te irías al Tíbet si tuvieras el dinero suficiente para hacerlo.

Quizás el Tíbet era una exageración, pero sí que estaría dispuesta a irse a Nueva York, a Boston, o a Filadelfia. El objetivo de todo aquello era conseguir regresar a la costa Este, y eso era algo que no podía perder de vista. Quería ayudar a atrapar a un violador en serie y escribir una gran crónica, la crónica más detallada y emotiva, a la vez que fiel a los hechos, que jamás se hubiera escrito sobre un grupo operativo a nivel metropolitano.

No estaba allí para besar a aquel hombre bajo la luz de la luna como si nada más importara.

La luz del anochecer iba desvaneciéndose y la luna no era más que una fina guadaña en el cielo. Desde donde estaban alcanzaban a oírse las risas y la música procedentes del Surf Club, un local de playa cercano.

—La verdad es que me gusta cómo eres, Syd —admitió él, con voz suave y el rostro oculto por completo entre las sombras—. Me haces reír, pero quiero llegar a conocerte de verdad, saber qué es lo que quieres y cómo eres realmente. Quiero saber dónde te ves en cincuenta años, saber... —soltó una carcajada que revelaba inseguridad, una inseguridad que resultaba sorprendente en alguien como él—. Quiero que me hables de Kevin Manse, saber si aún sigues enamorada de él. Quiero saber si sigues comparando con él a todos los hombres con los que te cruzas.

Syd se sorprendió tanto al oírle mencionar a Kevin Manse, que podría decirse que se quedó pasmada. Deseó poder verle los ojos, pero estaba demasiado oscuro.

—¿Qué...? ¿Cómo te has enterado de lo de Kevin Manse?

Él carraspeó un poco antes de admitir:

—El tema se trató de forma bastante detallada la primera vez que Lana Quinn te hipnotizó.

—¡Explícate!

—Resulta que retrocediste a... eh... a la primera vez que... eh... al día que le conociste.

Syd soltó una palabrota bastante fuerte antes de mascullar:

—¿Que retrocedí?, ¿qué quiere decir eso?

—Eh... supongo que sería más exacto decir que lo reviviste.

—¿Qué? ¿Qué significa eso? —su voz había subido varias octavas.

—Pues que ibas pasando de contarnos lo que pasaba a hablar con Kevin como si estuviera allí. Nos explicaste que chocaste con él en la escalera cuando estabas en una fiesta universitaria, y que te subió a su habitación. Intentamos darte prisa cuando llegaste a la parte de «¡Oh, sí, Kevin, sí!», pero...

Syd soltó otra palabrota antes de sentarse en la arena. Se cubrió la cara con las manos y le preguntó, mortificada:

—Supongo que también os enerasteis de cómo acabó esa patética historia, ¿verdad?

—Pues no, la verdad es que no —admitió él, antes de sentarse a su lado—. Oye, perdona si te he hecho pasar un mal rato. Yo solo quería saber... Es que últimamente he estado dándole muchas vueltas a ese tema, preguntándome si...

Ella le miró entre los dedos, y al darse cuenta de que estaba siendo sincero al decir que no sabía cómo había acabado aquella historia, sintió un alivio enorme. Al menos se había salvado de sufrir la mortificación más absoluta.

—¿Aún sigues enamorada de él?

Ella se echó a reír, siguió riendo y riendo y riendo, se tumbó de espaldas en la arena y contempló la inmensidad del cielo mientras intentaba tomar aire.

Se reía por no llorar. No estaba dispuesta a llorar jamás delante de aquel hombre, no si podía evitarlo.

Él también se echó a reír. En parte porque la risa era contagiosa, y en parte porque no entendía nada.

—No sabía que la pregunta iba a hacerte tanta gracia.

—No —alcanzó a decir al fin, cuando logró calmarse un poco. Respiró hondo, y soltó el aire un poco trémula—. No, no sigo estando enamorada de él; de hecho, nunca lo estuve.

—Pues cuando estabas hipnotizada dijiste que sí.

—Tenía dieciocho años, le entregué mi virginidad a ese capullo. Confundí el sexo con el amor —lo dijo con la mirada fija en el cielo, y vio aparecer las primeras estrellas.

—Entonces, no fue más que una aventura de una noche, ¿no?

Syd se volvió a mirarlo, aunque tan solo alcanzó a ver un bulto oscuro en la oscuridad de la noche.

—Una aventura de una noche... ¿Cuántas veces has hecho tú algo así?

—Demasiadas —le contestó él con sinceridad.

—Seguro que eres el Kevin Manse de alguna chica —al ver que él no contestaba, se arrepintió de haber sido tan cortante—. Perdona, me he pasado.

—Es probable que lo que has dicho sea verdad, pero en mi defensa debo decir que he procurado mantenerme alejado de las vírgenes de dieciocho años.

—Ah, vale, entonces no pasa nada, ¿no?

—¡Qué implacable eres! —exclamó él, con una carcajada.

—Al final te daré un respiro, muñeco, pero de momento estoy disfrutando de lo lindo viéndote tan incómodo —Syd se echó a reír, pero, al cabo de unos segundos, le dijo con gravedad—: Si quieres que hablemos en serio, te contaré la patética historia al completo, y eso sí que hará que te sientas incómodo. Pero, si se lo cuentas a alguien, ya puedes despedirte de nuestra amistad. ¿Está claro?

—Tengo la sensación de que no va a gustarme nada lo que voy a oír.

—Es una historia bastante desagradable —Syd se sentó y fijó la mirada en el agua—. Nunca se la he contado a nadie... ni a mi compañera de habitación en la universidad, ni a mi hermana, ni a mi madre... a nadie. Pero voy a contártela a ti porque somos amigos, y a lo mejor aprendes algo que pueda serte útil.

—Me siento como si estuviera acercándome a un accidente de tráfico; por un lado, me horroriza la posible carnicería que puedo llegar a ver, pero, por el otro, soy incapaz de apartar la mirada.

Ella se echó a reír, y le aseguró:

—No es tan horrible.

—¿No?

—Bueno, puede que sí que lo fuera en su momento —apretó las rodillas contra el pecho, se abrazó a ellas, y suspiró mientras intentaba encontrar la forma de empezar el relato—. Kevin era una gran estrella de fútbol americano en la universidad.

—Sí, eso lo mencionaste cuando estabas hipnotizada; según tú, también era estudioso, y seguro que encima era un guaperas.

—En una escala del uno al diez, era un doce.

—¡Anda ya!

Ella pensó para sus adentros que él era un cincuenta en esa misma escala, pero no era tan tonta como para confesárselo.

—Un día me topé con aquel famoso héroe del fútbol tan guapo, tan imponente, en la residencia de una fraternidad, durante una fiesta, y...

—Sí, esa parte ya me la sé. Subiste a su habitación con él... eso también me lo sé, ahí fue cuando empezaste con el «Oh, sí, Kevin, sí...».

—Ja, ja, eres el tipo más gracioso del mundo... ¡Ah, no, de eso nada, eso es lo que tú te crees!

—Perdona, ya sé que estoy comportándome como un capullo, pero es que estoy deseando saber adónde lleva todo esto, y estaba intentando... —exhaló con fuerza antes de admitir—: La verdad es que fue supersexy cuando empezaste a gemir en la consulta de Lana, me resultó bastante duro presenciarlo como si nada.

Ella cerró los ojos, avergonzada.

—¡Dios, lo siento mucho! Espero que no te sintieras ofendido.

—Sí, claro, no veas lo ofensivo que es darse cuenta de que la mujer con la que uno va a trabajar codo con codo durante semanas es increíblemente ardiente.

—¿Ardiente yo?, ¡venga ya!

—Eres un volcán en erupción.

—Ya, y supongo que el hecho de que sepas que me acosté con un tipo una hora después de conocerle no tiene nada que ver con tu decisión de intentar ligar conmigo, ¿no?

—Lo intenté incluso antes de que te hipnotizaran.

En eso tenía razón. Había sido el día anterior a la sesión de hipnosis, el día en que se habían conocido. Y después de la sesión...

—Después de la sesión con Lana Quinn fue cuando accedí a que te incorporaras al equipo, pero te puse la condición de que trabajaras en equipo. ¿Te acuerdas?

—Ni siquiera voy a molestarme en intentar entender eso.

—Anda, sigue con tu historia. Cuando estabas hipnotizada, nos contaste que Kevin le pidió después a uno de sus amigos que te llevara de vuelta a tu residencia.

—Sí. Según él, no quería que me quedara toda la noche en su cuarto para no dañar mi reputación. ¡Ja! —apoyó la barbilla en las rodillas sin dejar de abrazarse con fuerza—. Vale, siguiente día, segundo acto: Es domingo, hay un partido muy importante, y yo, que soy un verdadero genio, estoy pensando que, gracias a la botella de Jack Daniel's que Kevin y yo nos habíamos bebido casi enterita en su habitación, al final me había ido de allí sin darle mi número de teléfono al nuevo amor de mi vida. Así que me pasé la mañana escribiéndole una nota, creo que deseché unos cien borradores antes de quedar satisfecha. «Querido Kevin, lo de anoche fue maravilloso...».

Tuvo que tragar saliva para deshacer el nudo que se le había formado en la garganta. Dios, qué tonta que era, era increíble que aún le dieran ganas de llorar al pensar en el idiota de Kevin Manse.

Luke le pasó la mano por el pelo con ternura, deslizó los dedos por su espalda antes de decirle con voz queda:

—No hace falta que sigas. Ya me siento fatal con lo que me has contado y, si quieres, te juro ahora mismo que nunca más tendré una aventura de una noche. La verdad es que hace años que no hago algo así, y...

—Fui al partido de fútbol con mi patética notita, me senté en las gradas y, después de ver al chico con el que me había acostado la noche anterior haciendo un partido perfecto, intenté entrar en los vestidores del estadio. Los guardias de seguridad se rieron cuando les dije que era la novia de Kevin, pero yo no me enfadé. Me limité a sonreír, porque la temporada de fútbol no había hecho más que empezar y estaba convencida de que con el tiempo irían conociéndome. Me dijeron que Kevin siempre salía a la entrada sur a saludar a sus admiradores después de un partido, que si quería verle tenía que ir a esperarle allí, y eso fue lo que hice.

—Dios, me veo venir lo que pasó.

—Estuve esperándole una hora en la puerta sur junto con unas cincuenta personas más.

Aún recordaba el olor a cerveza derramada, el sudor, el calor y la humedad que reinaban aquella tarde. Recordaba el cosquilleo en la barriga por los nervios, las ganas que tenía de volver a ver a Kevin. Había fantaseado con lo que él iba a hacer al verla, si iba a echarse a reír y a alargar los brazos hacia ella, si iba a mirarla con la misma ternura de la noche anterior, cuando habían hecho juntos todas aquellas cosas que aún la hacían sonrojar. A lo mejor la alzaba en alto y giraba una y otra vez, victorioso tras ganar el partido, antes de besarla. Recordó haber pensado que la gente vitorearía al ver ese beso, tal y como solía pasar cuando los protagonistas acababan juntos al final de las películas románticas.

—Cuando salió al fin, se puso a firmar autógrafos. Tardé una eternidad, pero conseguí abrirme paso entre la gente, y cuando se volvió y me miró... —volvió a sentir un nudo en la garganta, y tuvo que carraspear para poder admitir, en voz baja—: No me reconoció, me miró a los ojos y no se dio ni cuenta de que era la chica con la que se había acostado la noche anterior. Me lanzó su deslumbrante sonrisa de estrella del fútbol, agarró de mi mano la nota que le había escrito, me preguntó cómo me llamaba y cómo se deletreaba mi nombre, y firmó su autógrafo en aquella hoja de papel antes de devolvérmela. «Para Sydney. Que te vaya muy bien, Kevin Manse».

Lucky se sentó en la arena y alzó la mirada hacia el cielo, que ya estaba tachonado de estrellas.

—¿Puedo intentar encontrarle?, ¿puedo ir a por él y pegarle una paliza? —se le encogió el corazón al oírla soltar una carcajada trémula. Quería volver a tocarla, abrazarla con fuerza, pero no parecía adecuado en aquellas circunstancias—. Lo siento mucho.

Era consciente de lo inadecuada que era esa disculpa, sobre todo teniendo en cuenta que durante toda la cena había estado pensando en cómo conseguir acostarse con ella esa misma noche. Al final había decidido hacerlo de madrugada, cuando regresara a casa a eso de las dos, cuando ella estuviera más receptiva y vulnerable. Iba a apagar los micrófonos y a mandar a casa al resto del equipo y, después, en la privacidad de su sala de estar, iba a...

Había decidido que le convenía ser sincero con ella, admitir que le atraía y que el deseo que sentía por ella acaparaba sus pensamientos día y noche. Pensaba ir acercándose poco a poco en el sofá hasta tenerla entre sus brazos, besarla hasta lograr que se le nublara la mente, hasta lograr que se rindiera.

Pero la verdad era que no estaba siendo realmente sincero, sino que estaba usando aquella fingida sinceridad para lograr acostarse con ella. No había pensado en lo que pasaría al día siguiente, no había tenido en cuenta ni los sentimientos de Syd ni lo que podía llegar a esperar de él.

Al igual que Kevin Manse, tan solo había pensado en sus propios deseos. ¡Dios, era un verdadero capullo!

Syd respiró hondo, y soltó el aire antes de decir:

—Será mejor que nos vayamos ya, se está haciendo tarde. Tienes que irte a la base, y yo tengo que tatuarme la palabra «víctima» en la frente para que nuestro chico malo se fije en mí —se puso en pie, y se estiró antes de ofrecerle una mano.

Él la aceptó y se levantó con su ayuda. Siempre había sabido que era una mujer fuerte, pero en ese momento se dio cuenta de que lo era mucho, muchísimo más de lo que pensaba. Se aferró a aquella mano, presa de un súbito miedo... miedo a no gustarle como persona, a que estuviera aguantándole porque no le quedaba más remedio, a lo que pudiera escribir sobre él en su crónica cuando atraparan al violador, y miedo a no volver a verla nunca más cuando todo aquello terminara.

—Oye, Syd, ¿me odias?

Ella se volvió a mirarlo, le acarició la mejilla y le contestó con una voz llena de diversión y de algo más, algo cálido que le envolvió y le llenó de un sentimiento que iba más allá del mero alivio.

—¿Estás de broma? Ya sé que parece una locura, pero me parece que eres el mejor amigo que he tenido en toda mi vida.

CAPÍTULO 11

Syd se despertó cuando el teléfono empezó a sonar. Le echó un vistazo al despertador que había sobre la mesita del cuarto de invitados de Luke, y vio que eran las cuatro menos ocho de la madrugada. Se preguntó quién podría estar llamando a aquellas horas, pero se incorporó de golpe con el corazón en un puño al darse cuenta de la respuesta obvia: El violador no se había tragado el anzuelo, y otra mujer más había tenido la desdicha de convertirse en su víctima.

Podía oír a Luke hablando en voz baja en la otra habitación. No alcanzaba a entender lo que estaba diciendo, pero a juzgar por cómo iba alzando cada vez más la voz y por la furia que se reflejaba en su tono al hablar, estaba claro que no estaba recibiendo una buena noticia.

Cuando él había llegado a casa poco después de las dos, le había notado muy callado, incluso pensativo, además de agotado; después de hacer una ronda por la casa para asegurarse de que tanto las puertas como las ventanas estaban bien cerradas, se había metido en su cuarto sin más, así que ella había optado por acostarse en la estrecha cama del cuarto que le había asignado (que seguro que era el cuarto que Ellen, su hermana, usaba años atrás).

Había intentado dormirse sin éxito, y tenía la sensación

de que acababa de adormilarse cuando el teléfono había empezado a sonar.

Se puso de pie al oír un golpe procedente de la habitación de Luke, como si algo se hubiera caído al suelo, pero mientras se debatía entre ir a ver si estaba bien o esperar la puerta se abrió de golpe.

—¡Vístete, deprisa! —le ordenó él, iluminado desde atrás por la luz del pasillo. Estaba en calzoncillos, tenía la respiración agitada y el rostro tenso—. Tenemos que ir al hospital, han atacado a Lucy McCoy.

Syd tuvo que correr para no quedarse atrás mientras recorría el pasillo del hospital junto a Luke, y una letanía se repetía una y otra vez en su mente: «Lucy McCoy. Dios, no, ella no».

No sabía quién había llamado a Luke para avisarle, pero quienquiera que fuese no había podido facilitarle ningún detalle. No sabían lo grave que estaba Lucy, ni siquiera si aún seguía con vida.

Luke aceleró aún más el paso al ver aparecer a Bobby al final del pasillo y, en cuanto estuvo lo bastante cerca para hacerse oír sin necesidad de gritar, le ordenó:

—Informe de situación.

—Está viva y no la han violado —les informó Bobby, con rostro sombrío, mientras echaba a andar junto a ellos—, pero esas son las únicas buenas noticias. La tienen en la UCI, en cuidados intensivos. He conseguido que un médico se parara a darme algunas explicaciones, y ha usado palabras como «grave lesión en la cabeza» y «coma». Tiene fracturados la clavícula, un brazo, y también una costilla que le ha perforado el pulmón.

—¿Quién está con ella? —le preguntó Luke, con voz tensa.

—Wes y Mia, Frisco está encargándose del papeleo.

—¿Ha intentado alguien contactar con Blue?

—Sí, yo lo he intentado y Frisco también, pero hay muchas interferencias. Quién sabe dónde está el comando Alfa en estos momentos, ni siquiera he conseguido que alguien me diga en qué hemisferio se encuentran.

—Llama al almirante Robinson —le ordenó Luke, cuando se detuvieron a las puertas de la Unidad de Cuidados Intensivos—. Seguro que él puede enviarles un aviso.

Bobby se marchó a cumplir la orden, y en ese momento Mia Francisco salió de la UCI y le dio un fuerte abrazo a Luke.

—Me ha parecido oír tu voz —le dijo, con los ojos enrojecidos por el llanto.

Él posó una mano sobre su abultado vientre antes de decirle con voz suave:

—No sé si deberías estar aquí.

—¡Tengo que estar! —protestó, con voz trémula, antes de abrazar también a Syd—. El médico dice que las próximas horas son decisivas si Lucy consigue aguantar hasta mañana... —la voz se le quebró.

—¡Dios mío! —exclamó Syd—, ¿tan grave está?

Mia asintió, y Luke le preguntó:

—¿Puedo entrar a verla?

—Sí, está en la habitación número cuatro. Por regla general, en la UCI solo dejan entrar a los familiares de un paciente, pero, como Blue está fuera del país, los médicos y las enfermeras nos permiten estar con ella. He llamado a Veronica y a Melody, ya tienen los billetes de avión para llegar mañana mismo por la mañana. Nell y Beca vendrán dentro de una hora más o menos, PJ ya está en la escena del crimen.

Luke abrió la puerta de la UCI, y Syd entró tras él.

En aquella sección del hospital no existía la noche, era una zona bien iluminada por donde médicos y enfermeras circulaban atareados como si fueran las doce del mediodía.

Luke se detuvo al llegar a la puerta de la habitación número cuatro, y Syd le tomó de la mano.

Lucy parecía muy pequeñita y frágil tumbada en la cama del hospital, conectada a un sinfín de aparatos y monitores. Tenía la cabeza vendada, y el único color que le teñía el rostro era el de los moratones. Tenía una hilera de puntos de sutura sobre la ceja izquierda, la boca magullada, los labios hinchados y rotos, el ojo izquierdo amoratado y cerrado por la hinchazón.

Wes, que estaba sentado junto a la cama con la cabeza gacha, la tenía tomada de la mano y alzó la cabeza al oírles entrar a pesar de que procuraron no hacer ruido. Tenía los ojos tan enrojecidos como Mia, estaba llorando.

Syd siempre le había considerado un posible sospechoso, y no pudo evitar preguntarse si aquel hombre estaba junto a Lucy en el hospital para asegurarse de que moría, si había sido él quien la había atacado. Era una idea horrible que parecía sacada de una mala película.

—Hola, Luce —Luke intentó hablar con naturalidad, pero apenas le salió un hilo de voz—. Supongo que no vas a despertarme y a contarme lo que ha pasado, ¿verdad?

Lucy no se movió, y el monitor cardíaco siguió emitiendo el rítmico pitido que marcaba los estables latidos de su corazón.

Wes no hizo ningún movimiento sospechoso, no apartó la mirada, no empezó a sudar ni a temblar ante la posibilidad de que Lucy abriera los ojos y revelara lo sucedido. Siguió allí sentado, llorando y sujetándole la mano, y limpiándose de vez en cuando los ojos con la manga de la camiseta.

—De acuerdo, pues ya volveré después para que podamos hablar, ¿te parece bien?

Lucy siguió sin reaccionar a las palabras de Luke y, aunque él siguió luchando por mantener la compostura, se aferró a la mano de Syd con una fuerza casi dolorosa.

—Aguanta, Lucy, aguanta —le rogó él, con voz enronquecida por la emoción—. Blue llegará muy pronto, te lo prometo. Aguanta, por favor.

Lucky estaba en el dormitorio de Blue y Lucy McCoy, que estaba situado en la segunda planta de la vivienda, contemplando con rostro tenso las lámparas destrozadas, la mecedora volcada, el colchón medio sacado del armazón de la cama, las manchas de sangre tanto en las sábanas como en el suave tono amarillento de la pared, y la ventana rota que daba al jardín trasero.

Era un jardín lleno de flores que empezaba a cobrar vida bajo la suave y delicada luz del amanecer, y, al asomarse a la ventana, Luke alcanzó a ver los cristales rotos que había esparcidos por el césped.

Syd permanecía en la puerta sin decir nada. Cuando habían llegado y habían visto el estropicio que evidenciaba la violenta y sangrienta lucha que había ocurrido en aquella habitación, la había oído ir a toda prisa al baño y vomitar, pero había regresado de inmediato. Pálida y temblorosa, pero decidida a permanecer allí.

PJ Becker entró en la habitación seguida de los agentes de la FInCOM asignados al grupo operativo. Su reciente ascenso la había hecho subir en la cadena de mando de la FInCOM, y el agente que la acompañaba parecía un poco deslumbrado al tenerla cerca.

—Dave, ya conoces al teniente O'Donlon y a Sydney Jameson. Teniente, Dave Sudenberg es uno de nuestros mejores expertos en ciencia forense. He pensado que te interesaría saber su opinión sobre lo que ha pasado aquí esta noche, teniendo en cuenta que la inspectora McCoy aún no está en condiciones de contárnoslo.

Cuando Lucky asintió, Dave Sudenberg carraspeó un poco antes de decir:

—Todo apunta a que el criminal entró en la casa por una de las ventanas de la primera planta. Consiguió bloquear en parte el sistema de seguridad sin llegar a apagarlo por completo, y eso fue toda una suerte, porque las luces y las alarmas del sistema acabaron por contribuir en gran medida a salvarle la vida a la inspectora.

Señaló hacia la puerta junto a la que estaba Syd, y añadió:

—Entró en este dormitorio por esa puerta y, a juzgar por las salpicaduras de sangre que hay en las sábanas, podemos deducir que Lucy estaba acostada y dormida cuando él le propinó el primer golpe, que seguramente fue el que le rompió la nariz. La golpeó con los puños, habría mucha más sangre si hubiera usado otra cosa. Ella se defendió como una jabata y lo más probable es que intentara agarrar la pistola que guardaba bajo la cama, pero, al ver que él le impedía alcanzarla, le golpeó con esta lámpara. Análisis preliminares ya han demostrado que la sangre que hay en este trasto no es la de Lucy.

Les indicó los restos destrozados de lo que había sido una lámpara halógena de pie, y siguió con el relato.

—El tipo se enfurece cuando ella le golpea con la lámpara, la lanza contra esta pared y la golpea una y otra vez. Creo que uno de esos puñetazos es el que ha provocado la más grave de las lesiones en la cabeza. Le aprieta el cuello con las manos para intentar asfixiarla, pero ella logra liberarse, consigue no perder la consciencia. Y entonces hace lo que creo que le ha salvado la vida: se lanza por la ventana atravesando el cristal, y eso hace que salte la alarma y despierten los vecinos. El tipo huye, y la policía llega y la encuentra medio muerta en el jardín.

Lucky miró a Syd mientras luchaba por mantener la compostura. Lucy sabía que una caída así podía matarla, eso estaba claro. A lo mejor se había lanzado por la ventana porque estaba convencida de que no tenía posibilidad alguna de sobrevivir si permanecía en la habitación con el agresor. Luchar, o rendirse sin oponer resistencia. Quizás había pensado que iba a morir en cualquiera de los dos casos, y había optado por huir a pesar del riesgo que corría al lanzarse por la ventana de un segundo piso.

Era posible que ella no pudiera explicarse jamás, que no pasara de aquella noche o que no llegara a despertar nunca del coma. Era posible que Blue tuviera que enterrar a su mujer al volver a casa.

PJ se acercó a la ventana para echarle un vistazo al jardín, y comentó con gravedad:

—Dave piensa que se rompió la clavícula y el brazo en la caída, pero la costilla y la nariz rotas, las magulladuras en el cuello y las graves lesiones de la cabeza son obra de nuestro hombre.

—Tenemos suficiente ADN para comprobar si coincide con las muestras de piel y semen que dejó en las otras víctimas, ya he mandado muestras al laboratorio —apostilló Sudenberg.

—¿Cuánto van a tardar la policía y la FInCOM en detener e interrogar a los sospechosos de la lista que Syd ayudó a recopilar? —Lucky sentía una opresión tan grande en el pecho y en el cuello, que le costó pronunciar las palabras.

—Eso está en marcha, pero son procesos que requieren su tiempo —le contestó PJ, mientras se dirigía hacia la puerta. Le hizo un gesto a Sudenberg para indicarle que la siguiera antes de añadir—: Me encargaré de que te pasen los informes actualizados conforme vayan llegando.

—Gracias.
—Nos vemos en el hospital.

Lucky estaba en su cocina, mirando sin ver por la ventana de encima del fregadero, mientras luchaba por contener las lágrimas que amenazaban con inundarle los ojos.

Lucy había superado la noche, pero no había salido del coma; por otra parte, no habían logrado localizar a Blue ni con la ayuda del almirante Robinson. Aunque este sabía dónde estaba el comando Alfa y había accedido a romper el silencio de radio para contactar con ellos, las montañas y el terreno rocoso estaban bloqueando la señal. El teniente Mitch Shaw, uno de los operativos del Grupo Gris del almirante, se había presentado voluntario para ir tras ellos, enviar a Blue de vuelta a casa, y ocupar su lugar en la importante misión que estaban llevando a cabo.

En el mejor de los casos, Shaw tardaría cuatro días en adentrarse en el hostil y casi impenetrable territorio enemigo y en encontrar al comando Alfa (y suponiendo que los encontrara de inmediato, lo que ya en sí era prácticamente imposible), y cuatro días más en sacar a Blue de allí. De modo que, en el mejor de los casos, Blue tardaría nueve o diez días como mínimo en estar de vuelta junto a su mujer.

¡Nueve o diez días! ¡En aquellas circunstancias, eso era una eternidad!

Oyó que Syd entraba en la cocina, pero no se volvió a mirarla.

—A lo mejor debería irme de tu casa —le dijo ella, con voz queda—. Supongo que lo que quieres es estar solo, y...

Él se volvió de golpe al oír aquellas palabras, y la interrumpió con un sinónimo de «no» bastante soez.

—¿Adónde piensas ir?, ¿a tu piso? ¡Ni se te ocurra plantearte siquiera volver sola a ese sitio!, ¿está claro? ¡Solo irás por allí si yo te acompaño! ¡A partir de ahora, no vas a dar ni un paso tú sola!, ¿te queda claro?

Se dio cuenta de que estaba gritándole, de que se había puesto como una fiera a pesar de que lo único que había hecho ella era intentar ser considerada. Pero Syd no se enfadó ni se achantó, horrorizada, y tampoco dio media vuelta y se largó indignada. Lo que hizo fue dar un paso al frente y alargar la mano hacia él.

—Luke, sabes que no tienes la culpa de lo que ha pasado, ¿verdad?

Él tenía un nudo enorme obstruyéndole la garganta y no conseguía tragárselo por mucho que lo intentara, era incapaz de hacerlo bajar a través de la opresión que le aprisionaba el pecho.

—Tendría que haber insistido hasta que me hiciera caso —susurró al fin—. Intenté convencerla de que durmiera en la comisaría, pero ella le tenía una fe ciega a su dichoso sistema de seguridad.

Syd estaba mirándole con tanta compasión en los ojos... Sabía que, si ella le tocaba, estaba perdido; si ella le tocaba, todo lo que estaba luchando por contener dentro saldría de golpe. El sentimiento de culpa, la furia y el miedo... Dios, estaba muerto de miedo... brotarían como agua rebosando por encima de una presa.

Retrocedió un paso antes de decir:

—No quiero que sigas haciendo de cebo, no después de lo que ha pasado. No, ni hablar. Se acabó, a partir de ahora vas a tener que mantenerte alejada de mí. Voy a ordenarle a Bobby que no te pierda de vista, va a estar contigo las veinticuatro horas del día.

—Eso no tiene sentido —le contestó ella, mientras avanzaba un paso más—. Es posible que este plan sea la única forma de detener a ese tipo, y sé que estás deseando atraparle.

—Y que lo digas —se limitó a decir, con una carcajada seca.

—Yo creo que será mejor que intentemos dormir un poco. Ya hablaremos del tema después, cuando hayamos tenido tiempo de pensar las cosas con calma.

—No hay nada que pensar, el riesgo de que algo salga mal es demasiado grande. Ese tipo podría matarte en el tiempo que tardemos en entrar en la casa, aunque estemos en el patio. Eres más menudita que Lucy, Syd. Si te golpeara como la ha golpeado a ella... —se le quebró la voz, y tuvo que respirar hondo antes de poder seguir hablando—. Me niego a poner en peligro así tu vida. La mera idea de que estés a solas con ese tipo, aunque solo sea un segundo...

Se sintió horrorizado cuando las lágrimas contra las que estaba luchando con tanta fuerza le inundaron los ojos. En esa ocasión no pudo seguir conteniéndolas y, aunque se las secó enfurecido, siguieron brotando sin cesar.

Cielo santo, estaba llorando. Estaba llorando como un niño de dos años delante de Syd. Aquello era el fin, la humillación más grande...

Pero ella no se echó a reír, no le lanzó una de esas miradas de «¡Madre mía!, ¡qué idiota y patético eres!» que se le daban tan bien. No, lo que hizo fue abrazarlo con fuerza y decirle con voz suave:

—Llora todo lo que quieras, mis labios están sellados.

Él no pudo evitar reírse al oír aquello.

—Sí, pero tú lo sabrás.

—Ya lo sabía —alzó la cabeza, y le apartó el pelo de la cara mientras lo miraba con ojos llenos de ternura.

La opresión que sentía en el pecho se intensificó aún más, el dolor era terrible.

—Me moriría si te pasara algo, Syd.

Se le quebró la voz al pensar en Blue, en lo que iba a sentir cuando, estando en alguna remota jungla, le dijeran que la mujer a la que amaba más que a la vida misma estaba hospitalizada, que a lo mejor estaba muriéndose o incluso muerta.

De pronto pasó de llorar a sufrir un colapso emocional en toda regla, empezó a sollozar como no lo había hecho desde la muerte de Isidro, y se aferró a Syd como si ella pudiera salvarle. Le fallaron las piernas, y fue bajando hasta quedar sentado en el suelo de la cocina.

Syd no le soltó, siguió abrazándole sin decir palabra ni intentar que dejara de llorar. Se limitó a sentarse junto a él y a acunarle con suavidad.

Incluso en el caso de que Lucy despertara, de que abriera los ojos al día siguiente, habría sobrevivido, pero nada más. Blue no podía volver atrás en el tiempo y borrar el trauma que había sufrido, no podía borrar el miedo que seguro que ella había sentido al luchar por su vida, al enfrentarse a un hombre que quería violarla y asesinarla en su propio dormitorio, un lugar donde ella se había sentido completamente segura hasta el momento. Siempre, por el resto de sus vidas, habría un eco permanente de aquel miedo en sus ojos, y eso suponiendo que sobreviviera.

Si moría...

¿Cómo iba a seguir viviendo Blue?, ¿cómo iba a poder respirar siquiera, si le habían arrancado el corazón del pecho? ¿Pasaría el resto de su vida perseguido por el recuerdo de los ojos de Lucy?, ¿estaría buscando siempre su sonrisa entre el gentío de una calle? ¿Se giraría al notar el suave olor de su perfume y la buscaría con la mirada, a pesar de saber que se había ido para siempre?

Él no iba a correr el riesgo de estar algún día en la situación en la que se encontraba Blue, no iba a casarse jamás. «No voy a casarme nunca» había sido su mantra durante años mientras rechazaba la idea del compromiso, de atarse a una persona, pero en ese momento adquiría un significado especial.

No quería ir por la vida sintiendo el miedo que comportaba amar a alguien. ¡No quería vivir así!, ¡no quería!

Y sin embargo, el estado en el que estaba en ese momento hablaba por sí solo. Si había quedado reducido a aquella temblorosa masa gelatinosa no era solo por empatía con Blue, gran parte de la emoción que estaba haciéndole berrear como un tonto era aquel miedo angustioso que le oprimía el pecho y le cerraba la garganta.

La idea de que Syd pasara un solo segundo a solas con el hombre que le había pegado la paliza a Lucy le enloquecía, la idea de que la golpearan hasta hacerla entrar en coma le aterraba... pero la idea de que ella saliera de su vida cuando el violador de San Felipe fuera detenido y encarcelado era casi igual de aterradora.

La amaba.

¡No! Por el amor de Dios, ¿de dónde había salido semejante idea? Seguro que era fruto de una sobredosis de las extrañas hormonas que debía de haber liberado en su interior aquel arrebato emocional.

Respiró hondo, aún trémulo, y se apartó de ella. No la amaba, eso era una locura. Era Lucky O'Donlon, un hombre que no quería saber nada del amor.

Después de secarse los ojos y la cara, alzó la mano hacia el servilletero que había sobre la mesa, se hizo con una servilleta de papel, y se sonó la nariz. La lanzó al cubo de la basura, que estaba en el otro extremo de la cocina, y la canasta perfecta que logró demostró una vez más que hacía honor a su apodo, que realmente era un tipo con suerte. Entonces, sin levantarse del suelo, apoyó la espalda contra uno de los muebles de la cocina. Estaba exhausto.

No, no la amaba. Tan solo estaba un poco confundido, nada más y, por pura precaución, hasta que pudiera dormir un poco y se le aclararan las ideas, lo más sensato sería poner algo de distancia entre los dos.

No era el momento de dar rienda suelta a la abrumadora atracción física que sentía por aquella mujer; aunque le habría encantado poder disfrutar de un poco de sexo ardiente antes de quedarse dormido como un tronco, no iba a hacerlo.

Además, no estaría bien que se aprovechara de que ella estaba muy sensible en ese momento... y eso suponiendo que ella le dejara aprovecharse, después de ver lo patético y blandengue que era.

—Perdona, vaya espectáculo —intentó esbozar una sonrisa de disculpa, pero fue incapaz de mirarla.

Ella permaneció sentada en silencio a su lado hasta que al final, al cabo de unos segundos, Lucky notó más que vio que se arrodillaba hasta quedar de cara a él... y fue entonces cuando le apartó el pelo de la frente.

Al notar el contacto de aquellos dedos contra su acalorada piel, se volvió a mirarla por fin. La verdad era que no pudo evitarlo, porque Syd se había inclinado hacia delante y tenía la cara a unos cinco centímetros de la suya.

Lo miraba con tanta calidez, que se vio obligado a cerrar los ojos por miedo a ponerse a llorar de nuevo; como no veía nada, no la vio inclinarse un poco más hacia él, pero dedujo que lo había hecho al sentir que lo besaba.

Syd lo besó en la cocina de su casa, donde no había nadie observándoles, donde nadie podía verles.

Fue un beso increíblemente dulce y tierno, tan ligero como el roce de una pluma. Sintió que le flaqueaban las piernas, y se alegró de estar sentado.

Ella volvió a besarlo, pero en esa ocasión no le tomó por sorpresa y la besó a su vez, capturó su boca con la misma suavidad, y con la punta de la lengua notó el gusto salado de sus propias lágrimas en los labios de Syd.

Al oírla suspirar le dio otro beso, uno más largo y profundo; cuando notó que ella abría la boca, que deslizaba la lengua contra la suya en una caricia lenta y exquisita, se rindió por completo.

Mandó a la porra todos los argumentos con los que había intentado convencerse a sí mismo de que tenía que mantener las distancias con ella, a la porra con la confusión que le había embargado antes. La confusión le gustaba, le encantaba. ¡Si aquello era confusión, entonces quería más!

Cuando la tomó entre sus brazos, ella se apretó contra él y le acarició el pelo, el cuello y la espalda. Saboreó la sensación de sentir su cálido cuerpo contra el suyo, la suavidad de sus pechos.

Ya la había besado antes, pero nunca así. Nunca había sido tan real. Fue un beso que prometía mucho, que dejaba entrever la posibilidad de alcanzar un verdadero paraíso.

La besó una y otra vez, fue perdiéndose poco a poco y con languidez en aquella dulce boca, se tomó su tiempo de forma deliberada para no presionarla a dar un paso más.

Le bastaba con aquellos besos. Sí, claro que la deseaba, pero, si se pasaban las cuatro horas siguientes besándose sin más, se conformaría sin rechistar. Besarla durante cuatro horas no era aprovecharse de ella, ¿verdad?

Pero fue Syd la que les hizo perder la razón a ambos.

Se colocó a horcajadas sobre él y empezó a desabrocharle la camisa mientras le devoraba con un beso posesivo, un beso largo, duro y profundo que le catapultó junto a ella a un lugar de jadeos entrecortados y turbulenta pasión, un lugar donde el mundo entero desapareció, donde no existía nada salvo la calidez de los ojos y el cuerpo de Syd.

Cuando ella le quitó la camisa sin dejar de besarlo, él empezó a desabrocharle la suya (la camisa hawaiana que había tomado prestada de su armario), y se quedó sin aliento al notar la suavidad de su cuerpo bajo la prenda de seda, al ver lo perfectamente bien que encajaban aquellos senos en sus manos, al contemplar los fruncidos pezones.

Cuando ella se echó un poco más hacia delante y apretó su cálida entrepierna contra su erección, estuvo a punto de echarse a llorar otra vez como un tonto. No había duda de que lo deseaba tanto como él a ella.

Syd siguió besándolo sin parar con pasión desatada, con besos que le arrebataron el aliento y le pusieron el corazón a mil. Estaba tan enloquecido, que fue incapaz de acabar de desabrocharle la camisa y al final optó por subírsela y quitársela a tirones por encima de la cabeza.

En cuanto ella se desabrochó el sujetador negro de encaje, empezó a acariciarle los pechos con las manos y la boca. La besó y la saboreó, y entonces se echó un poco hacia atrás para poder mirarla a placer. Pequeña pero perfecta... Era la mujer más femenina, más exquisita que había visto en toda su vida. Tenía unos hombros tersos y esbeltos, la clavícula y la base del cuello eran verdaderas obras de arte, y en cuanto a los pechos... ¿Por qué demonios se empeñaba en ir siempre tan tapada?, ¿por qué ocultaba todo aquello?

La atrajo hacia sí y volvió a besarla, rodeó con los brazos aquella maravillosa y tersa piel y saboreó la sensación de tener aquellos senos apretados contra su pecho.

Ella empezó a desabrocharle el cinturón y, aunque no era una tarea nada fácil, en cuestión de segundos abrió la hebilla y le bajó la bragueta. Él intentó desabrocharle el botón de los pantalones con manos temblorosas y torpes y, cuando ella se apartó y se levantó para bajárselos y quitarse las sandalias, él hizo lo propio con sus zapatos y sus propios pantalones, aunque sin molestarse en ponerse de pie.

—¿Dónde guardas los condones? —le preguntó ella, con voz ronca.

—En el cuarto de baño, dentro del botiquín.

Por alguna razón, a ella le sorprendió aquella respuesta.

—¿En serio? Yo creía que los tendrías en el cajón de arriba de la mesita de noche, junto a tu cama de agua.

Él se echó a reír.

—Siento tener que decirte esto, pero no tengo una cama de agua.

—¿Y tampoco una lámpara de lava?

Él negó con la cabeza mientras sonreía como un idiota, y admitió:

—Y tampoco tengo ni una sola luz negra, lo siento. Como guarida de un soltero, la verdad es que deja bastante que desear —no podía dejar de devorarla con la mirada mientras hablaba. Ella estaba increíblemente hermosa allí, de pie ante él, desnuda de pies a cabeza.

—Supongo que es preferible que no tengas cama de agua a que no tengas condones. Oye, por muy tentadora que sea la idea de hacerlo aquí mismo, en el suelo de la cocina, yo voto por ir a tu dormitorio después de hacer una breve parada en el cuarto de baño.

Oírle mencionar el dormitorio le hizo cobrar plena conciencia de lo que estaba pasando, y se sintió obligado a preguntarle:

—Syd, ¿estás segura?

Ella le lanzó aquella mirada de «¿Estás de coña?» tan típica en ella antes de contestar:

—A ver, estoy en pelotas en medio de tu cocina, a punto de ir al cuarto de baño a por un condón para que podamos follar hasta quedar rendidos. Si eso no es un «sí» inequívoco, que venga Dios y lo vea.

—¿Fo... follar hasta quedar rendidos? —alcanzó a decir, con la boca seca.

—Estoy hablando de un sexo salvajemente apasionado, delirantemente explosivo, exquisitamente delicioso, salvaje, desenfrenado, un sexo que extasíe y haga sudar, sucio, ardiente, de infarto, aturdidor, sin barreras, que nos haga gritar hasta desgañitarnos —le miró con una sonrisa de lo más inocente al preguntar—: ¿Te apetece?

Él tan solo alcanzó a asentir, porque se le habían paralizado las cuerdas vocales. Pero las piernas seguían funcionándole de maravilla.

Ella consiguió ser la primera en llegar al dormitorio, y después de lanzar el condón sobre la mesita, se arrodilló en medio de la cama. Le recorrió con la mirada de pies a cabeza antes de preguntarle:

—¿No piensas quitarte los calzoncillos?

—No quería asustarte —lo dijo para hacerla reír, y consiguió su objetivo.

—Ven aquí.

Obedeció sin dudarlo, y Syd le besó mientras se echaba hacia atrás y tiraba de él.

Había fantaseado a menudo con tenerla desnuda bajo su cuerpo, con tener sus tersas piernas entrelazadas con las suyas. Había estado con muchas mujeres y la fantasía siempre había superado con mucho a la realidad, pero con Syd no fue así. Al fantasear con ella había quedado muy lejos de imaginar lo maravilloso que sería ese momento, porque lo que sentía iba mucho más allá del mero placer físico.

Se quedó cautivado al ver cómo se le iluminaban los ojos, al ver que le sonreía como si estuviera disfrutando como nunca en su vida al hacer el amor con él.

Deslizó las manos por su espalda y el trasero. Era suya, toda suya, y se echó a reír mientras la acariciaba. Sentía una necesidad insaciable de tocarla, de acariciarla.

Hizo un poco de presión con los muslos para instarla a que abriera las piernas, la besó mientras bajaba una mano por sus pechos y su vientre, y al llegar a la entrepierna la acarició con suavidad. Se sintió embriagado al ver lo húmeda y cálida que estaba, y ella se abrió más de piernas y alzó las caderas para que la penetrara aún más con los dedos.

—Creo que ya es hora de que te quites los calzoncillos —le dijo, jadeante. Se los bajó ella misma con su ayuda, y soltó un suspiro de aprobación antes de cerrar la mano alrededor de su miembro erecto.

Él cerró los ojos, y alcanzó a murmurar:

—Supongo que no te asustas con facilidad.

—Estoy aterrada —le aseguró ella, antes de besarle.

Su boca era cálida y húmeda y tersa, y el explosivo placer que se adueñó de él le hizo ver hasta fuegos artificiales.

Estaba desesperado, no podía esperar más. Se colocó encima de ella y se abrió un hueco entre sus piernas. Estaba tan al límite, que temblaba de pies a cabeza.

Al darse cuenta de que había estado a punto de olvidarse del condón, se echó a un lado para poder alcanzar la mesita, abrió el paquetito, se puso la protección a toda prisa... y no tuvo tiempo de volver a cubrirla con su cuerpo, porque Syd se sentó a horcajadas sobre él de inmediato y con un fluido movimiento hizo que la penetrara hasta el fondo.

Si hubiera sido un hombre propenso a tener ataques al corazón, en ese momento habría caído fulminado; por suerte, tenía un corazón sano a pesar de que en ese momento martilleaba a unos cuatrocientos latidos por minuto.

Sexo salvaje, había dicho ella. Sexo apasionado, delirantemente explosivo...

No habría sabido decir dónde terminaba él y empezaba ella. Se movían juntos en perfecta sincronía mientras se besaban, se acariciaban, respiraban.

«Delicioso, salvaje, desenfrenado...».

Rodó hasta quedar encima para tener el control del movimiento, aumentó el ritmo y la dureza de sus embestidas. A ella le encantó, se movió igual de enfebrecida que él, arqueó el cuerpo para que pudiera penetrarla más hondo, y alimentó con sus besos el fuego que le consumía.

Estaba cubierto de sudor, tener el cuerpo resbaladizo de Syd pegado al suyo era un placer exquisito.

De pronto rodaron una vez más hasta que ella quedó encima y se irguió hasta quedar a horcajadas. Tenía los pechos brillantes de sudor y el pelo húmedo y pegado a la cara, y echó la cabeza hacia atrás mientras se echaba a reír.

—¿Es solo cosa mía, o esto es increíblemente alucinante? —le preguntó, sonriente.

—Increíble, increíble... —alcanzó a decir él, jadeante.

Ella bajó el ritmo, y cada uno de sus lentos movimientos fue acercándole más y más al borde del abismo.

Alzó la mano y le acarició la cara, el cuello y los pechos, y notó que ella empezaba a correrse. Sin dejar de mirarlo, susurró su nombre en un pequeño gemido gutural, y a él le pareció el sonido más sexy que había oído en toda su vida.

La abrazó con fuerza y la besó mientras su propio orgasmo se abría paso en su interior. Fue algo de infarto, aturdidor, un placer que extasiaba... aquello no era sexo.

No, no era sexo, era hacer el amor, porque, por mucho que le costara admitirlo, la verdad era que estaba enamorado de ella.

CAPÍTULO 12

—Nada ha cambiado —afirmó Luke, mientras trazaba círculos con la punta de un dedo alrededor del ombligo de Syd.

Estaba apoyado en un codo, y los dos yacían entre las revueltas sábanas. Habían dormido unas cinco horas, y el sol ya estaba bien alto. Él había llamado al hospital, y le habían informado de que Lucy seguía igual.

—No quiero usarte de cebo, Syd. No creo que sea capaz de hacerlo.

Estaba monísimo con el pelo despeinado, y era la primera vez que le veía sin afeitar; por alguna razón, le sorprendió que también tuviera los pelillos de la barba de color dorado, aunque era algo que cabía esperar.

—¿Qué propones que hagamos? —le preguntó, mientras le acariciaba la barbilla y trazaba con el pulgar aquellos labios tan increíbles.

—Que finjamos que rompemos.

—¿Que lo finjamos? —no quería que él se diera cuenta de que estaba en vilo, y fue incapaz de mirarle.

—No quiero que lo nuestro termine, pero necesito que estés a salvo.

Era una excusa, tenía que serlo, porque, tal y como él

mismo había dicho, nada había cambiado. Romper con él no haría que estuviera más segura.

Se apartó un poco, se cubrió con la sábana, y luchó por aparentar naturalidad.

—Mira, yo creo que está claro que ni tú ni yo esperábamos que pasara esto. Hemos tenido un par de días bastante duros, y las cosas se nos han ido de las manos...

Él se echó a reír antes de preguntarle con incredulidad:

—¿Lo dices en serio?, ¿realmente crees que esto ha pasado porque las cosas se nos hayan ido de las manos?

Syd hizo un esfuerzo, y se obligó a mirarlo a los ojos al preguntar:

—¿No ha sido por eso?

—¡Claro que no! Y respecto a lo de que no esperábamos que pasara, te aseguro que yo estaba deseándolo; de hecho, no dejaba de maquinar para conseguirlo, contaba con ello, quería que pasara —le plantó un intenso beso en la boca antes de añadir—: Te deseaba y aún te deseo, pero mi prioridad es que estés a salvo.

—¿Maquinaste...?

—Llevo un par de semanas loco por ti, ricura.

—¡Pero solo hace un par de semanas que nos conocemos!

—Exacto.

Syd estaba mirándole a los ojos, y se dio cuenta de que estaba siendo sincero. Se quedó pasmada, no se había dado cuenta de nada en aquellas semanas... Bueno, menos cuando la besaba. Él había dicho que era para interpretar el papel de falsa pareja, pero los besos habían parecido muy reales.

—Creía que estabas inventándote una excusa absurda para romper porque no querías tenerme cerca, que...

—¿Qué?, ¿creías que esto no había sido más que una aventura de una noche? —se tumbó de espaldas, y fijó la mirada en el techo—. No sé cómo has podido pensar que sería capaz de hacerte algo así, sobre todo después de contarme lo de ese... ese jugador de fútbol americano que no voy a mencionar, porque no soporto ni oír su nombre.

—Pues...

Él alzó la cabeza y la miró con expresión penetrante al preguntarle, muy serio:

—¿Tenías pensado tú que esto no fuera más que un rollo de una noche?

—La verdad es que ni siquiera pensaba que pudiera llegar a pasar —admitió ella con sinceridad—, y para cuando hemos empezado pues no me he parado a plantearme... —no supo qué decirle—. A lo mejor no tendríamos que haberlo hecho, porque va a echar al traste nuestra amistad. Me gustas de verdad, Luke... es decir, me gustas como amigo, y...

Se calló al darse cuenta de que parecía una idiota; además, estaba mintiendo por omisión, porque sí, era cierto que él le gustaba como amigo, pero también le amaba como amante.

Lo que sentía por él era amor, amor con todas las letras. Amor de verdad, de ese en el que una entregaba el corazón y se arriesgaba a que se lo rompieran en mil pedazos, de ese de «Ten mi corazón y déjame aquí tirada, muriéndome de pena mientras tú me dejas en pos de algo mejor», amor de ese en el que una le entregaba el corazón a alguien que no lo quería para nada.

Se dijo que era una estupidez, que era una verdadera estúpida. Se había dado cuenta cuando estaban en plena faena. El hecho de estar dispuesta a acostarse con Luke O'Donlon tendría que haberla alertado de inmediato de que se había enamorado de él, pero qué va; era tan tonta, que no se había dado cuenta de que los cálidos sentimientos que la embargaban cada vez que le miraba iban mucho más de una simple amistad.

Había cometido la estupidez de enamorarse de un muñeco Ken... no, la verdad era que Luke no era un tipo sintético y falso, era real y perfecto. No perfecto en todos los sentidos, sino perfecto para ella.

Las únicas pegas que podía ponerle eran que no estaba dispuesto a tener una relación seria (él mismo se lo había advertido), que las mujeres con las que solía salir llevaban un sujetador más grande a los doce años que ella en ese momento, y que, si ella se lo permitía, acabaría por hacerle añicos el corazón. No lo haría de forma deliberada, por supuesto, pero a ella le dolería igual.

—A mí también me gustas, Syd, pero lo que siento por ti va mucho más allá de la amistad —admitió él, con voz suave.

Al oírle decir esas cosas allí tumbado, desnudo e imponente, con aquellos ojos azules, aquel pelo dorado y aquella piel bronceada, ella se sintió como si estuviera participando en La Cita Misteriosa, un antiguo juego de su hermana mayor, y al abrir la puerta se hubiera encontrado a un don Perfecto rubio y vestido de esmoquin. Era como encontrar en una bolsa de M&M's un premio donde pusiera que había ganado M&M's gratis durante un año, como vivir la perfecta película de Hollywood, una de esas comedias románticas donde dos polos opuestos acababan juntos, besándose apasionadamente. Una de esas comedias románticas que acababan dos años antes del divorcio de los protagonistas.

¿Divorcio?, ¿qué divorcio? Luke no le había propuesto matrimonio ni mucho menos, había un largo trecho entre «Cielo, quiero que seas algo más que una amiga» y «¿Quieres casarte conmigo?».

—Da igual que finjamos una ruptura —le aseguró, tras carraspear un poco para aclararse la garganta—. No olvides que nuestro hombre ha ido a por algunas exnovias, está claro que no es demasiado selectivo. No estaré más segura por haber cortado contigo.

—Lo estarías si te largaras de la ciudad.

—¿Quieres que me vaya? —no podía creer lo que acababa de oír.
—Sí.
—¡No!, ¡ni hablar! —estaba tan alterada, que fue incapaz de quedarse quieta y salió de la cama—. ¡Formo parte del grupo operativo!, ¡soy un miembro de tu equipo! —al darse cuenta de que estaba en pelotas, agarró una sábana y se cubrió con ella.
—Yo preferiría que siguieras discutiendo conmigo desnuda —comentó él, mientras intentaba contener una sonrisa.
—No cambies de tema, porque no pienso marcharme.
—Syd, cariño, he intentado pensar en otra opción que pudiera funcionar, pero...
—¡Ni cariño ni nada! ¡Madre mía, una se acuesta con un tipo una vez y ya se cree con derecho a darte órdenes! ¡Acuéstate con un tipo una vez, y se convierte en don Condescendiente! Luke, queridito, no pienso marcharme de esta ciudad, así que ya puedes olvidarte del tema.

Él se enderezó con brusquedad en la cama hasta quedar sentado, y perdió también los estribos.

—¡De acuerdo!, ¡genial!, ¡me olvido del tema! ¡Me olvido de que la mera idea de que puedas acabar como Lucy, hospitalizada y en coma, está enloqueciéndome!

Al darse cuenta de que lo decía en serio, de que estaba muerto de miedo de verdad, la furia de Syd se desvaneció. Se sentó en el borde de la cama y deseó poder ceder, pero sabía que aquella era una batalla que tenía que ganar.

—Lo siento, Luke, pero no puedo marcharme. Esta historia es muy importante para mí.
—¿Hasta el punto de que valga la pena que arriesgues tu vida?

Ella le acarició el pelo y el hombro, trazó el contorno de aquellos brazos musculosos y tensos.

—Mira quién va a hablar de arriesgar la vida por un trabajo.

—Yo estoy entrenado para hacerlo, tú no. Tú te dedicas a escribir, Syd.

—¿Qué pasaría si nunca llegara a escribir sobre algo que me pareciera importante?, ¿si siempre procurara ir sobre seguro? Estaría supersegura si me dedicara a redactar el texto de las cajas de cereales, ¿Realmente crees que eso es lo que debo hacer por el resto de mi vida?

Él no tuvo más remedio que negar con la cabeza, aunque no le resultó nada fácil.

—Esto es una gran oportunidad para mí. Tengo muchas, muchísimas ganas de conseguir el puesto de editora y redactora en una revista que admiro de verdad, se llama *Think*.

—No me suena.

—Está dirigida a mujeres jóvenes. Es una especie de alternativa a las revistas de moda que te aseguran que tienes que convertirte en una mujer guapa y delgada si quieres conseguir el corazón de don Perfecto, y que a la vez te mandan el mensaje de que nunca llegarás a ser lo bastante guapa ni lo bastante delgada.

—¿Trabajar en esa revista es tu trabajo soñado?

—No, mi trabajo soñado es escribir un libro de ficción. Me encantaría hacer un paréntesis de uno o dos años en mi trabajo cotidiano para poder hacerlo, pero al paso que van mis ahorros, no podré permitírmelo hasta que cumpla los noventa. Tendría que ganar la lotería o conseguir un mecenas, y las dos cosas son muy, pero que muy improbables. Trabajar en la revista *Think* es la alternativa que más me atrae —al darse cuenta de que se habían desviado del tema, procuró retomarlo—. Esta historia va a ayudarme a conseguir ese empleo, pero el hecho de que no quiera marcharme se debe solo en parte a eso, también tengo una motivación muy personal: Estoy convencida de que puedo ayudar a atrapar a ese tipo, ¡de verdad que sí!

—Ya lo has hecho.

—Si yo me voy, volverás a estar como al principio. Tendrás que empezar de cero, crear una nueva relación ficticia. ¿Con quién?, ¿con alguna agente de policía? Eso levantará sospechas, seguro que a ese tipo le parece raro. Se trata de alguien que seguro que sigue a sus víctimas durante días para averiguar las pautas que siguen y los horarios que tienen, para intentar ver cuándo están solas.

Supo que había salido vencedora cuando él se tumbó de espaldas en la cama, se cubrió los ojos con el brazo y soltó una imprecación, pero, aun así, añadió:

—En cualquier caso, seguro que es demasiado listo y suspicaz como para acercarse a mí.

Él alzó el brazo y la fulminó con la mirada.

—Sabes tan bien como yo que eso no es verdad —la agarró y tiró de ella hasta tenerla abrazada con fuerza—. Prométeme que no irás sola a ningún sitio, que siempre te asegurarás de que alguien del equipo esté vigilándote.

—Te lo prometo.

—Aunque solo tengas que ir a comprar leche a la tienda de la esquina, Syd. No vas a ir sola a ningún sitio hasta que atrapemos a ese tipo, ¿está claro? O estoy yo a tu lado, o tienes a Bobby cubriéndote las espaldas.

—De acuerdo, aunque yo preferiría que fueras tú el que me cubriera las espaldas.

—Eso puede arreglarse —le dio un beso intenso y duro antes de añadir—: Voy a conseguir que estés completamente a salvo, eso te lo aseguro.

La besó en el cuello, los pechos, el vientre... Syd cerró los ojos mientras su boca y su cálido aliento iban bajando por su cuerpo, se dejó llevar por los torrentes de placer que la arrastraban, la cubrían y la recorrían. Sí, eran torrentes de placer, pero también de emoción, una emoción intensa, vívida y profunda que la envolvió por entero hasta que sintió que se ahogaba.

Estaba claro que, en lo relativo a lo que Luke O'Donlon podía hacerla sentir, estaba perdida.

Oír risas procedentes de la habitación de Lucy McCoy fue como una bocanada de esperanza para Lucky, que cubrió corriendo los escasos metros que le faltaban para llegar, abrió la puerta... Se detuvo tan en seco, que Syd, que iba pisándole los talones, chocó con él.

Lucy seguía inmóvil en la cama del hospital, conectada a un respirador, pero estaba rodeada de sus amigos. La habitación estaba llena de mujeres: Veronica Catalanotto estaba junto a ella y le sostenía una mano; Mia Francisco estaba sentada junto a la cama, con los pies apoyados en otra silla y un plato de verduras crudas sobre su enorme vientre, que hacía las veces de improvisada mesa; Melody Jones, la mujer de Cowboy, estaba sentada descalza en el alféizar de la ventana junto a la esposa de Mitch Shaw, Becca, que había preferido dejarse puestas sus botas vaqueras. No era de extrañar que estuvieran sentadas la una junto a la otra, porque eran muy amigas; vistas así, parecían sacadas de un videoclip de música country.

—Hola, Lucky —le saludó Melody—. Ahora mismo estaba diciéndole a Wes que mi hermana Brittany ha venido a acompañarme, mi sobrino Andy y ella se han quedado con los niños para que Ronnie y yo pudiéramos venir. Se me ha ocurrido que, aprovechando que Brittany está en la ciudad, podríamos intentar emparejarla con Wesley.

Lucky no se había percatado de la presencia de Wes Skelly, que estaba sentado en el suelo junto a la cama, con la espalda apoyada contra la pared. A su lado, en la misma postura que él, estaba Nell Hawken, la esposa de Crash.

—¿Por qué me toca siempre a mí? —dijo Wes, con voz quejicosa—. ¿Por qué no atormentáis a Bobby para variar, chicas?

—¿Para variar? —protestó Bobby. Estaba sentado de piernas cruzadas delante de Tasha, que estaba atareada haciéndole un montón de trenzas de distintos tamaños.

La conversación provocó más risas y Veronica se inclinó hacia Lucy como si esperara ver alguna reacción en ella, lo que fuera... una sonrisa o algún movimiento, por pequeño que fuese... Cuando alzó la mirada y vio que Lucky estaba observándola, hizo un gesto de negación con la cabeza para indicarle que no había habido reacción alguna. Tenía la boca apretada en un gesto que revelaba la tensión que sentía, una tensión que estaba latente en todos ellos, pero logró esbozar una sonrisa forzada al decirle a su inmóvil amiga:

—Lucy, Lucky acaba de llegar con Syd —miró a los demás, y les preguntó—: ¿Quién no conoce aún a Sydney Jameson? Preparaos, chicas, que ninguna se desmaye de la sorpresa, por favor. Ya sé que todas creíamos que esto no iba a ocurrir jamás, pero nuestro Luke por fin está coladito por alguien. Syd se ha ido a vivir con él.

El barullo de todas las mujeres hablando al mismo tiempo, dando consejos y felicitaciones además de abrazos y besos, tendría que haber bastado para despertar hasta a los muertos, pero Lucy siguió inmóvil.

A Lucky le bastó con mirar a Syd para darse cuenta de lo incómoda que se sentía, para saber lo que estaba pensando. Lo de irse a vivir juntos no era real, formaba parte del plan de hacerse pasar por pareja; a pesar de que se habían acostado, ni le había propuesto que se fuera a vivir con él, ni ella había accedido a hacerlo.

Intentó imaginarse a sí mismo en aquella situación, ¿cómo se le pediría algo así a una mujer? Como no era una propuesta de matrimonio, no hacía falta hincar una rodilla en el suelo, ¿no? A lo mejor estaría bien hacerlo de forma informal, mientras uno preparaba la cena durante el desayuno, en plan «Oye, cariño, he pensado que, como casi siempre estás aquí, pues...». Así no resultaba demasiado romántico, parecía una cuestión de pura conveniencia en vez de un compromiso.

En ese momento, PJ Becker asomó la cabeza por la puerta y le dijo:

—Ya era hora de que te dignaras a honrarnos con tu presencia, O'Donlon. ¿Alguien te ha puesto ya al corriente?

—Me he enterado de que Melody quiere emparejar a Wes con su hermana, pero supongo que no te refieres a eso.

—Mitch se marchó anoche, en cuanto llamó el almirante —le explicó Becca, la esposa de Mitch—. Localizará a Blue y lo mandará de vuelta a casa, pero lo más probable es que tarde un poco.

—Hemos decidido quedarnos con Lucy por turnos —añadió Veronica—. Habrá una persona con ella como mínimo las veinticuatro horas del día, hemos organizado un horario.

La esposa de Crash, Nell Hawken, una rubia guapa y delicada, tomó entonces la palabra:

—Su médico nos ha aconsejado que le hablemos y la agarremos de la mano, que intentemos establecer algún tipo de contacto con ella. Pensamos que sería buena idea juntarnos todos aquí por las tardes, antes de la hora de la cena, charlar y contarnos cosas, a ver si ella quiere despertarse y unirse a la fiesta.

—De momento no ha funcionado —admitió Mia—, pero tenemos que tener paciencia; según el médico, la intervención a la que la sometieron para aliviar la presión del hematoma subdural ha logrado que la hinchazón se reduzca bastante, y eso es una buena señal.

Lucky se dio cuenta de repente de algo impactante. Estaba en una habitación llena de mujeres hermosas, mujeres que estaban casadas con algunos de sus mejores amigos. Se había sentido atraído por casi todas ellas en un momento u otro del pasado, y todas las mujeres con las que había salido, incluso la ilustre Miss Georgia, habían salido perdiendo cuando las comparaba con ellas.

Pero las cosas eran muy distintas con Syd, su reportera de sedoso pelo oscuro y rostro con forma de corazón. La había convencido de que se pusiera otra de sus camisas, una a la que le faltaban los dos botones de arriba y dejaba al descubierto el cuello y aquella clavícula tan increíblemente delicada.

Pero no era su cuerpo lo que la ponía a la altura de aquel grupo de mujeres a las que adoraba, sino su sentido del humor, su agudo ingenio, su brillantez... En fin, un sinnúmero de cualidades que relucían con claridad en su increíble sonrisa y en sus maravillosos ojos marrones.

Melody Jones se bajó del alféizar de la ventana y se puso los zapatos antes de decir:

—Será mejor que me vaya, seguro que Tyler está volviendo loca a mi hermana. Tú quédate el tiempo que quieras, Ron —le dijo a Veronica—, yo me ocupo de Frankie; de hecho, puede quedarse a dormir en casa si quieres.

—Perfecto, gracias.

Melody asintió y se volvió hacia Becca.

—No hace falta que te lleve, ¿verdad? ¿Has traído tu coche?

Al otro lado de la habitación, Nell se levantó y se estiró antes de anunciar:

—Yo también tengo que irme. Mañana vuelvo, Lucy.

Lucky se apresuró a bloquear la puerta al ver el éxodo masivo que se avecinaba, y exclamó:

—¡Eh, un momento! ¿Adónde vais?

—A casa —le contestaron ellas al unísono.

—¡De eso nada!, ¡no voy a permitir que ni una sola de vosotras se vaya a casa sin más! Todas podéis estar en el punto de mira de ese tipo, no vais a salir de aquí sin protección.

Melody miró a Veronica, que a su vez miró a Nell y a

Becca. Mia se levantó con fluidez (lo cual era todo un logro, teniendo en cuenta su avanzado embarazo) y, cuando todas las miradas se centraron en ella, se limitó a admitir:

—Lucky tiene razón.

Él ya estaba pensando en la pesadilla que iba a ser aquello desde un punto de vista logístico. Se trataba de un montón de mujeres, y cada una iba a marcharse en una dirección distinta...

—Yo no voy a estar sola en casa, mi hermana y los niños están allí —protestó Melody.

—Yo no necesito protección, desde luego —afirmó PJ.

—Mi rancho está bastante lejos de la ciudad, la verdad es que no estoy preocupada —argumentó Becca.

¡Se estaban amotinando, pero él no iba a permitírselo! Se dispuso a dejarles muy, pero que muy clarito que todas y cada una de ellas, incluyendo a PJ Becker, agente estrella de la FInCOM, iban a tener que obedecerle sin rechistar, pero se quedó callado cuando Syd le puso una mano en el brazo y les dijo a las demás:

—Yo sí que estoy preocupada —miró a Lucy, que yacía tan inmóvil y silenciosa en aquella cama de hospital, y añadió—: y apuesto a que Lucy también lo está, sobre todo si es cierto que puede oír lo que estamos diciendo —antes de continuar, se inclinó hacia la cama—. Este sería el momento perfecto para que te despertaras, inspectora, porque a tus amigas les hace falta un cursillo intensivo sobre el monstruo al que nos enfrentamos. Si quieres, puedo hablar yo en tu lugar, porque vi la ventana de la sala de estar por la que logró entrar en tu casa, una ventana que tú habías cerrado a cal y canto, y vi también cómo logró burlar tu sofisticado sistema de seguridad.

Syd alzó la cabeza y miró directamente a Melody al añadir:

—Vi la sangre que había en tu cama y en la pared de tu

dormitorio, tu sangre —miró a Becca, y le tembló la voz—. Vi la ventana de un segundo piso por la que te lanzaste, arriesgándote a morir en la caída, porque sabías que ese tipo iba a matarte si lograba echarte las manos al cuello de nuevo —miró a PJ a través de las lágrimas que le nublaban los ojos, su voz era apenas un susurro—. Y vi la pistola que tenías debajo de la cama. Creías que estabas a salvo por tu entrenamiento como policía y por el hecho de tener a mano ese arma, un arma que ni siquiera pudiste llegar a usar.

La habitación quedó sumida en un silencio sepulcral.

Syd las miró a todas antes de añadir:

—Si seguís sin estar preocupadas, pensad en vuestros maridos. Imaginaos a los hombres que os aman recibiendo el horrible mensaje que Blue McCoy va a recibir en cuestión de días, en cuestión de horas. Imaginaos cómo se va a sentir al enterarse de que a lo mejor ha perdido a Lucy para siempre.

—¡Dios mío!, ¡Lucy acaba de apretarme la mano! —exclamó Veronica.

CAPÍTULO 13

Syd estaba paseándose de un lado a otro con nerviosismo. Volvió a echarle un vistazo al reloj y vio que no era más que la una y seis, tan solo habían pasado dos minutos desde la última vez que había comprobado la hora.

En la casa de Luke reinaba el silencio, lo único que oía era el martilleo ensordecedor de su propio corazón.

Supuso que así debía de sentirse un gusano en un anzuelo, o un ratón al caer en la trampa de una serpiente, aunque, en su caso, tanto Luke como Bobby, Thomas, Rio y Mike estaban escondidos en el patio, vigilando todo el perímetro de la casa y oyendo lo que sucedía dentro gracias a los micrófonos que habían ocultado en puntos estratégicos.

—Mierda —dijo en voz alta—, me gustaría que estos micrófonos fueran bidireccionales, chicos, porque en este momento me iría bien un buen debate. ¿Luchar, huir, o rendirse sin oponer resistencia? Me he dado cuenta de que hay otra opción que aún no hemos comentado, la de esconderse. ¿Alguien vota por esconderse? La verdad es que la decisión no es nada fácil, ahora hasta me costaría decidirme entre un pastel de nata y uno de chocolate.

Soltó una imprecación cuando el teléfono empezó a sonar.

—Sí, ya sé, ya sé —se suponía que no podía ver la tele, escuchar música ni hablar, porque eso podría impedirles oír entrar a un intruso—. Mensaje recibido, teniente O'Donlon. Prometo portarme bien.

El teléfono dejó de sonar en medio del tercer tono, y volvió a quedarse sumida en el silencio.

Los últimos días habían sido una verdadera locura. Luke había trabajado a marchas forzadas para preparar un piso franco donde pudieran instalarse las mujeres de los SEAL que estaban fuera de la ciudad, y junto a PJ Becker había organizado equipos de guardias de seguridad y chóferes cuya función era llevarlas de un lado a otro.

Después del pequeño discurso que ella les había soltado en el hospital, nadie había vuelto a quejarse.

Luke también se había dedicado a presionar a la policía y a la FInCOM, intentaba que se dieran más prisa en localizar e interrogar a los sospechosos que aparecían en la lista que ella había ayudado a recopilar. De los seis que habían logrado localizar hasta el momento, la mayoría tenía coartadas sólidas que les descartaban, y el resto había accedido de forma voluntaria a entregar una muestra de ADN. Ninguna coincidía con las que tenían del agresor.

Por si fuera poco, Luke también había concedido entrevistas en la tele. Se le veía imponente en la pantalla ataviado con su inmaculado uniforme blanco de muñeco Ken marinerito, diciendo cosas destinadas a enfurecer o, como mínimo, molestar al hombre al que buscaban. El mensaje era claro: «Ven a por mí. Anda, atrévete a venir a por mí o a por los míos».

También iba a ver a Lucy al hospital, se sentaba junto a ella y la tomaba de la mano mientras rezaba, al igual que todos los demás, para que Blue llegara cuanto antes, para que aquel único apretón que Veronica había notado en la mano no fuera un mero espasmo muscular, tal y como afirmaban los médicos.

Por la noche, cuando se despedía de ella con un beso, Syd veía verdadero miedo en sus ojos. Él fingía estar colaborando en el entrenamiento de los aspirantes, pero en realidad regresaba a la casa a escondidas para ayudar a protegerla mientras ella, por su parte, permanecía sentada de brazos cruzados, en silencio y sola, haciendo de cebo para atrapar a un violador en serie.

Él fingía su regreso a casa entre la una y media y las dos de la madrugada y, aunque caía rendido en la cama, su agotamiento no le había impedido ni una sola vez hacer el amor con ella.

Estaba tan sumida en sus pensamientos, que se llevó un tremendo sobresalto cuando el teléfono empezó a sonar de nuevo. Se exasperó consigo misma por ser tan asustadiza, era absurdo pensar que el violador de San Felipe fuera a llamarla por teléfono.

Volvió a mirar el reloj. Era la una y cuarto de la madrugada, seguro que era Lucky... o Bobby, o a lo mejor Veronica, que llamaba desde el hospital para avisar de algo relacionado con Lucy.

Rezó para que, de ser así, fuera una buena noticia, y descolgó el teléfono.

—¿Diga?

—Syd...

Se puso tensa al oír una irreconocible voz masculina.

—Disculpe, ¿quién...?

—¿Está Lucky?

Se le erizó el vello de la nuca. A lo mejor sí que era el violador, que llamaba para asegurarse de que estaba sola.

—No, esta noche le tocaba ir a la base para colaborar en el entrenamiento. ¿Quién es?

—Wes.

Saber que se trataba de Wes Skelly no la tranquilizó; de hecho, se tensó aún más. Wes olía igual que el hombre que se había cruzado con ella en la escalera después de agredir brutalmente a Gina, tenía el mismo pelo, la misma constitución, la misma voz carente de acento y, según Bobby, estaba pasando por un mal año.

La cuestión era saber si las cosas le habían ido tan mal, que al final había perdido el juicio y se había convertido en un maníaco homicida.

—¿Es seguro que estés ahí sola?

Su voz sonaba rara, daba la impresión de que estaba borracho.

—No lo sé, ¿tú qué crees?

—Que no, claro que no es seguro. ¿Por qué no vas al piso franco ese donde están Ronnie y Melody?

—Me parece que tú sabes la respuesta a eso.

El corazón le martilleaba en el pecho. Sabía que Luke estaba convencido de que Wes no era el violador, pero ella no había compartido con él años llenos de camaradería. Lo cierto era que aquel hombre de corte de pelo militar que tenía tatuado un alambre de púas le daba un poco de miedo. Siempre le veía muy callado, taciturno y vigilante, apenas sonreía.

—¿Qué pasa?, ¿estás pensando en enfrentarte tú sola a ese tipo? —se echó a reír, y añadió—: No sé de qué me extraño, una mujer lo bastante ilusa como para creer que Lucky O'Donlon va a tener una relación estable con ella tiene que estar un poco chalada.

—¡Oye!, ¡me parece fatal que...!

Soltó una palabrota al oírle colgar. Menos mal que había planeado mantener la calma, hacer que siguiera hablando y conseguir que confesara, la estrategia le había salido genial.

—Luke, estaba hablando con Wes —dijo en voz alta, después de colgar—. Ha preguntado por ti, y le he notado muy raro.

Silencio, la casa entera siguió sumida en un completo silencio. El teléfono no sonó de nuevo, nada se movió ni hizo sonido alguno.

Si aquello fuera una película, en ese momento saldría un plano del exterior de la casa y, cuando la cámara enfocara los escondrijos donde estaban Luke, Bobby y los demás, se les vería inconscientes y atados con las cuerdas que iban a impedirles ir a rescatarla.

Porque iba a necesitar que la rescataran, eso estaba claro.

En la pantalla aparecería entonces la silueta de un hombre musculoso oculto entre las sombras, un hombre con el mismo pelo corto que Wes y los mismos hombros anchos, un hombre que se acercaba con sigilo a la casa a través del patio...

Sacudió la cabeza mientras intentaba borrar aquella aterradora imagen de su mente, y carraspeó antes de decir:

—Oye, Luke, estoy un poco asustadilla, ¿podrías llamarme, por favor?

Nada, silencio absoluto; por mucho que lo mirara, el teléfono no volvió a sonar.

—Siento saltarme las normas, pero te lo digo en serio. Solo necesito saber que estáis ahí fuera y que... —enmudeció al oír un sonido procedente de la parte de atrás de la casa.

«Huye».

Su primer impulso fue huir, huir de allí cuanto antes. Fue de puntillas a la sala de estar, pero la puerta principal estaba cerrada a cal y canto por su propia seguridad y no tenía la llave. La noche anterior, aquella cerradura la había hecho sentirse segura, pero en ese momento estaba atrapada.

—He oído un ruido que venía de fuera, chicos, de la parte de atrás —ojalá estuviera equivocada, ojalá que Luke estuviera oyéndola—. Por favor, que me estéis oyendo.

Las ventanas de delante estaban selladas por la pintura y tenían unos cristales de muchísimo grosor. Era increíble que Lucy hubiera conseguido atravesar la de su dormitorio.

Oyó de nuevo el ruido, pero incluso más cerca de la puerta trasera.

—Aquí hay alguien, os lo aseguro.

«Lucha».

Dio un giro completo mientras buscaba algo con lo que poder defenderse, lo que fuera. Luke no tenía chimenea, así que no había un atizador a mano; de hecho, no había nada, nada en absoluto, como mucho una revista que podía enrollar, y que le iría de perlas... si el agresor resultaba ser un perro malo, claro.

—Dime algo, Luke, por favor te lo pido.

¡Un bate de béisbol! Él le había contado que había jugado al béisbol en el instituto, que a veces iba a las canchas de bateo que había en la zona oeste de San Felipe; a ver, aquella casa no tenía ni garaje ni sótano, ¿en qué otro lugar guardaría alguien un bate de béisbol?

En el armario del recibidor.

Fue hacia allí a toda prisa, abrió la puerta, y vio que estaba lleno de abrigos de la Armada de todos los grosores y los tamaños imaginables. Fue apartándolos a los lados para poder ver lo que había al fondo, y encontró cañas de pescar, palos de lacrosse, un set de diana con sus respectivos dardos... y no uno, sino tres bates de béisbol. Agarró uno justo antes de oír que la puerta trasera se abría.

«Escóndete».

Esconderse le pareció de repente la opción más sensata, así que se metió en el armario con sigilo y cerró la puerta procurando no hacer ningún ruido. Tenía las palmas de las manos sudorosas y la boca seca, los latidos ensordecedores de su propio corazón ahogaban cualquier otro sonido.

Agarró el bate todo lo fuerte que pudo, y se puso a rezar. Le rogó a Dios que, al margen de lo que pudiera sucederle a ella, a Luke no le pasara nada grave, que no lo encontraran oculto en el patio, con el cuello rebanado y mirando al cielo con sus ojos sin vida, que no...

El intruso ya no se molestaba en intentar ser silencioso. Le oyó ir al dormitorio, le oyó regresar de allí corriendo, oyó que la puerta del cuarto de baño se abría con un sonoro portazo, le oyó gritar:

—¡Syd! ¡Syd!, ¿dónde estás?

Era Luke, aquella era su voz. La embargó un alivio tan enorme, que le flaquearon las piernas y se sentó de golpe allí mismo, en el armario, con lo que derribó cañas de pescar, palos de lacrosse, y solo Dios sabe cuántas cosas más.

La puerta del armario se abrió de golpe, y Luke apareció ante ella. El pánico que se reflejaba en sus ojos le habría parecido muy dulce si el alivio que la recorría no se hubiera transformado en furia al instante.

—¿A qué demonios estás jugando? —estaba tan airada, que poco faltó para que saliera de aquel armario blandiendo el bate de béisbol—. ¡Me has dado un susto de muerte!

—¡Pero si has sido tú la que me ha asustado a mí! —le gritó, tan enfurecido como ella—. ¡Cuando he entrado y no te encontraba por ninguna parte, he pensado que...! ¡Dios, Syd!

—Tendrías que haberme llamado para avisarme de que llegarías pronto —le espetó, con voz acusadora.

—¡No es tan pronto! ¡Ya casi es la una treinta!, ¿qué tiene eso de pronto?

Aquello la descolocó. Al mirar el reloj digital del reproductor de vídeo se dio cuenta de que él tenía razón, allí ponía que era la una y veintisiete.

—Pero... —recobró la compostura mientras pensaba a toda velocidad, ¿por qué se había asustado tanto? Señaló hacia la cocina al recordarlo—. Has entrado por la puerta de atrás, siempre lo haces por la principal... ¡que por cierto, has dejado cerrada con llave! ¡Eres todo un genio! ¡Si hubieras sido el violador de San Felipe, habría estado atrapada!

Era un argumento muy válido que le silenció de golpe y

diluyó su furia. Miró hacia la cerradura, y al cabo de un instante se volvió de nuevo hacia ella.

Syd le vio tomar conciencia de que estaba armada con un bate de béisbol, de lo temblorosa que estaba, de las lágrimas que le inundaban los ojos y amenazaban con desbordarse de un momento a otro.

No quería llorar delante de él, se negaba a hacerlo.

—Dios mío, Syd, ¿no tienes una llave? ¿Por qué demonios no tienes una llave?

Ella se limitó a negar con la cabeza. Era incapaz de articular una sola palabra, estaba usando todas sus energías en contener las lágrimas.

El alivio de saber que él no yacía muerto en el patio era abrumador.

Él miró ceñudo el móvil que llevaba sujeto al cinturón, que estaba vibrando; después de sacarlo de la funda, lo abrió y le dio a un botón.

—O'Donlon —escuchó con atención, y contestó—: Sí, los dos estamos bien. Syd estaba...

La miró como buscando una respuesta adecuada, y ella se la dio.

—Asustada, estaba asustada, lo admito —se sentó en el sofá, aún no había dejado de temblar—. Puedes decirlo, adelante.

—No sabía que yo iba a entrar —dijo él al teléfono— y, de las opciones posibles dentro de una situación de pesadilla, ha optado por la de huir —su mirada se posó en el bate de béisbol, y añadió—: Aunque tengo la impresión de que estaba dispuesta a presentar batalla —respiró hondo y se echó el pelo hacia atrás con la otra mano, con lo que lo dejó medio levantado—. He entrado y, como no la encontraba, he... —se calló de golpe y se quedó completamente inmóvil, como si estuviera petrificado—. ¿Cómo que no?

Las pulsaciones de Syd habían empezado a bajar de cien, pero notó cierto matiz en su voz que volvió a acelerárselas.

—¿Qué pasa? —le preguntó, alarmada.

—Thomas dice que te ha oído pedir que te llamáramos y que lo ha intentado, pero que no había forma; según él, te ha llamado dos veces, y entonces se ha dado cuenta de que no oía sonar el teléfono por los micrófonos. Está claro que no funciona.

—He recibido una llamada hará cosa de unos minutos. Era Wes, que quería hablar contigo.

—¿Wes ha llamado aquí?

—Sí, ¿no has oído al menos mi parte de la conversación?

—Supongo que ya me había marchado para fingir que volvía de la base. Ven, quiero tenerte cerca hasta que averigüemos qué es lo que pasa —alargó la mano hacia ella, y la ayudó a levantarse del sofá mientras retomaba su conversación con Thomas—. Manteneos en posición, alerta máxima. Quiero ojos bien abiertos y mentes en pleno funcionamiento —se volvió a mirarla, y le aseguró—: Seguro que no es nada.

Ella se dio cuenta de que lo dijo para tranquilizarla, pero que en realidad pensaba algo muy distinto.

Las luces de la cocina aún seguían encendidas, todo parecía de lo más normal. Había unos cuantos platos sucios en el fregadero, un periódico abierto en la sección de deportes sobre la mesa.

Él descolgó el teléfono, se lo llevó al oído, y mantuvo los ojos fijos en ella cuando colgó y volvió a hablar con Bobby por el móvil.

—El teléfono no tiene línea. Manteneos en posición, voy a pedir refuerzos.

Había sido un corte limpio con un cuchillo, o quizás con unas tijeras.

Lucky estaba sentado en el sofá de su sala de estar, masajeándose la frente para intentar aliviar el fuerte dolor de cabeza que tenía, pero era inútil.

Alguien había conseguido acercarse lo bastante a la casa aquella noche como para cortar el cable del teléfono, aquel hijo de puta se las había ingeniado para burlar a dos experimentados SEAL de la Armada y a tres jóvenes y brillantes aspirantes que estaban al acecho para cazarle.

Aunque no había llegado a entrar, su mensaje estaba claro: podría haberlo hecho.

Había estado a escasos metros de Sydney, al otro lado de una pared. De haber querido, habría podido entrar, asesinarla con el mismo cuchillo que había usado para cortar el cable del teléfono, y huir antes de que él hubiera llegado siquiera a la puerta de atrás.

La mera idea le revolvía el estómago.

Mientras agentes de la FInCOM y de la policía revisaban su casa, permaneció sentado junto a ella en el sofá con un brazo alrededor de sus hombros. Le daba igual quién pudiera verle.

—Lo siento, aún no me explico cómo ha logrado pasar delante de nuestras narices —era la enésima vez que le pedía perdón.

—No pasa nada.

—¡Claro que pasa! Hemos estado distraídos casi todo el rato. Primero, Bobby ha recibido un mensaje de Lana Quinn, y como se trataba de un código de urgencia, la ha llamado. No tenía por qué pasar nada, los demás seguíamos vigilando la casa; en fin, Bob llama a Lana, y ella le explica que Wes acaba de ir a su casa borracho como una cuba, que le ha dicho que necesitaba hablar pero al final se ha largado sin decir nada, que aunque ella ha conseguido quitarle las llaves de la moto, él ha ido directo a un bar cercano, un sitio llamado Dandelion's. Resulta que ella le ha seguido porque estaba preocupada y, en cuanto ha llegado al bar, le ha visto buscando bronca. Él ha dejado las bravuconerías al verla entrar, pero, como se ha negado a marcharse con ella, Lana ha decidido llamar a Bobby.

Lucky soltó un suspiro antes de seguir con la explicación.

—Bobby ha llamado a Frisco, pero él tiene que pensar en Mia y en Tasha y no puede dejarlas solas en casa sin más. Entretanto, cada vez se hace más y más tarde, Lana vuelve a contactar con Bobby para decirle que ha perdido a Wes entre el gentío que había en el Dandelion's y que no tiene ni idea de dónde puede estar, y...

—Espera un momento, ¿Lana ha perdido a Wes?

—No exactamente. Creía haberle perdido, pero al cabo de veinte minutos le ha visto salir del lavabo de hombres.

—¿Ha pasado veinte minutos en el lavabo?

Lucky se tensó al seguir el hilo de su razonamiento, y le dijo con firmeza:

—No, ni hablar. Sé lo que estás pensando, y te aseguro que no es verdad.

Ella le sostuvo la mirada al contestar:

—El Dandelion's está a unos cuatro minutos en coche de aquí.

—Wes no es un sospechoso.

—Lo siento, Luke, pero aún está en mi lista.

—Lana le ha quitado las llaves de la moto.

—Una estratagema muy inteligente, sobre todo si lo que él quería era crearse una coartada y convencer a todo el mundo de que había pasado todo ese tiempo en el lavabo de hombres en vez de aquí, en tu casa, a la hora exacta en que te han cortado las líneas del teléfono durante una distracción que él sabía que existía.

—Que no, de verdad que no. Hazme caso por esta vez, Syd. No es Wes, no puede ser. Tienes que confiar en mí.

Permaneció callado mientras ella le contemplaba con una mirada penetrante. Syd se había llevado un buen susto aquella noche, nunca la había visto tan alterada como cuando la había encontrado escondida en el armario. Era dura, era fuerte, era lista, pero todo aquello le aterraba tanto como a él, y eso hacía que su empeño en atrapar a aquel canalla resultara mucho más descabellado. Descabellado, y también admirable.

—De acuerdo —le dijo ella al fin—. Si estás tan seguro, le borro de mi lista. No es Wes.

No cedió por seguirle la corriente, no estaba tratándolo con condescendencia. Estaba aceptando como válido algo de lo que él estaba convencido, y Luke se sintió en el séptimo cielo al ver lo mucho que confiaba en él.

La besó delante del resto del grupo operativo, delante del comisario Zale, y entonces le aseguró:

—Mañana hablaré con Wes para ver si accede a darnos una muestra de ADN, así podremos analizarla en el laboratorio y le eliminaremos de forma oficial de la lista.

—No me hace falta que lo hagas.

—Ya lo sé —volvió a besarla, y se esforzó por bromear un poco a pesar del sentimiento que le inundaba el pecho—. Molestar a Wes Skelly cuando tiene resaca no suena demasiado divertido, pero así me entretendré un poco, porque no tengo nada planeado para mañana.

—Mañana se casa tu hermana, Luke.

CAPÍTULO 14

Luke O'Donlon lloró en la boda de su hermana pequeña.

A Syd no le sorprendió; de hecho, lo que le habría sorprendido era que no llorara. Estaba increíble con su uniforme de gala, casi tanto como cuando estaba desnudo.

Ellen, su hermana, también era todo un bellezón, pero, a diferencia de él, que era un adonis dorado, ella tenía el pelo oscuro y la piel color café. Su recién estrenado marido, Gregory Price, era un hombre del montón, un tipo normal y corriente con el pelo fino y gafas.

Syd estaba en el borde de la pista de baile junto al pequeño número de asistentes (tan solo habían sido invitados familiares y amigos íntimos de la pareja), viendo bailar a los novios. Se sentía más segura de sí misma gracias a Greg, porque si él, que también era una persona del montón, había tenido la valentía de casarse con Ellen, el hecho de que ella tuviera una aventura con Luke no era tan descabellado como cabría pensar.

—¿Te he dicho ya lo increíblemente hermosa que estás esta noche?

Se volvió al oír aquella pregunta, y miró a Luke con ironía.

—Estás exagerando un poco, ¿no?

Ella era consciente del aspecto que tenía. Llevaba un vestido negro básico, pero aunque había que admitir que la prenda ocultaba sus imperfecciones y acentuaba los aspectos positivos de su figura, eso no era más que una mera ilusión; por otra parte, era cierto que se había peinado con esmero e incluso se había maquillado un poco, pero lo máximo que podía decirse de ella era que estaba interesante, pasable, aceptable. No llegaba ni de lejos a estar increíble en ningún sentido y, desde luego, no era hermosa ni mucho menos.

A juzgar por la mirada de desconcierto de Luke, estaba claro que sus palabras le habían sorprendido.

—¿Crees que estoy...? —se interrumpió de golpe y se echó a reír—. No, ni hablar. No voy a dejarme arrastrar a una discusión sobre el hecho de que me parece que estás fantástica —sin más explicaciones, la abrazó y la besó.

Ella se sorprendió al ver que no le daba un beso público, sino uno privado, uno de esos que la derretían por completo y hacían que le flaquearan las piernas, uno de esos que la embriagaban y hacían que le diera vueltas la cabeza y se aferrara a él con todas sus fuerzas. Era uno de esos besos que él le daba justo antes de alzarla en brazos y llevarla al dormitorio, uno de esos que le daba cuando estaban hablando y quería pasar a una forma de comunicación muy distinta. Era uno de esos besos a los que ella nunca, jamás, podía resistirse.

—Creo que esta noche estás increíblemente hermosa —le susurró él al oído—. Lo que tienes que contestar es «Gracias, Luke».

—Gracias, Luke.

—Así me gusta. No ha sido tan difícil decirlo, ¿verdad?

Al verlo mirándola sonriente con aquellos celestiales ojos azules, aquel rostro que dejaba sin aliento y aquel pelo dorado, Syd pensó para sus adentros que era él el increíblemente hermoso; por mucho que a ella misma aún le costara creerlo, estaba claro que el deseo ardiente que se reflejaba en sus ojos al mirarla era muy, pero que muy real.

Apenas se dio cuenta de que la sacaba a la pista de baile. Se movieron con lentitud al compás de la música, lo bastante apretaditos como para que ella se diera cuenta de que él no se había derretido con el beso de antes; todo lo contrario, más bien se había... endurecido.

Estaba claro que la deseaba, al menos de momento.

Cuando la madre de Gregory, una mujer de pelo color platino muy delgada y con una sonrisa tan cálida como la de su hijo, pasó bailando junto a ellos, les guiñó el ojo y comentó:

—Hacéis una pareja perfecta. Seguro que la próxima boda va a ser la tuya, Lucky.

Dios, qué vergüenza... Syd mantuvo una sonrisa forzada en el rostro mientras se encargaba de contestar por él, así le salvaba (y también a sí misma) de tener que oírle tartamudear y atropellarse mientras intentaba explicarle a la señora que no pensaban casarse.

—Me temo que aún es un poco pronto para una predicción así, señora Price. Luke y yo hace poco que nos conocemos.

—Es la boda de mi hijo, así que predigo cosas maravillosas para todo el mundo; además, mis predicciones suelen cumplirse.

Cuando la mujer se alejó, Syd le susurró a Luke:

—En ese caso, estaría bien que predijera que voy a ganar la lotería, me vendría bien algo de dinero. Mi coche necesita una puesta a punto completa —lo dijo en tono de broma, para intentar quitarle hierro al asunto, y se sintió aliviada al verle reír.

El riesgo de crisis había pasado, menos mal. No había mejor forma de crear tensión que sacarle el tema del matrimonio a un hombre que le tenía tanto miedo al compromiso como él.

No quería que se sintiera presionado al mirarla, que pensara que, por el mero hecho de ser mujer, no iba a poder evitar imaginarse finales de cuentos de hadas con campanas de boda y amor eterno. No quería que pensara que a ella se le había pasado siquiera por la cabeza algo tan descabellado como un posible matrimonio entre ellos.

La idea de que pudieran llegar a casarse era absurda, una locura, era...

Era algo en lo que no podía evitar pensar, en especial en un día como aquel.

Aquella tarde había encontrado un mensaje en el contestador automático, Los de *Think* la habían llamado desde Nueva York. La serie de artículos que había escrito sobre las medidas de prevención que podían tomar las mujeres, junto con la propuesta que les había hecho de escribir otro que tratara en profundidad el tema de la captura de los criminales en serie, le había dado alas al currículum que les había mandado meses atrás; de hecho, dicho currículum había ascendido hasta quedar el primero de todos los que habían recibido para optar al puesto de editora de la revista. Querían que fuera a entrevistarse con la directora editorial, Eileen Hess, que iba a pasar unos días en Phoenix para asistir a una conferencia; según la persona que le había dejado el mensaje, habían pensado que le resultaría más conveniente encontrarse con la señora Hess allí en vez de tener que viajar a Nueva York, y además, también estaba la ventaja añadida de que le saldría más barato. Era una publicación pequeña y, por desgracia, no podían costearle el billete de avión.

Ella les había llamado para decirles que no iba a poder salir de California hasta que el violador de San Felipe fuera detenido, que no tenía ni idea de cuánto tiempo iba a alargarse el asunto, y que, si eso la eliminaba como posible candidata al puesto de editora, esperaba que la tuvieran en cuenta en el futuro.

Le habían asegurado que podían esperar, que no pasaba nada si viajaba a Nueva York en una semana o incluso en un mes. Si quería aquel empleo, lo tenía en el bolsillo.

La cuestión era, ¿realmente lo quería...? Sí, claro que sí, ¿no?

Luke la besó en el cuello, y fue entonces cuando supo con total certeza lo que quería de verdad. Quería a Luke por siempre jamás, que estuviera dispuesto a pasar el resto de su vida junto a ella, pero sabía que eso era un sueño imposible.

Su problema radicaba en que tenía una imaginación demasiado vívida, y no podía evitar fingir que aquella falsa relación de pareja era algo real.

Cerró los ojos cuando él volvió a besarla en los labios con suavidad, y se dio cuenta de cuál era realmente el problema: que estaba enamorada de él y, cuando estaba a su lado (o sea, casi las veinticuatro horas del día), las líneas que separaban la ficción de la realidad empezaban a difuminarse.

Sí, era cierto que eran amantes, pero lo de irse a vivir con él era puro teatro. Sí, él les había asegurado a sus amigos que la amaba, pero nunca le había dicho esas palabras a ella; además, incluso suponiendo que lo hiciera, no sabría si creer a un mujeriego como él.

Sí, estaba con él en la boda de su hermana, y sí, parecían una pareja de verdad, pero en realidad no eran más que dos compañeros que se habían hecho amigos, amigos que se lo pasaban bien en la cama.

Sabía que sería un error pensar que su relación era algo más que eso, pero, mientras se mecía al ritmo de la música entre sus brazos, se dio cuenta de que el error ya estaba hecho. Estaba enamorada de él, y tan solo le quedaba soportar el dolor que la esperaba; al igual que cuando uno se quitaba un esparadrapo, hacerlo rápido y cuanto antes siempre acababa doliendo menos a la larga.

Cuando atraparan al violador, se marcharía a Nueva York lo más rápidamente posible.

La llamada llegó cuando Lucky y Syd estaban a punto de marcharse del banquete de boda.

Ellen y Gregory habían partido ya hacia su luna de miel, eran cerca de las veintitrés cero cero y la celebración estaba llegando a su fin.

Al ver que su busca y su móvil empezaban a sonar al mismo tiempo, lo primero que se le pasó a Lucky por la cabeza fue que el violador había atacado de nuevo, pero después pensó que a lo mejor se trataba de una buena noticia, como que Lucy McCoy había despertado del coma o que habían localizado a Blue y ya estaba de regreso.

El número que aparecía en la pantalla del busca era el de Frisco, y también era él quien estaba llamándole al móvil.

—¡Buenas noticias, Lucky! ¡Le tenemos!

Era una posibilidad que ni siquiera se había planteado. El impacto de semejante noticia fue tan grande, que el móvil estuvo a punto de caérsele al suelo.

—Repítemelo.

—Martin Taus, estuvo en la Armada. Se alistó y estuvo destinado aquí, en Coronado, durante la primavera y el verano del noventa y seis. A finales de ese año se le licenció con un montón de pequeñas infracciones en su haber, pero no llegó a hacer nada lo bastante grave como para ganarse una expulsión con deshonor. Pasó un tiempo en la cárcel de Nevada a principios del noventa y ocho por exhibicionismo. Le han detenido por agresión sexual dos veces, pero en ambos casos se salvó por meros tecnicismos. La policía de San Felipe le ha llevado a comisaría para interrogarle, su confesión ha terminado hará cosa de veinte minutos. Está grabada.

—Han atrapado al violador —le explicó a Syd, que estaba mirándole con preocupación. La verdad era que a él mismo aún le costaba creerlo.

—¿Están seguros de que es él?

Los dos formularon la pregunta al unísono, ella a él y él a Frisco, que le contestó por el móvil:

—Por lo que dicen, ha descrito con mucho detalle las agresiones. El comisario Zale está preparándose para dar una rueda de prensa, justo a tiempo para las noticias de las once. Yo voy camino de la comisaría, ¿puedes venir?

—Voy para allá —le contestó, antes de colgar.

—¿Tienen alguna prueba sólida que le relacione con los ataques? —le preguntó Syd. Estaba seria, y tanto su rostro como su voz reflejaban mucho escepticismo.

—Ha confesado, y parece ser que ha dado muchos detalles.

—¿Podemos hablar con él?

—Vamos a ver.

Syd paró la grabación y se puso a trabajar otra vez con su portátil, se sentía incapaz de seguir oyendo al tal Martin Taus describir cómo había estrellado contra la pared a Lucy McCoy. Aquel tipo conocía los nombres de todas las víctimas y el alcance de las lesiones que habían sufrido, tenía la altura y la corpulencia del hombre que buscaban, y un corte de pelo militar.

Después de la rueda de prensa de Zale, Luke y ella habían estado esperando durante horas a que les permitieran entrar a ver a Taus, y al final les habían dicho que se había restringido el acceso a la sala de interrogatorios y solo podían entrar allí los tres agentes de la FInCOM pertenecientes al grupo operativo. Cuando la policía había intentado tomarle una muestra de sangre para cotejar su ADN con el del agresor, Taus se había puesto como una fiera y había amenazado con interponer una demanda si se atrevían a tocarle un solo pelo.

En condiciones normales, la policía solicitaría una orden judicial para registrar su casa y tomaría una muestra de pelo de su peine para poder hacer el análisis de ADN, pero Taus era un vagabundo que vivía debajo de un puente y que no tenía ni un peine.

Huang, Sudenberg y Novak estaban con él en ese momento, intentando convencerle de que permitiera que le sacaran la muestra de sangre; una vez que lo lograran, sería cuestión de esperar a los resultados del análisis, que tardarían unos días en llegar.

Esos resultados, sumados a su confesión, demostrarían la culpabilidad de Taus sin dejar lugar a dudas, y dicha confesión y una admisión de culpa bastarían para que se pudiera dictar condena sin necesidad de un juicio.

Martin Taus iba a pasar en la cárcel mucho, pero que mucho tiempo.

Por suerte, a ella se le había ocurrido que pasaran por casa (mejor dicho, por casa de Luke) para recoger su portátil mientras iban camino a la comisaría la noche anterior, porque durante la larga espera había aprovechado para escribir varios artículos, uno puramente informativo y una crónica especial, sobre diferentes aspectos del caso.

—Ni se te ocurra leer por encima de mi hombro —le advirtió a Luke al notar su presencia, mientras seguía tecleando a toda velocidad.

En ese momento estaba sentada en una sala de interrogatorios, trabajando en la crónica para la revista *Think*. Ya le había mandado por correo electrónico el artículo puramente informativo a los del *San Felipe Journal*, que la habían llamado para decirle que el *USA Today* también iba a publicarlo.

—Te lo has tragado, ¿no? —le dijo él—. Crees que ese

tipo es nuestro hombre y que todo ha terminado así, sin más.

—Admito que ha sido un desenlace un poco decepcionante, pero la vida real no suele ser tan emocionante como las películas. La verdad es que yo prefiero que las cosas hayan salido así —alzó la mirada hacia él antes de preguntarle—: ¿Has acabado ya?, ¿podemos marcharnos?

Él se sentó con cansancio junto a ella. Había sido una larga noche, y aún llevaban puesta la ropa con la que habían asistido a la boda a pesar de que ya eran las ocho de la mañana pasadas.

—Sí. Tan solo quería verle, estar cerca de él por un minuto. Sabía que acabarían por dejarme entrar si esperaba en la puerta el tiempo suficiente.

—¿Y al final te lo han permitido?

—Sí. Mi impresión de él es que... yo creo que no es nuestro hombre, Syd.

—Ha confesado.

—Yo también podría hacerlo, pero eso no me convertiría en un violador.

—¿Has visto la grabación? Es escalofriante cómo narra...

—A lo mejor me equivoco, pero, mientras estaba allí, justo al lado de ese tipo, no podía quitarme de encima la sensación de que había algo que no acababa de encajar. La cuestión es el qué.

—Puede que no sea más que la falta de sueño.

—Sé de primera mano lo que es la falta de sueño, y aunque admito que el agotamiento no me ayuda en nada estoy convencido de que aquí pasa algo raro. Lo único que digo es que no pienso hacer lo que Zale, no pienso dar el caso por resuelto hasta que los análisis de ADN confirmen que es nuestro hombre.

—¡Eso puede tardar días!

Él la miró con una versión de su mejor sonrisa teñida de cansancio al contestar:

—Pues supongo que vas a tener que quedarte unos días más en mi casa. Qué pesadez, ¿no?

Syd guardó el archivo, apagó el portátil y lo cerró. Estaba dándose un poco de tiempo para poder pensar bien sus siguientes palabras.

—La verdad es que hace un rato estaba pensando en lo bien que me ha venido que detuvieran a Martin Taus justo ayer, porque así voy a poder aprovechar para hacer una entrevista de trabajo en Phoenix. Es una excelente oportunidad.

Él se echó hacia atrás en la silla y la miró boquiabierto.

—¿Desde cuándo te planteas irte a vivir a Phoenix?, ¡eso está en Arizona!

—La entrevista es allí, pero el trabajo es en Nueva York. ¿Te acuerdas de que te hablé de la revista *Think*? Te comenté que les había enviado mi currículum para optar a un puesto de editora y redactora.

—¿Nueva York? ¡Syd, eso es incluso peor que Phoenix! ¡No me dijiste nada sobre Nueva York!

—¿Dónde esperabas que hubiera un empleo así?

—¡Pues aquí, o quizás en San Diego! Por el amor de Dios, Syd, ¿estás diciendo en serio que quieres irte a vivir a Nueva York?

—Sí.

No estaba mintiendo, porque la verdad era que le daba igual dónde vivir. Sus opciones habían quedado divididas en dos únicas posibilidades: con Luke, o sin él. La primera era la que realmente deseaba, pero sabía que se trataba de un imposible. La de «sin él» abarcaba el resto del mundo, y le resultaba indiferente ir a un sitio o a otro. Nueva York, San Diego, Chicago... Daba igual. En todas partes iba a sentirse igual de sola, al menos por un tiempo.

Él se frotó los ojos al admitir:

—Vaya, me he quedado de piedra, estoy... Yo creía que,

no sé, que a lo mejor había algo entre nosotros que podría llegar a alguna parte.

Ella no pudo evitar echarse a reír.

—Venga ya, Luke, los dos sabemos qué es lo que hay entre nosotros. Es divertido, es genial, pero no es nada serio. Tú mismo me dijiste que nunca vas en serio.

—¿Y qué pasa si resulta que he cambiado de opinión?

—¿Y qué pasa si tu cambio de opinión es pasajero? —le preguntó ella, con voz suave—. Imagínate que renuncio a una gran oportunidad profesional, algo que he ambicionado desde hace años y por lo que he trabajado muy duro, y resulta que al final tú te echas atrás.

Él carraspeó un poco antes de decir:

—He pensado que... eh... pues que a lo mejor podrías venirte a vivir conmigo de verdad.

Syd no podía creerlo, ¿don Nunca Voy en Serio acababa de proponerle que se mudara a su casa? Por un instante se permitió el lujo de creer que era posible, pero en ese momento le vio hacer una pequeña mueca que le delató. Estaba claro que en realidad no quería vivir con ella, lo que pasaba era que no estaba acostumbrado a que cortaran con él. Era una cuestión de competitividad, y estaba intentando aferrarse a la primera idea que se le había ocurrido, por muy estúpida que fuera, para lograr alargar un poco más la relación y salir vencedor.

Pero, cuando la tuviera en sus redes, no tardaría en hartarse; aun suponiendo que no fuera una ruptura inmediata, llegaría tarde o temprano, con lo que ella se habría quedado sin Luke y en Coronado.

El trabajo que le ofrecían en Nueva York no iba a darle calorcito por las noches, pero Luke tampoco lo haría después de que se separaran.

—Creo que una decisión de semejante magnitud se merece una profunda reflexión, tanto por tu parte como por la mía.

—He estado pensando en ello, Syd. Ya sé que no es una opción digamos que... perfecta, pero...

—Piénsatelo un poco más —le dolía rechazarle, apenas podía creer que estuviera haciéndolo, pero no tenía más remedio. Estaba convencida de que lo que él estaba diciéndole no era real, que no le salía del corazón—. Aprovecha para pensártelo bien mientras yo estoy en Phoenix.

—Nueva York, el trabajo es en Nueva York —le explicó Lucky a Lucy McCoy—. Syd está en Phoenix; de hecho, seguro que está en la entrevista ahora mismo, estaba programada para esta mañana. Está claro que va a conseguir ese empleo, nadie dudaría en contratarla. Es brillante, divertida, una gran escritora, es... es perfecta.

Estaba sentado en el borde de la cama de Lucy, que seguía con la mente aprisionada por el coma. Le besó la mano, y le suplicó con voz suave:

—Venga, Luce, despiértate ya. Me vendría bien que me aconsejaras.

Al ver que no obtenía respuesta alguna, suspiró pesaroso.

—Me siento como un verdadero capullo, tanto por dejar que se vaya sola a Phoenix en esa chatarra que tiene por coche como por... —soltó una carcajada antes de confesar—: Dios, Lucy, no vas a creerte lo que hice, le propuse de buenas a primeras que se mudara a mi casa de verdad. Qué idiota soy. No podía ni creerme lo que estaba saliendo de mi boca, me sentí fatal por hacer las cosas así, a medias —bajó la voz al admitir—: La amo, la amo de verdad. Nunca entendí lo que existe entre Blue y tú, o entre Joe y Ronnie. A ver, me daba cuenta de que era algo especial, pero no llegué a entenderlo hasta que conocí a Syd. Ahora todo tiene sentido, mi vida entera ha cobrado sentido. El problema es que ella va a mudarse a Nueva York.

—¿Por qué no le pides que se case contigo?

La inesperada pregunta le sobresalto, y soltó una imprecación cuando se volvió y vio a Veronica en la puerta.

—¿Está enseñándote el capitán a moverte con sigilo? ¡Por el amor de Dios, casi me da un ataque!

Ella entró en la habitación, se sentó al otro lado de la cama, y también tomó a Lucy de la mano.

—Hola, Lucy, ya estoy aquí otra vez —alzó la mirada hacia él, y le dijo sonriente—: Perdona que haya estado escuchándote, lo siento.

—No, no lo sientes.

—Bueno, desembucha. ¿Por qué no le pides a Syd que se case contigo? —al ver que era incapaz de contestarle, optó por hacerlo por él—. Porque tienes miedo.

Lucky hizo acopio de valor y le contestó con sinceridad.

—Me da miedo que me rechace, y también que no lo haga.

—Pues a menos que hagas algo drástico, se irá a Nueva York y no hará ni una cosa ni la otra.

De repente se oyó un revuelo en el pasillo, la puerta se abrió de golpe, y una de las enfermeras más jóvenes se puso en medio para bloquear el paso.

—Lo siento, señor, pero es aconsejable que espere a que venga el doctor y...

—He hablado con él por teléfono mientras venía de camino desde el aeropuerto —la voz masculina era suave pero firme, endulzada por un marcado acento sureño—. ¡No es aconsejable que espere a que él llegue, lo aconsejable es que entre de una vez en esa habitación y pueda ver a mi mujer!

Lucky se levantó justo cuando el recién llegado, que no era otro que el segundo comandante Blue McCoy, alzó a la enfermera para apartarla a un lado y entró a toda prisa en la habitación.

—Lucy... —solo tenía ojos para su mujer, que yacía inmóvil en el centro de la cama.

Parecía exhausto. Aunque saltaba a la vista que llevaba semanas sin afeitarse, tenía el pelo mojado, así que probablemente se había dado una ducha rápida justo antes de llegar por una cuestión de higiene. La expresión de su rostro mientras contemplaba a su mujer, mientras veía los moratones, los cortes y el vendaje blanco que le cubría la cabeza, era terrible. Se sentó en el borde de la cama, y la tomó de la mano.

—Aquí estoy, yanqui —le dijo, con voz un poco quebrada—. Perdona que haya tardado tanto, pero ya estoy aquí —se le inundaron los ojos de lágrimas al ver que ella permanecía inmóvil—. Vamos, Lucy. El médico me ha dicho que vas a recuperarte, lo único que tienes que hacer es abrir los ojos.

Nada.

—Ya sé que va a ser duro, ya sé que debes de haber pasado por un verdadero infierno y que es más fácil seguir dormida y no tener que afrontarlo, pero yo estoy a tu lado y voy a ayudarte. Tendrás todo lo que necesites. Todo va a salir bien, te lo prometo. Juntos podemos superar lo que sea —no pudo seguir conteniendo las lágrimas.

Lucky agarró a Veronica del brazo y la llevó a la puerta, y ella se llevó una sorpresa cuando salieron al pasillo y vio a su marido, el capitán Catalanotto.

—¡Joe! —exclamó, antes de lanzarse a sus brazos.

Joe Cat era un tipo enorme, y la estrechó entre sus brazos con toda facilidad antes de besarla. Bueno, sería más adecuado decir que la devoró, lo que aquel hombre le dio a su mujer era mucho más que un simple beso.

Lucky tuvo la sensación de estar presenciando algo demasiado íntimo y dio media vuelta por discreción, pero no pudo evitar oír que Joe preguntaba, en un susurro ronco:

—¿Estás bien?

—Ahora sí.

—¿Y Lucy?

—Aún nada, sigue sin responder.

—¿Qué es lo que ha dicho realmente el médico?, ¿aún hay esperanzas de que despierte?

—Eso espero.

Lucky se volvió de nuevo hacia ellos con intención de decirles que él mismo había hablado con el médico un par de horas antes, pero enmudeció al ver al ver a Joe, un tipo duro y fortachón, llorando mientras se aferraba con fuerza a su mujer.

—Todo va a salir bien —le aseguró ella, que también estaba llorando—. Ahora que Blue y tú ya estáis aquí, todo volverá a estar bien. Estoy convencida.

Al verles así, Lucky tuvo clarísimo lo que quería: lo que Lucy compartía con Blue, lo que Joe y Veronica habían encontrado juntos. Por primera vez en su vida pensó que quizás, tan solo quizás, él también había conseguido encontrarlo, porque, cuando tenía a Syd cerca, su mundo entero estaba bien.

Decidió que iba a hacerlo, que iba a pedirle que se casara con él.

La puerta al final del pasillo se abrió, y al ver aparecer a Harvard, Cowboy y Crash, fue hacia ellos para saludarlos. También estaba allí Mitch Shaw, que al ver su mirada interrogante, le explicó:

—Para cuando logré encontrarlos, ya habían completado la misión y estaban saliendo de las montañas.

—¿Cómo está Lucy? —le preguntó Harvard—. No queremos acercarnos demasiado, Blue y Joe son los únicos que han tenido tiempo de ducharse.

—Aún sigue en coma. Está por ver si va a despertar, los médicos dicen que hemos llegado a un punto en que es ahora o nunca. Tienen la esperanza de que la voz de Blue logre traerla de vuelta —retrocedió un paso al notar lo mucho que apestaban—. Dios, os hace falta un poco de desodorante.

Olían a una mezcla de perro sucio y humo de hoguera... ¿Humo? De repente, se le encendió la bombilla.

Soltó una imprecación, sacó su móvil, y marcó apresurado el número de Syd mientras le rogaba a Dios que ella contestara, que no se hubiera quedado sin batería...

Ella contestó al primer tono.

—¿Diga?

—¡Olor rancio a humo de tabaco! ¡Eso es lo que no me cuadraba de Martin Taus!

—Disculpe, ¿quién es? A lo mejor es el chalado de mi amigo Luke O'Donlon, que empieza las conversaciones por la mitad en vez de por el principio.

—Sí, eres supergraciosa, Syd. Gracias por el hartón de reír, ahora préstame atención. Martin Taus no es nuestro hombre, no fuma. Recuerda que entré a verle, que le tuve muy cerca. Sabía que algo no encajaba, pero acabo de darme cuenta de lo que era; según tú, el tipo con el que te cruzaste en la escalera olía como Wes Skelly, a humo de tabaco. ¿Te acuerdas?

Tras un largo momento de silencio, ella se echó a reír y argumentó:

—Puede que estuviera equivocada, o que ahora lo estés tú.

—Puede, pero no lo estoy, ni tú tampoco. Tienes que tener cuidado, Syd. Vente para casa de inmediato... no, a casa no, ven al hospital y no salgas del coche si ves que no hay nadie en el aparcamiento. Quédate en el coche sin dejar de circular y llámame con el móvil, yo bajaré a por ti. ¡Dios!, ¡no entiendo cómo dejé que me convencieras de dejarte ir sola a Phoenix!

Hubo otra larga pausa hasta que ella dijo al fin:

—Bueno, apuesto a que te mueres por saber cómo me ha ido con la entrevista, ¿no? Pues la verdad es que muy, pero que muy bien.

—¡Al diablo con tu entrevista! —exclamó él, exasperado—. ¡Estás volviéndome loco, Syd! Necesito que estés aquí cuanto antes, necesito saber que estás a salvo. Mueve el culo, vuelve a casa y... y... ¡y cásate conmigo, maldita sea! —alzó la mirada y vio a Harvard, Cowboy, Mitch y Crash observándole boquiabiertos; al otro lado del teléfono, Syd tampoco decía nada—. Vaya, no me ha salido como yo esperaba.

Cowboy se echó a reír, pero se calló de golpe cuando Harvard le dio un codazo.

Él cerró los ojos y les dio la espalda antes de preguntar con voz suave:

—Syd, por favor, ¿podrías volver para que podamos hablar?

—¿Quieres hablar? —su voz sonaba un poco floja, pero carraspeó y añadió con mayor firmeza—: Sí, me parece lo más sensato. Estás de suerte, ya voy de regreso a casa; de hecho, ya casi estoy a mitad de camino.

CAPÍTULO 15

Luchar, huir, esconderse, o rendirse sin oponer resistencia. Estaba claro que esconderse no era una opción viable en aquellas circunstancias.

Mientras marcaba en su móvil el número de Luke, una letanía se repetía sin parar en la mente de Syd: «Contesta, por favor, contesta, por favor, contesta, por favor...». Conducía con una mano mientras sujetaba el móvil con la otra, tenía el mapa abierto en el asiento del copiloto.

—O'Donlon.

—¡Luke! ¡Gracias a Dios!

—¿Quién es? ¡Apenas le oigo, aquí hay mucho ruido! —gritó él—. ¡Un momento, voy a meterme en el...! —tras una pequeña pausa, añadió con voz normal—: Perdón, vamos a empezar otra vez. O'Donlon.

—Luke, soy Syd. Tengo un problemilla.

Él no se enteró de lo último, habló por encima de ella en cuanto oyó su voz.

—¡Hola! ¡Qué casualidad, estaba a punto de llamarte para darte una gran noticia! ¡Lucy ha despertado del coma! Ha abierto los ojos al cabo de una hora de que Blue llegara, más o menos. Ni te imaginas cómo ha sido la cosa, le mira y va y le dice: «Estoy calva, tuvieron que afeitarme la cabeza». Esas han sido sus primeras palabras después de estar en coma tantos días. Qué típico en una mujer, ¿no? Estuvo a punto de morir, y ella se preocupa por el pelo. Me mata que supiera que estaba calva. Seguro que ha oído todo lo que pasaba a su alrededor a lo largo de la semana, es la única explicación que se me ocurre.

—Luke...

—Y va Blue y le contesta: «Siempre pensé que estarías guapísima con un corte de pelo militar, yanqui». Ahí ya sí que no hemos podido contenernos más. Los siete que estábamos allí, siete SEAL hechos y derechos, nos hemos puesto a llorar como niños, y...

—¡Luke!

—Perdona, es que estoy nervioso. No puedo dejar de hablar porque estoy nervioso, porque me muero de miedo al pensar que a lo mejor has llamado para decirme que me vaya al cuerno.

Syd esperó unos segundos para asegurarse de que iba a quedarse callado, y le lanzó una ojeada al retrovisor antes de decirle:

—Te he llamado porque tengo un problemilla. Estoy circulando por un lugar perdido de la mano de Dios, y me... me parece que alguien me sigue.

Luke sintió que se le paraba el corazón.

—No estás jugando a lo de plantearse situaciones imaginarias, ¿verdad? ¿Estás hablando en serio?

—Muy en serio, me he dado cuenta unos veinticinco kilómetros atrás. Cuando aminoro, el otro coche aminora; cuando acelero, él acelera. Y ahora que lo pienso, lo he visto en la última gasolinera en la que he parado a repostar.

Su voz sonaba muy débil a través del teléfono.

—¿Dónde estás?

Aunque el corazón había vuelto a palpitarle de nuevo, en ese momento lo tenía en un puño. Asomó la cabeza por la puerta del lavabo de hombres de la cafetería del hospital, pero, como sabía que ninguno de sus amigos iba a oírle por el griterío que había allí, hizo gestos con la mano hasta que logró captar la atención de Frisco; después de indicarle que se acercara, volvió a meterse en el lavabo y se llevó el móvil al oído.

—Ruta 78 —estaba diciéndole Syd—, justo en la entrada de la frontera de California. Estoy unos sesenta y cinco kilómetros al sur de la Ruta 10, en dirección a la Ruta 8. Esto está desierto, Luke. Hace mucho rato que ni siquiera me cruzo con otro coche; a juzgar por el mapa, la localidad más cercana está a unos cuarenta y ocho kilómetros de aquí. He intentado llamar a la policía, pero no hay manera. Ni siquiera sabría qué decir, ¿que voy circulando por una carretera estatal y hay otro coche detrás del mío? A lo mejor no es más que una coincidencia, puede que...

—Hagas lo que hagas, no pares el coche. No te detengas, sigue conduciendo —al ver entrar a Frisco, le dijo sin más—: Necesito ponerme en contacto con el capitán, el jefe de equipo, y un mapa estatal. Creo que el tipo que mandó a Lucy al hospital está siguiendo a Syd.

Frisco había estado presente en la conferencia de prensa del comisario Zale, en la que la policía de San Felipe y la FInCOM habían anunciado que el violador de San Felipe había sido arrestado, pero asintió y salió a por los demás sin perder ni un segundo.

—Voy a encontrar la forma de llegar hasta ti, Syd —le aseguró Luke—. Tú sigue en dirección suroeste, mantente en la Ruta 78. ¿De acuerdo?

Ella respiró hondo antes de contestar.

—De acuerdo.

—Descríbeme el coche que tienes detrás.

Se sintió un poco mejor al oírle hablar con tanta seguridad, con tanta firmeza. Miró por el retrovisor antes de decir:

—Color azul oscuro, muy feo. Un viejo sedán de esos de finales de los años setenta, y...

Se calló al darse cuenta de que esa descripción encajaba con la que ella misma había dado cuando estaba hipnotizada, al hablar del coche que había visto aparcado en su calle la noche de la agresión a Gina.

El coche que iba detrás de ella empezó a acelerar y se incorporó al otro carril.

—Va a adelantarme —le dijo a Luke, aliviada.

El sedán oscuro siguió acelerando, ya casi estaba paralelo a ella.

—Dios, no han sido más que imaginaciones mías. Perdona, me siento como una tonta, pero es que...

El sedán llegó a su altura, y alcanzó a ver al conductor por la ventana. Era corpulento, de hombros anchos, y tenía el físico de un jugador de fútbol americano. Tenía el pelo muy corto y de un color rubio tirando a castaño, y llevaba una media en la cabeza.

Syd gritó, pisó con más fuerza el acelerador, y el súbito acelerón hizo que el móvil se le cayera de la mano.

—¡Syd! ¡Maldita sea, Syd! ¿Qué demonios está pasando? —gritó Lucky al teléfono.

Alzó la mirada cuando Joe Cat y Harvard irrumpieron en el lavabo, tensos y muy serios, y dio gracias a Dios al ver que el segundo tenía un mapa en las manos. Les hizo un breve resumen de la situación con voz temblorosa mientras agarraba el mapa y lo abría.

—Se dirige hacia el suroeste por la 78 —soltó una palabrota al localizar dicha ruta en el mapa—. ¿Qué demonios hace ahí?, ¿por qué no ha ido por la 95? ¿Por qué no acortó camino hacia la Ruta 8 cuando estaba más cerca de Phoenix?, ¿por qué? —respiró hondo mientras intentaba controlarse—. De acuerdo, lo que quiero es interceptar, y cuanto antes. ¿Qué opciones tenemos?

Le rogó a Dios que no fuera demasiado tarde. La llamada no se había cortado, y le pareció oír el ruidoso motor del coche de Syd.

—Seguro que el Black Hawk que nos ha traído al hospital aún está en el tejado, tenía combustible más que de sobra.

El comentario se lo hizo Joe Cat a Harvard, que contestó sin pensárselo dos veces:

—Voy a reunir al equipo.

Mientras subía hacia el tejado, Luke siguió hablando por el móvil:

—Venga, Syd, venga, vuelve a ponerte al teléfono y dime que estás bien.

El coche había empezado a traquetear y petardear, no estaba hecho para aguantar mucho circulando a ciento diez kilómetros por hora.

Había conseguido mantenerse por delante del otro coche, pero tenía que sujetar el volante con ambas manos para controlar el temblor que las sacudía. El móvil iba dando tumbos en el suelo del asiento del copiloto, junto a su barra antirrobo para volante. No lo tenía demasiado lejos, si pudiera apartar una mano del volante por unos segundos y...

Intentó alcanzarlo, pero no lo logró.

Lucky hizo un rápido recuento mientras el Black Hawk se dirigía a toda velocidad hacia el este: Joe Cat, Harvard,

Cowboy, Crash, Mitch, Thomas King, Rio Rosetti, y Mike Lee. Harvard había interceptado a los tres últimos justo cuando acababan de llegar al hospital con ramos de flores para Lucy, y les había llevado a rastras al tejado. Nueve hombres... Ah, y una mujer. PJ Becker, agente de la FInCOM, había tenido el detalle de sumarse a ellos a pesar de que no soportaba volar en nada que fuera más pequeño que un 737.

En ese momento, la voz de dicha agente le llegó alto y claro a través de los auriculares que llevaba puestos.

—Los SEAL no tienen ninguna jurisdicción aquí, así que, si alguien os pregunta, esta es una operación de la FInCOM, ¿de acuerdo? Yo soy la oficial al mando, y vosotros... imaginaos que sois mi equipo. Pero eso no es más que en caso de que alguien pregunte, en realidad eres tú el que está al mando, O'Donlon.

—¿De qué armas disponemos a bordo? —le preguntó él al capitán.

—Teniendo en cuenta que venimos de una misión para la que había que llevar un equipo completo de batalla, tenemos armamento suficiente para equipar a un ejército pequeño.

—Si ese tipo llega a ponerle un solo dedo encima a Syd...

Lucky fue incapaz de continuar la frase, pero Joe Cat le entendió sin necesidad de palabras y comentó:

—Así que al fin has caído, ¿no? Esa mujer es importante para ti.

—Es irreemplazable.

Syd mantuvo una pequeña presión en el pedal del embrague para intentar darle un poco más de fuerza a la velocidad máxima de su coche. La cuestión era hasta cuándo iba a funcionarle esa táctica; según el indicador, la temperatura iba subiendo cada vez más, así que estaba claro que no iba a tardar en agotársele el tiempo.

Tenía que conseguir alcanzar el móvil. Hacía diez minutos por lo menos que se le había caído al suelo, seguro que Luke estaba preocupadísimo. Tenía que hablar con él, tenía que decirle que... que le amaba, que lamentaba todo aquello, que ojalá que todo hubiera acabado de diferente manera.

Estiró la mano hacia el móvil con un esfuerzo hercúleo y en esa ocasión logró rozarlo, sus dedos avanzaron por la sucia esterilla y consiguió agarrarlo bien. Pero su alegría fue efímera, porque dio un volantazo por culpa de la postura en la que estaba y tuvo que luchar por controlar el coche con una sola mano.

«Quizás sería mejor que me estrellara, así tendría una muerte rápida».

Descartó aquella idea tan horrible en cuanto se le pasó por la cabeza. Eso supondría una rendición definitiva, y nunca había sido partidaria de la opción de rendirse sin oponer resistencia. Si iba a morir, iba a morir luchando hasta el fin.

Se colocó el móvil bajo la barbilla y respiró hondo; al darse cuenta de que la línea seguía abierta y no iba a tener que volver a marcar, se sintió aliviada.

—¿Luke?

—Syd, Alan Francisco al habla. Lucky está en un helicóptero, se dirige hacia ti a toda velocidad. Me ha dejado su móvil porque temía que la llamada se cortara al volar tan rápido. Estoy en contacto por radio con él. ¿Estás bien?, seguro que está muy angustiado.

A ella se le cayó el alma a los pies al darse cuenta de que no iba a poder hablar con Luke, al menos directamente. Sintió una punzada de dolor, porque anhelaba poder oír su voz una última vez.

—Es él —le dijo a Frisco—, el violador de San Felipe es el conductor del coche que me sigue. Antes se ha puesto a mi altura, lleva una media en la cabeza. Ha intentado sacarme de la carretera.

—De acuerdo, mantén la calma y sigue conduciendo. Colócate sobre la línea central de la carretera, no permitas que te adelante y se coloque delante de ti. Espera, voy a informar a Lucky.

—Alan, la flecha del indicador de temperatura está a punto de llegar a la zona roja. Mi coche está a punto de sobrecalentarse.

La ansiedad de Luke se acrecentó aún más cuando Frisco le informó de que el coche de Syd estaba sobrecalentándose.

—¿No puede ir más rápido este trasto? —le preguntó a Harvard.

—No, ya estamos pasándonos de la raya. Estamos cerca.

—No basta con estar cerca —masculló él—. Frisco, dile a Syd que... —todos estaban oyéndole, todos menos la persona con la que se moría por hablar—. Dile que aguante, que intente seguir conduciendo. Dile que, si ese cabrón se baja del coche, si al suyo aún le queda algo de potencia, pues que le atropelle sin pensárselo dos veces. Pero, si se le sobrecalienta el motor y se le para el coche, que se quede dentro, que cierre bien todas las puertas para que ese hijo de puta tenga que romper las ventanillas. Dile que debería cubrirse la cabeza con algo, con una chaqueta o lo que sea, para que no se corte con los cristales. Dile... —tenía que decirlo, le importaba una mierda que todos estuvieran oyéndole—. Dile a Syd que la amo.

—¿Eso te ha dicho?, ¿textualmente? —le preguntó Syd a Frisco con incredulidad.

—Sí, ha dicho «Dile a Syd que la amo».

—Madre mía. Si ha dicho eso es porque cree que voy a morir, ¿verdad? —al ver que empezaba a salir humo del capó, se dio cuenta de que el coche iba a pararse de un momento a otro—. Mi radiador no va a aguantar mucho más. Tiene gracia, después de debatir tantas veces con los demás sobre qué es preferible, luchar o rendirse sin oponer resistencia, resulta que voy a tener que tomar esa decisión de verdad.

Luke quería que se rindiera, que se quedara en el coche y esperara a que ese mastodonte fuera a por ella, pero, en cuanto el tipo le rompiera la ventanilla, estaba perdida.

Se le ocurrió que, si le esperaba fuera del coche, quizás podría usar la barra antirrobo para aporrearle. También podría esperar hasta el último momento, abrir la puerta de golpe, y lanzarse hacia él armada con la barra.

—Dile a Luke que lo siento, pero que elijo luchar.

El radiador estaba echando nubes de vapor, el coche perdía velocidad. Había llegado el principio del fin.

—Dile... Dile que yo también le amo.

Cortó la llamada y dejó caer el móvil sobre su regazo un segundo antes de que el coche que la seguía la golpeara de lleno desde atrás. Tuvo que agarrar el volante con ambas manos para poder mantener el coche en el centro de la carretera, no podía dejar que se colocara a su altura y la echara al arcén.

Sabía que lo único que iba a lograr era retrasar un poco lo inevitable, pero no estaba dispuesta a rendirse. Se negaba a hacerlo.

Él le dio otro fuerte golpe que la empujó hacia delante. Aquel impulso la ayudó a salvar la cima de la cuesta por la que subían, que resultó ser la última; al otro lado, la larga carretera se extendía ante sus ojos por un terreno llano, y...

Y fue entonces cuando vio un punto negro en el cielo que iba hacia ella y cada vez se hacía más y más grande. Al principio pensó que era una especie de jet, pero al cabo de un instante se dio cuenta de que se trataba de un helicóptero, el más veloz que había visto en toda su vida.

El sedán volvió a golpearla, y en esa ocasión logró sacarla de la carretera. Fue derecha al arcén de tierra, y se quedó allí clavada. Se preparó para recibir otro golpe, pero justo entonces el helicóptero les sobrevoló como un enorme, terrible y ruidoso halcón con sed de venganza.

El aparato redujo un poco la velocidad al dar media vuelta para ir de nuevo hacia ellos, tenía todas las puertas abiertas. De repente se oyó una especie de estallido, un disparo, y el sedán derrapó y quedó inmóvil frente a ella. ¡Le habían reventado una de las ruedas delanteras!

Mientras el helicóptero permanecía suspendido en el aire, unos doce hombres armados hasta los dientes descendieron por cuerdas, y a través del parabrisas vio cómo sacaban del sedán al hombre que le había hecho pasar un rato tan aterrador; aunque era corpulento, ellos lo eran aún más y, a pesar de que se resistió, en cuestión de segundos ya lo tenían tumbado boca abajo en el suelo.

Al oír que su móvil empezaba a sonar, contestó de inmediato.

—¿Frisco?

—No, he tomado prestado el móvil del capitán.

Le dio un brinco el corazón al reconocer la voz de Luke. Alzó la mirada y le vio caminando hacia su coche, con el móvil en una mano y un arma en la otra.

—No podríamos haber llegado en mejor momento, ¿verdad? —le preguntó él, sonriente.

En cuanto ella soltó el teléfono y abrió la puerta, la sacó del coche y la estrechó entre sus brazos.

CAPÍTULO 16

—Se llama Owen Finn —le explicó Lucky a Frisco, con el que estaba hablando por el teléfono de la cocina—. Estuvo en la academia y entró en el BUD/S, pero no completó el programa. Se largó, estamos hablando del verano del noventa y seis; según parece, estaba chalado. Era uno de esos tipos a los que se les ofrecen en bandeja de plata un montón de oportunidades, pero que siempre acaban por fastidiarlo todo y después son incapaces de asumir su responsabilidad.

—Sí, sé a lo que te refieres. «Yo no quería pegarle una paliza a mi mujer, Su Señoría. La culpa la tiene ella, por ponerme de los nervios».

—Exacto. Cuatro meses después de dejar el BUD/S —le dijo Lucky a su amigo—, fue condenado por robo, lo que le valió la expulsión con deshonor y una temporada en la cárcel. Cuando quedó en libertad, le pillaron cuando estaba intentando entrar a robar en una casa de Kentucky, así que allí también le encarcelaron. Supongo que durante los años que pasó allí encerrado tuvo tiempo de darle muchas vueltas a la cabeza, que en su retorcida mente se cocía la certeza de que su abismal historial de fracasos había empezado al dejar el BUD/S. Puso rumbo a Coronado en cuanto salió de la cárcel, pero hizo una breve parada en Texas y aprovechó para robar en una licorería. Está claro que lo de trabajar para ganar dinero no es lo suyo.

Hizo una breve pausa para tragar saliva, y siguió diciendo:

—El psicólogo de la policía cree que seguramente vino con la vaga idea de vengarse de alguna forma, pero que trazó su plan cuando ya estaba aquí; según el psicólogo, Finn fue envalentonándose al ver que en los bares de la zona le tomaban por un SEAL, está muy cachas después de pasar años levantando pesas en la cárcel. El psicólogo cree que la primera agresión que cometió fue la violación de una mujer que se fue con él del bar por voluntad propia. Al tipo le gustó tanto sentirse poderoso y el miedo que le causó a la mujer, que se dio cuenta de cómo podía vengarse. Empezó a atacar a mujeres que tenían algún vínculo con un listado de gente, gente a la que quería hacerle daño. A algunas de las víctimas las conocía de cuando estuvo aquí en el noventa y seis, y buscó información sobre el resto. Procuró ir a por las que siempre solían estar solas en casa a una hora determinada del día. Syd fue una excepción, pero, por lo que le ha confesado al psicólogo, tenía pensado atacarla en el hotel de Phoenix donde estaba hospedada; por suerte, ella echó al traste sus planes al decidir regresar a California un día antes de lo previsto.

Lucky cerró los ojos. Era incapaz de soportar la idea de lo que podría haber pasado si ella se hubiera quedado un día más en Arizona, tal y como tenía previsto.

—Aún estamos esperando a los resultados del análisis de ADN, pero creo que esta vez sí que tenemos a nuestro hombre. Finn sí que huele a tabaco. En cuanto a Martin Taus, aún no sabemos cómo pudo describir con tanto detalle las agresiones. Yo creo que debió de coincidir con Finn en algún bar.

—¿Cómo está Syd?

Lucky se echó a reír.

—¡Escribiendo! Se encerró en el dormitorio de invitados en cuanto llegamos, y ha estado escribiendo desde entonces. Está trabajando en un artículo corto sobre Finn para el *USA Today*, una especie de continuación de los otros que ya se han publicado.

—Oye, te ha... eh... ¿Te ha dado ya una respuesta? —le preguntó Frisco con tacto.

—No.

Sabía perfectamente bien que su amigo se refería a la proposición de matrimonio que le había hecho a Syd. No le extrañó que se hubiera enterado; de hecho, seguro que tenía a Mia justo al lado, tirándole de la manga con impaciencia, a la espera de recibir noticias para poder llamar a Veronica y ponerla al día. Esta, a su vez, hablaría con PJ, que se lo contaría a Harvard, que le mandaría un mensaje al resto del comando Alfa.

Sus amigos no estaban tomándose a la ligera el hecho de que hubiera dado el paso de proponerle matrimonio a alguien; de hecho, se lo tomaban muy en serio.

«Muy en serio...».

Se le ocurrió una idea, y dijo al teléfono:

—Frisco, espera un momento —dejó el auricular sobre la mesa de la cocina, fue al cuarto de invitados, y llamó a la puerta.

—¿Qué?

La voz de Syd reflejaba impaciencia. Estaba claro que no quería que la interrumpieran mientras escribía, así que abrió la puerta y procuró ser conciso.

—¿Sabes cuánto te falta para acabar, más o menos?

—Dos horas. Déjame tranquila, por favor.

Él cerró la puerta, regresó a la cocina, y dijo al teléfono:
—Oye, Frisco, necesito que me eches una mano.

Después de enviar el artículo por vía electrónica y apagar el ordenador, Syd se levantó de la silla y se estiró. Sabía que no podía seguir aplazando el momento de la verdad, que Luke estaba esperándola en el salón para hablar con ella.

Estaba convencida de que no hablaba en serio cuando le había pedido que se casara con ella, lo había hecho en un momento en que estaba alterado por varios factores. No le gustaba la idea de perderla, de perder en general, y le había propuesto matrimonio en un intento desesperado de conseguir que ella no se largara.

«Dile a Syd que la amo».

No dudaba que sintiera cariño por ella, pero seguro que a los millones de mujeres que la habían precedido también les había asegurado que las amaba. Era una afirmación que no podía tomarse en serio.

Eso era lo que iba a decirle, que no podía tomarle en serio y se negaba a intentarlo, que, a pesar de lo profundo que era lo que sentía por él, no podía correr un riesgo tan grande, no podía arriesgarse a echar a perder su vida. Iba a decirle que lo sentía, pero que iba a aceptar el empleo de Nueva York.

Seguro que en una semana ya la habría olvidado, mientras que ella iba a echarle de menos el resto de su vida.

Hizo acopio de valor, alzó la barbilla, y abrió la puerta. Él estaba de pie en la sala de estar, mirando por la ventana y, cuando la oyó llegar y se volvió, se quedó sorprendida al ver que llevaba puesto el uniforme de gala. Estaba peinado con pulcritud, con el pelo apartado de la cara y ni un solo mechón fuera de lugar. No llevaba solo los galones, sino las medallas al completo en una fila tras otra, así que era un milagro que pudiera mantenerse en pie con tanto peso extra.

—¿Piensas ir a algún sitio? —le preguntó, desconcertada.

—Creo que eso tendría que preguntártelo yo.

Se le veía muy serio allí de pie, de uniforme, impecable y formal, sin siquiera un atisbo de sonrisa en su apuesto rostro.

—Sí, me voy a Nueva York —admitió, antes de sentarse en el sofá—. Tenía un mensaje en el contestador, los de la revista me han hecho una propuesta, me quieren para el puesto.

—¿Y qué pasa con mi propuesta? Yo también te quiero.

Le miró a los ojos sin saber qué pensar, él estaba muy serio. No había nada que hiciera suponer que estaba bromeando, no hizo ni un solo gesto irónico o burlón para indicar que asumía que todo aquello era completamente inesperado viniendo de él.

—¿De verdad que esperas que me crea que quieres casarte conmigo? —le costó hasta pronunciar las palabras.

—Sí. Debo disculparme por habértelo pedido de forma tan poco romántica, pero...

—Luke, el matrimonio es para siempre. Es algo que yo me tomo muy, pero que muy en serio. No se trata de un juego con el que poder entretenerse hasta que uno se harte.

—¿Tengo pinta de estar jugando?

Ella no llegó a contestar, porque en ese momento sonó el timbre de la puerta.

—Perfecto, justo a tiempo. Discúlpame un momento —le dijo él, antes de ir a abrir.

Syd se quedó atónita al ver entrar a Thomas King, Rio Rosetti, y Michael Lee. Ellos también llevaban puesto el uniforme de gala y, por si fuera poco, iban cargados de flores.

—¡Bienvenidos, caballeros! —les saludó Luke—. ¡Pasad, pasad! Dejad las flores encima de la mesita, por favor. Perfecto.

—Hola, Syd —dijo Thomas.

—Si no os importa, preferiría que esperarais en el patio de atrás —les pidió Luke, mientras les conducía sin contemplaciones hacia la puerta de la cocina—. Allí hay una nevera con cerveza, vino y refrescos.

Ella le miró boquiabierta, miró también los ramos de flores de distintas clases y colores que cubrían por completo la mesita.

—Luke, ¿puede saberse para qué es todo esto?

—Es para ti y para mí.

El timbre de la puerta sonó de nuevo. En esa ocasión se trataba de Bobby Taylor y Wes Skelly, que entraron en la sala de estar con unas pesadas cajas. Luke abrió una de ellas, sacó una botella de champán, y le echó un vistazo a la etiqueta.

—¡Genial! Gracias, chicos.

—También hay varias botellas sin alcohol, para Frisco y Mia —le dijo Wes—. Las hemos comprado en una tienda de dietética.

—Hola, Syd —la saludó Bobby, antes de preguntarle a Luke—: ¿Nos vamos al patio? —al verle asentir, agarró a Wes del brazo y se esfumaron en un abrir y cerrar de ojos.

Syd no entendía nada. ¿A qué venían las flores y el champán?

—Luke, ¿qué...?

—Hoy me has dicho que me amabas. ¿Lo has dicho en serio?

Ella luchó por mantener la compostura, estaba intentando con todas sus fuerzas encarar aquella situación con realismo.

—Pensé que iba a morir.

—¿Significa eso que lo que has dicho no es verdad?, ¿no lo has dicho de corazón?

Syd cerró los ojos. Claro que lo había dicho de corazón, la cuestión era que seguramente no lo habría admitido de haber sabido que no iba a morir.

—¿Me amas, Syd?

Fue incapaz de mentirle.

—Sí, pero no...

Él la interrumpió con un beso.

—Me basta con el sí.

—No es tan fácil —tuvo la valentía de mirarlo a los ojos, aunque le costó lo suyo.

—Puede serlo —se inclinó para besarla de nuevo, pero tuvo que ir a abrir al oír que volvía a sonar el timbre de la puerta.

Eran Harvard y PJ, Crash y Nell Hawken, Cowboy y Melody Jones, y Mitch y Becca Shaw. Todos estaban muy elegantes, como si fueran a ir a la ópera o...

—Tres limusinas blancas, teniente. Tal y como ordenaste —le dijo Cowboy a Luke, con una sonrisa de oreja a oreja.

—Todo listo para el viaje. ¡Prepárate, Las Vegas, que allá vamos! —apostilló Harvard.

¿Las Vegas?, ¿la capital mundial de las bodas?

Syd se levantó, fue a mirar por la ventana, y vio aparcadas en la calle tres enormes limusinas en las que cabría hasta un ejército pequeño. El corazón se le aceleró cada vez más. No quería hacerse falsas esperanzas, pero empezaba a creer que sí, que Luke iba muy en serio...

PJ le dio un beso y un abrazo al acercarse a saludarla.

—Hola, Syd. Vaya susto te has llevado esta tarde, ¿estás bien?

Abrió la boca para contestar, pero volvió a cerrarla al ver que se marchaba hacia la cocina arrastrada por los demás.

Luke retomó la conversación en cuanto se quedaron a solas de nuevo.

—Bueno, ya hemos dejado claro que tú me amas y yo te amo a ti. Soy consciente de que ese empleo en Nueva York es bueno para tu carrera profesional, pero me contaste que, si pudieras, si encontraras un mecenas que te financiara, harías un paréntesis de uno o dos años en tu trabajo cotidiano para poder escribir un libro —abrió los brazos de par en par, y añadió sonriente—: Pues aquí me tie...

El timbre de la puerta volvió a sonar.

—Disculpa.

En esa ocasión se trataba de Frisco y Mia, que entraron en la sala de estar seguidos de un trajeado señor entrado en años que llevaba un voluminoso maletín.

—Luke, te presento a George Majors. Es el propietario de la joyería esa que hay en Ventura.

Luke le estrechó la mano al joyero, y comentó:

—Encantado de conocerle, no sabe cuánto le agradezco que haya accedido a venir. Puede poner aquí el maletín, ya le hago sitio —quitó de la mesita algunos de los ramos de flores, e instó a Syd a que se sentara en el sofá.

El señor Majors abrió el maletín, y Syd se quedó sin aliento al ver que contenía un muestrario de anillos... anillos de diamantes, alianzas de matrimonio.

Luke se hincó en una rodilla junto a ella y la tomó de la mano.

—Cásate conmigo, Syd.

Ella contempló cautivada aquellos profundos ojos azules. Eran unos ojos en los que podía perderse, en los que podía perderse para siempre.

Frisco carraspeó y echó a andar hacia la cocina con disimulo.

—Eh... Será mejor que Mia y yo salgamos a...

—No, no os vayáis. Vosotros sois mis mejores amigos, ¿quién mejor para presenciar cómo me arrastro y abro mi corazón? A este señor no le conozco de nada, aunque, si ha accedido a venir con los anillos de buenas a primeras, apuesto a que es un buen tipo —se volvió de nuevo hacia Syd, y le pidió muy serio—: Cásate conmigo. Vive aquí conmigo, escribe tu libro, dame hijos, haz que mi vida sea completa.

Ella era incapaz de articular palabra. Estaba claro que Luke estaba hablando en serio, totalmente en serio. Su sueño se había convertido en realidad, pero la emoción que la embargaba era tan grande, que ni siquiera pudo pronunciar un simple «sí».

Él creyó que su silencio se debía a que estaba dubitativa, y siguió insistiendo.

—A ver, voy a intentar expresarlo de otra forma: Imagínate a un tipo que no se ha tomado en serio ni una sola relación sentimental en toda su vida, pero entonces te conoce a ti y su mundo se pone patas arriba. Te ama más que a la vida misma, y quiere casarse contigo. Hoy, esta misma noche, en la capilla El Iglú del Amor de Las Vegas. ¿Qué haces? ¿Luchas, huyes, te escondes, o te rindes sin oponer resistencia?

Ella se echó a reír antes de preguntarle, sonriente:

—¿El Iglú del Amor?

Él intentó mantener la seriedad, pero no pudo contener una sonrisa, y al final se le escapó una carcajada.

—Sabía que eso te iba a encantar. Conmigo vas a tener una vida de lujo, cielo.

Estaba claro que con él iba a tener una vida llena de risas, luz y felicidad, y susurró sonriente:

—Me rindo —empezó a besarle, pero se echó hacia atrás de repente al darse cuenta de que iba en vaqueros y camiseta, mientras que todos los demás iban vestidos para... para una boda—. ¿La boda es esta misma noche? ¡Pero si no tengo vestido!

En ese momento sonó el timbre, y Mia fue a abrir. Eran Joe Cat y Veronica, que anunció triunfal:

—He encontrado justo lo que me has pedido, Luke. ¡El vestido de boda más exquisito de todo el sur de California!

—Madre mía, has pensado en todo —le susurró Syd.

—Por supuesto, quería dejarte muy claro que voy en serio. He pensado que, si veías a todos mis amigos tomándome en serio, tú también lo harías —la besó en serio, pero que muy en serio, antes de añadir—: Cásate conmigo esta noche.

Ella se echó a reír.

—¿En el Iglú del Amor?, ¡claro que sí!

Lo miró a los ojos, radiante de felicidad, y supo que su vida había dado un giro permanente. Era una mujer con suerte, Lucky y ella iban a estar juntos por siempre jamás.

Últimos títulos publicados en Top Novel

La dama errante – KASEY MICHAELS
Secretos y amenazas – DIANA PALMER
Palabras en el alma – NORA ROBERTS
Brisas de noviembre – ROBYN CARR
El precio del honor – ROSEMARY ROGERS
Sin nombre – SUZANNE BROCKMANN
Engaño y seducción – BRENDA JOYCE
Una casa junto al lago – SUSAN WIGGS
Magnolia – DIANA PALMER
Luna de verano – ROBYN CARR
Amor y esperanza – STEPHANIE LAURENS
Secretos de sociedad – CANDACE CAMP
10 secretos de seducción – VARIAS AUTORAS
El legado Moorehouse – J.R. WARD
Tras la traición – BRENDA JOYCE
A merced de la ira – LORI FOSTER
Palabras prohibidas – KASEY MICHAELS
El regreso del rebelde – LINDA LAEL MILLER
Víctima de una obsesión – DEANNA RAYBOURN
Los Cordina – NORA ROBERTS
Tierras salvajes – DIANA PALMER
Algo más que vecinos – ISABEL KEATS
Sueños de verano – SUSAN WIGGS
Tiempo de traiciones – ROSEMARY ROGERS
Nuevos comienzos – ROBYN CARR
Pasión de contrabando – BRENDA JOYCE

www.ingramcontent.com/pod-product-compliance
Lightning Source LLC
LaVergne TN
LVHW091629070526
838199LV00044B/998